KB039058

# 한반도 평화보고서

# 한반도 평화보고서

한반도 위기극복과 평화정착의 방법론

박건영 · 박선원 · 박순성 · 서동만 · 이종석 지음

한울

# 격려의 글

강원용(평화포럼 이사장)

2000년을 맞이하면서 나에게는 큰 갈등이 있었다. 80세를 넘어서면서 나의 정신 활동은 아직까지 문제가 없다고 생각하지만 신체상의 건강은 얼마나 더 오래 지속될 수 있을 것인가 확실히 알 수가 없다. 그러나 분명한 것은 그리 오래 남지 않았다는 사실이다. 이렇게 얼마 남지 않은 시간 동안 나에게는 새롭게 도전해보고 싶은 일들이 아직 많이 남아 있다. 그러나 그것들을 모두 다 할 수는 없는 노릇이고, 내가 할 수 있는 일들 중에서 최우선적인 것을 선택하고 그 일에 남아 있는 모든 역량을 집중해야겠다고 생각했다. 그래서 선택한 일이 남북한간의 전쟁 가능성을 막고 평화정착을 이루는 토대를 마련하는 일, 그리고 이를 통해 평화적인 통일을 추진하는 일이라고 생각했다.

일이 쉬우리라고 생각하지는 않았다. 그리고 내 힘으로 전 민족과 전 인류의 운명과 관계된 평화의 문제에 큰 공헌을 하리라는 생각도 없었다. 그러나 나는 개인적으로만 보아도 부모님이 세상 떠나는 것을 알지도 못한 불효한 자식이고 성묘 한번 해보지 못한 데다, 아흔에 가까운 누님이 살아계신 것을 알면서도 불과 몇 킬로미터밖에 되지 않는 지척을 사이에 두고 만날 수 있는 길이 없는, 이러한 참혹한 이산가족의 설움을 안고 있는 사람이다. 그리하여 국토의 분단과 피흘리는 남·북 간의 대결이라는 것이 얼마나 잘못되고 비극적인 것인지 몸으로 수십 년간 체험하고 살아온 사람으로 나의 얼마 남지 않은 인생을 이 일에 바치는 것은 당연한 일이라고 생각할 수밖에 없었다.

그러나 정작 일을 시작하고 보니 최저의 자금도 구하기 어렵고 나와 뜻을 같이해온 후배들도 어느새 회갑이 넘고 칠십대의 나이여서 각자가 자리잡은 자리에서 나의 일을 돕기에는 여력이 없었다. 하지만 나는 큰 호수에 작은 돌멩이를 던지면 파문이 호수 전체에 퍼지는 이치가 이 일에도 적용되리라는 심정으로 평화포럼을 창설하고, 할 수 있는 한 최선의 노력을 다했다. 그러는 중에 미국에서는 매파인 부시가 대통령에 당선되고, 이어서 9월 11일에는 큰 테러사건이 일어나면서 부시는 소위 '21세기 전쟁'을 선포하고, 그 테러와의 전쟁 대상인 '악의 축'에 북한을 포함시켰다. 미국이 북한을 무력으로 공격하는 순간, 한반도에 사는 남북한의 동포들은 공멸할 뿐만 아니라 동북아시아의 평화는 일순간에 무너지고 만다고 나는 믿고 있다. 나는 역사적으로 보아 한반도에서 군사행동이 일어날 뻔했던 1994년도의 사건, 1960년대 월남전에 참전하게 된 한국을 생각하며 우리는 여야 남북을 막론하고 전쟁을 막아야만 한다고 생각했다. 그러려면, 우리에게는 힘이 없으니, 다만 민주주의국가인 미국에 우리의 고민을 알리고, 전쟁이 아닌 평화의 길을 합리적인 방식으로 호소하는 것이 우리가 취할 수 있는 길이라고 생각하게 되었다.

그러나 나의 주위에는 이 문제를 함께 나눌 양식을 가진 사람들이 이미 고령화되어 구체적으로 일을 추진하기 힘들었다. 2001년 초 다행히 이 방면에 대한 연구를 깊이 하고 합리적이고 균형잡힌 사고를 가진 젊은 학자들의 도움을 받아 설득력 있고 호소력을 지닌 문서를 만들어낼 수 있었다. 우리는 그 문서를 토대로 우리나라 각계각층의 지도자들 120여 명의 서명을 받아 2001년 5월 3일 기자회견을 통해 발표하고 그날 오후 미국 대사관 대리대사와 참사관을 찾아 전달했다. 그날 이 문서를 받아본 대리대사는 그 내용에 대해 "지난 30여 년 간 한국에 관한 일을 하면서 이런 문서를 무수하게 접했지만, 이렇게 합리적이고 공정한 호소문은 처음 본다"며 만족해했다. 후에 간접적으로 들은 바에 의하면 그해 6월에 부시 대통령이 조건 없이 북한과 대화하자는 제안을 하는 데 이 문서가 영향을 미쳤다고 한다. 이렇듯 이 일이 기대 이상의 성공을 거두자 젊은 학자들은 고무되어 미국의 「윌리엄 페리 보고서」와 비슷한 형식으로 한반도 문제에 대한 보고서를 작성하기로 하고 오랫동안 노력을 기울여 훌륭한 결과물을 만들어낼 수 있었다.

나는 이 방대한 분량의 보고서를 각계각층의 지도자들에게 회람시켰다. 그들은 한결같이 이 보고서 중에서 남북문제의 평화적 해결을 위한 부분을 골라내어 미국을 위시한 주변국가와 우리나라의 위정자들에게 정책건의서로 보내고, 자세한 내용이 담긴 문서들은 책으로 출판하여 남·북 간 평화문제에 관심을 가지고 있거나 그 일에 참여하여 활동하고 있는 사람들에게 좋은 길잡이 역할을 하게 하는 것이 좋겠다고 조언했다. 내 생각 역시 다르지 않아 젊은 학자들에게 그들의 책임하에 문서들을 책으로 출판할 것을 권고했고 그 결과 이 책이 세상의 빛을 보게 되었다.

지금 한반도에서 가장 시급하고 중요한 문제는 평화정착이다. 이것은 비단 한반도의 문제만이 아니라 동북아시아, 더 나아가 전세계의 평화정착에 지대한 영향을 미칠 수 있는 일이다. 이 책이 관심 있는 많은 분들에게 알려지고 읽혀져 이 땅에서 무서운 전쟁의 위기가 물러가고 평화정착을 통한 통일이 이루어질 수 있다면, 긴 세월 어둡고 험한 바닷길을 비추어주는 등대 역할을 해온 이들에게 영광스런 표상이 주어질 것이다. 다시 한번 이 책이 평화의 씨앗으로 세상에 뿌려지고 많은 사람들의 관심과 보살핌 속에서 자라나기를 바라며 그동안 이 문서들을 위해 최선의 노력을 다해준 젊은 학자들에게 보람의 날이 빨리 올 수 있도록 기도한다.

# 차례

서문

# 1장
## 한반도 평화정착 보고서의 필요성

한반도는 1990년대 초부터 분단과 갈등의 시대를 벗어나 평화와 통일의 시대로 나아가기 시작했다. 1991년 말 남북이 채택한 「남북 사이의 화해와 불가침 및 교류·협력에 관한 합의서」는 세계적 차원의 탈냉전에 발맞추어 한민족이 민족의 분단 문제를 평화적으로 해결할 수 있는 기본적인 틀을 만든 역사적 성취였다. 1993년 초 북한의 「핵확산금지조약 탈퇴선언」(1993년 3월 12일)을 시발점으로 촉발된 한반도의 위기는 1994년 4월에 전쟁 직전의 상황까지 갔으나, 1994년 10월 북한과 미국이 양국 사이의 문제를 포괄적으로 다룬 합의에 서명함으로써 해결의 실마리를 찾았다. 이후 1994년 김일성 주석의 사망, 1990년대 중반 북한의 경제난, 1997년 말 남한의 경제위기, 1998년 북한의 미사일위기에도 불구하고, 남북은 경제에서뿐만 아니라 다양한 분야에서 교류와 협력을 통해, 민족의 화해를 위한 노력을 계속해왔다.

남한의 김대중 정부가 추진한 대북포용정책이 낳은 성과라고 할 만한 2000년 6월의 남북정상회담은 평화와 통일을 향한 민족의 진전에서 중대한 계기였다. 남북은 통일의 원칙과 방안에 관해 상호이해를 증진시켰을 뿐만 아니라, 민족의 화해와 남북의 번영을 위한 다양한 조치에 합의하였다. 남북관계 개선은 북한이 국제사회에 좀더 적극적으로 나오도록 하는 계기로 작용하였다. 북한은 유럽연합(EU)국가들과 국교정상화를 실현하였으며, 경제분야에서 서방자본주의국가들과 협력을 확대하려는 노력을 기울였다. 2000년 하반기에는 북한과 미국 사이에도 중요한 관계 진전이 있었다. 고위급 인사들의 상호방문을 통해 미사일 문제와 관련한 협상에서도 합의점을 찾아내기에 이르렀으며, 관계정상화를 위한 기초를 어느 정도 마련하였다.

하지만 반세기가 훨씬 넘도록 지속된 분단은 분단상황 자체를 지속시키려는 자체의 힘을 가지고 있다. 더욱이 한반도의 분단과 통일은 단순히 남북한과 한민족만의 문제가 아니라, 동북아질서 나아가 세계 질서와 밀접하게 연관되어 있다. 장기화된 남북분단은 남북한뿐만 아니라 주변국 모두에게 분단의 상황에 익숙한 태도를 낳게 하였으며, '분단 속의 안정'을 한반도를 위한 평화로 인식하게 만들었다. 자연히 남북정상회담이 열어놓은 '통일을 지향하는 평화'는 여러 가지 장애물에 부딪히게 되었다. 남한 사회 내부에서 나타난 이념적 정체성과 대북지원을 둘러싼 논쟁, 남북관계 개선에 대한 북한의 미온적인 태도, 미국 공화당 정부의 대북강경론 등은 2001년 내내 남북관계 개선과 한반도 평화증진을 가로막았다. 특히 2001년의 9·11 테러는 미국이 대테러전쟁을 통해 세계적 차원에서 패권적 지위를 강화하고 북한에 대해 강경정책을 사용할 수 있도록 허용하는 계기를 제공하였다.

한반도 평화와 관련하여 더욱 심각한 문제는 2001년 초부터 시작된 한반도 평화증진의 소강국면이 위기국면으로 발전할 위험성마저 보이고 있다는 점이다. 한반도의 상황이 위기국면에 빠질 가능성은 2002년 1월 말 미국 부시 대통령이 연두 국정연설에서 북한을 '악의 축'의 하나로 지목하면서 매우 높아졌다. 부시 대통령의 발언은 두 가지 의미를 지닌다. 첫째, 미국이 미사일방어프로그램을 공식화하면서 이미 드러난 일이지만, 북한은 자국의 대량파괴무기와 함께 미국의 안보정책에서 일차적 관심사가 되었다. 둘째, 미국 공화당 정부의 대북관은 분명하게 이분법적 선악논리에 기반을 두고 있으며, 미국은 북한에 대해 모든 수단을 동원할 수 있다는 입장을 내비친 것이다. 자연히 남한의 지속적인 대북포용정책 추진과 2000년 6월의 남북정상회담에 따라 남북관계를 축으로 움직이던 한반도의 평화증진과정이 북미관계의 변화로부터 직접적으로 영향을 받게 되었다.

미국의 대북강경정책이 야기한 한반도의 긴장국면은 대북정책을 둘러싼 남한 사회 내부의 갈등과 결합하면서, 남북관계 개선과 한반도 평화증진에 대한 기대를 약화시키고 있다. 2002년 2월 부시 대통령의 방한을 계기로 한·미 간에 대북정책과 관련한 견해차이가 해소될 수도 있다는 예측은 오히려 한·미 간의 의견차이가 무엇인지 분명히 밝혀졌다는 평가로 끝나고 말았다. 심지어 그동안 한·미 간에 묵시적으로 이루어지고 있었던 역할분담마저 실효성을 상실하기에 이르렀다. 미국은 한국 정부의 대북포용정책에 대해 협조보다는 '계산된 무관심'을 보이고 있으며, 그동안 한국 정부에 맡겨두었던 북한의 재래식 군사력에 대한 대응마저 앞으로는 직접 다루어나가겠다는 태도를 보였다.

한반도에서 긴장이 고조되고 있는 상황에서 이루어진 특사를 통한 남북대화는 남북관계를 비롯하여, 북미관계와 북일관계에서 새로운 돌파구를 찾을 수 있는 계기로 작용할 것으로 기대된다. 하지만 해결해야 할 여러 문제들을 안고 있는 북미관계와 북일관계가 쉽사리 관계정상화에 이를 것으로 예측하기는 쉽지 않다. 남북관계 역시 교류와 협력을 발전시키는 과정에서 많은 난관에 직면할 것이다.

더욱이 현재 남한 사회는 한반도의 평화와 민족의 통일이라는 민족사적 문제와 관련하여, 가깝게는 북한에 대한 단기정책과 관련하여 심각한 내분을 겪고 있는 상태이다. 특히 남한 사회는 대통령 선거를 앞두고 대북정책에 대해 치열한 논전을 벌일 가능성이 있다. 2002년 초 부시 대통령의 방한 기간에 남한 사회에서 일어났던 다양한 의견 표출은 이를 단적으로 확인시켜준다. 뿐만 아니라, 미국의 부시 정부가 시간끌기를 통해 북미관계를 개선하지 않은 상태에서 남한에 보수적 신정부가 등장하면, 적극적인 대북압박정책을 남한과 공동으로 펴려고 할 가능성도 전혀 배제할 수 없다.

이러한 상황은 한반도문제에 대해 전반적인 검토와 새로운 평화·통일 정책을 요구하고 있다. 이 책은 이러한 문제의식에 기초해서 새로운 대내외적 환경하에 필요한 대북정책의 원칙과 대안을 모색하려고 한다. 새로운 대북정책은 기조에서 포용정책의 정신을 벗어날 수 없다. 하지만 포용정책이 실효를 거두기 위해서는 우리 사회 내부에서 국론을 결집해야 할 뿐만 아니라 북한과 미국을 포함한 한반도문제 당사자들을 설득해야만 한다. 이런 점에 초점을 맞춰, 이 책은 한반도문제에 대한 심층적 분석을 바탕으로 안보위기 극복과 평화정착의 관점에서 당사국들이 채택해야 할 바람직한 정책을 제시할 것이다.

# 2장
## 분단의 역사로부터 얻는 교훈

한반도의 평화와 통일에 대한 관심은 한반도의 분단과 전쟁에 대한 반성적 고찰로부터 교훈을 얻을 수 있다. 되돌아보면, 1945년 8월 파시즘 세력의 패망과 민족의 해방이라는 역사적 시기에 일어난 한반도의 분단은, 한편으로는 동북아에서 세력균형을 유지하려고 한 강대국의 패권논리와 다른 한편으로는 이념과 정권을 위해 민족의 분열을 택한 정치인들의 정치투쟁이라는 두 요인의 결합에 기원을 두고 있다. 분단을 야기한 두 요인은 다시 한국전쟁을 가져와 한반도 전체를 폐허로 만들고 민족을 죽음, 이별, 가난의 고통 속으로 몰아넣었다.

20세기 이후 세계사에서 한반도가 지정학적으로 동북아질서의 중심에 놓여 있고 한반도를 둘러싼 강대국들간의 패권적 갈등이 불가피하다면, 한반도 평화의 일차적 조건은 한반도의 평화와 안정을 지키려는 민족의 단결이다. 한민족이 한반도의 안정과 평화를 지키고 나아가 강대국들간의 갈등을 조정하면서 동북아의 안정과 평화를 지킬 수 있다면, 한반도의 분단은 극복될 수 있을 것이다. 민족자결은 20세기 국민국가로 이루어진 국제질서의 금과옥조이다.

그러나 분단과 전쟁의 역사는 민족의 단결과 자결이 국제질서에서

'이루기 힘든 이상'임을 보여준다. 민족의 단결과 자결은 역사의식이 쉽게 찾아낸 교훈일 뿐이다. 한반도는 결코 민족만의 활동영역이 아니다. 더욱이 21세기 세계사는 폐쇄된 정치공간을 허용하지 않는다. 민족의 단결과 자결이라는 이상으로부터 복잡한 국제정치의 현실로 내려와야 한다. 여기에서 민족과 세계의 상호작용, 한반도와 동북아 주변국들 간의 이해관계에 대한 '계산'이 필요하다. 그리고 이해관계의 계산을 조정할 보편타당한 원리가 필요하다.

북한 핵 문제가 야기한 1990년대 중반의 한반도 전쟁위기와 위기를 해결하려는 세계평화인들의 노력은 한반도문제가 단순히 한민족의 운명에만 연관된 것이 아님을 보여주었다. 또한 한민족의 운명이 한민족만의 관심사항이 아님도 확인시켜 주었다. 2002년 3월 한반도의 긴장과 위기 또한 한민족만의 것이 아니다. 그 기원[1]에서부터 해결에 이르기까지 한반도의 긴장과 위기는 세계평화인들과 한민족이 함께 고민해야 할 과제이다. 물론 한민족이 그 누구보다 가장 현명하게 판단하고 힘을 합쳐 평화를 찾아내야만 할 것이다. 이 책은 한민족과 세계평화인들의 이러한 노력에 조그마한 힘이나마 보태기 위해, 한반도문제의 본질과 한반도 평화와 통일의 가능성에 대한 심층적 분석을 제시하려고 한다.

---

1) 미국은 이슬람국가들에 대한 일방적인 전쟁확산이 갖는 문명충돌론적 측면 때문에 북한에 대한 압박을 통해 문명충돌이 아닌 불량국가들에 대한 응징으로 현재의 전쟁상황을 포장해야 할 필요성에 직면하고 있다.

# 3장

## 보고서의 목적과 구성

한반도의 평화는 단순히 기존의 분단질서를 유지하는 것을 의미하지 않는다. 한반도의 진정한 평화는 안정적이면서 동북아 전체를 협력으로 나아가게 하고, 세계평화에 기여하는 적극적 의미의 평화이어야 한다. 이는 현재의 분단질서를 극복하고 한반도에서 통일된 국민국가가 형성될 때 가능하다. 당연히 이러한 한반도의 평화는 동북아질서 전체의 변화를 요구할 것이며, 이에 따라 한반도의 남·북뿐만 아니라 주변국들의 대외정책에 변화를 요구할 것이다. 따라서 일차적으로 한반도의 평화와 통일을 위해 관련 제반 문제를 분석하여 국내외에 분명하게 드러내고, 남북한과 주변국들이 취해야 할 정책을 제안하고자 하였다. 특히 포용정책의 당위성과 함께 위기극복과 평화정착의 대안을 분명하게 제시함으로써, 주변국가들과 남북한이 적극적 평화해법만이 유일한 정책임을 깨닫게 될 것이다.

현재의 상황에서 한반도의 평화는 미국과 북한의 관계 개선에 크게 의존하고 있다. 무엇보다도 미국이 세계적 차원에서 '대테러전쟁시스템'을 가동하고, 또한 대량파괴무기의 억제라는 목표하에 북한을 압박하고 있기 때문에, 한반도는 자칫 미국과 북한의 관계악화로 심각한 긴장상태에 빠질 가능성도 있다. 이런 점에서 미국의 대한반도정책 변화를 유도할 수 있는 방안의 모색이 여건분석과 정책제안의 핵심적인 과제가 된다. 이를 위해 필자들은 도덕적 권위와 현실성, 보편타당성과 설득력을 지닌 정책대안을 제시할 것이다. 아울러 북한이 대외개방과 대내개혁의 길로 들어서도록 설득하는 데에도 소홀하지 않을 것이다.

탈냉전의 국제질서는 각국의 정부들이 이념보다는 국가이익에 따라 대외정책을 설정하도록 요구하고 있으며, 이는 기존 질서의 변화를 요구하는 한반도의 평화와 통일에 소극적인 태도를 보이도록 만든다. 미국이 단일패권을 유지하면서 대테러전쟁을 천명하고 있는 상황에서 이러한 경향은 더욱 강화될 것이다. 따라서 한반도의 평화를 달성하기 위해서는 정부 차원의 협력뿐만 아니라, 시민사회 차원의 국제적 협력이 요구된다. 특히 권위 있는 평화운동단체들이 한반도의 평화를 위해 이니셔티브를 취해야 할 필요성이 있다. 이 책은 이러한 사실을 고려하여 한반도의 평화와 통일에 기여할 국내외 시민운동단체들이 한반도와 관련된 문제들을 정확하게 이해하고, 올바른 운동방향을 찾아갈 수 있도록 도움이 되고자 한다.

이와 같은 목적을 달성하기 위해 이 책은 우선 1부에서 한반도문제가 무엇인가를 군사적 문제, 북한의 경제위기, 국가간 적대관계로 나누어 살펴보고, 2부에서는 주요 관련국들인 미국, 중국, 일본, 러시아, EU 등이 한반도문제에 대해 가지고 있는 입장을 검토하였다. 마지막으로 3부에서는 이상의 분석에 기초하여 한반도문제를 해결하기 위한 정책대안-관련국들이 수용할 수 있는, 따라서 실현될 수 있는- 을 기본 원칙과 함께 제안하였다.

# 1부
# 한반도문제란 무엇인가

한반도의 평화와 번영을 위한 정책대안을 마련하기 위해서는 한반도문제가 무엇인지를 분명히 인식해야 한다. 여기서 우리는 한반도문제란 현재 상태에서 한반도의 평화와 안정을 위협하는 요소들로 정의하였다. 이들 문제의 해소 여부에 따라 한반도의 평화가 증진된다는 점에서 한반도 정세에 영향을 주는 주요 독립변수라고 할 수 있다. 크게 보아 군사적 갈등, 북한의 경제위기 그리고 관련 국가들간 적대관계의 잔존을 주요 한반도문제로 보았다. 1부에서는 이러한 문제가 발생하게 된 구조적 배경 및 탈냉전기 전개과정을 살펴보도록 한다.

# 1장
## 한반도문제의 성격과 현안

    한반도문제란 현재 상태에서 한반도의 평화와 안정을 위협하는 요소들을 가리킨다. 즉 이들이 해소되면 한반도 평화가 증진되고 안정이 제고될 수 있다. 오늘날 한반도 안정과 평화를 위협하는 요소는 다양하지만, 그중에서도 군사적 갈등과 북한의 체제위기, 적대적 국가관계의 잔존이 대표적인 것들이다. 이러한 문제들은 북한의 행위나 상황, 또는 북한과 특정 국가들 간의 관계에서 집중적으로 나타나고 있다.

    한반도문제는 정전체제처럼 시대와 관계없이 장기적으로 존재하고 있는 것도 있지만 대개는 시대와 상황에 따라 변한다. 예컨대, 자본주의와 사회주의 진영 간 대결이 세계정세를 지배했던 냉전 시대에는 북한이 한반도문제의 핵심변수라고 보기 어려웠다. 오히려 남·북 간의 군사적 대결이나, 미·소 갈등과 미·중 갈등 등 진영간 대립에 기초한 역내 국가간의 분쟁과 갈등이 중요한 한반도문제였던 것이다. 그러나 냉전이 해체된 이후 유일 초강대국이 된 미국이 세계 정치·군사 질서의 재편을 주도하는 새로운 시대로 접어들면서, 북한의 대량 파괴무기 개발 확산과 아직도 계속되고 있는 북한과 미국의 적대관계, 북한과 일본의 갈등 등이 문제로 떠오르고 있다. 북한의 경제위기에 따른 불안정은 또 다른 문제를 구성하고 있다. 이렇듯 한반도문제는 크게 세 가지 유형으로 나뉜다. 그리고 이 중에서 군사적 갈등과 북한의 경제위기는 시급히 해결되어야 할 현안이며 북·미, 북·일 갈등은 좀더 구조적인 접근이 필요한 사안이다.

## 1. 군사적 갈등

현재 한반도 평화를 직접 위협하면서 최대의 현안으로 떠오르고 있는 문제들은 주로 북한과 미국을 대립축으로 하여 발생하고 있는 군사분야의 갈등이다. 1998년 8월 '대포동 1호 미사일' 시험발사 이후, 북한 장거리 미사일의 실험·생산·배치·수출을 규제하려는 미국과 이에 대항하는 북한 사이의 대립이 그동안 최대의 쟁점이 되어왔다. 북한의 장거리 미사일 개발은 미국 사회에서 불량국가(rogue state)로 간주되고 있는 북한이 핵무기를 미사일에 탑재하여 미국을 공격할지도 모른다는 우려를 확산시켰으며, 미국이 미사일방어체제(MD: Missile Defense)를 추진하는 명분으로 활용되어왔다. 이 문제는 현재 한반도에서 정세를 긴장시키는 가장 위협적인 요소로 부각되어 있다. 북한은 미사일 문제를 경제적 보상방식으로 해결할 수 있다는 입장을 전임 클린턴 정부에 제시한 상태다. 그러나 북한을 불신하고 있는 부시 정부가 이 문제에 대해 어느 정도 융통성을 발휘할지는 알기 어렵다. 미사일 문제는 현재 북미관계, 북일관계, 한반도 평화체제 확립 등에도 크게 영향을 미치고 있다.

북한의 핵 문제도 다시 긴장요인으로 부상하고 있다. 북한과 미국은 1994년 10월 '기본합의'에 따라 '북한 핵'을 동결하고 대신 경수로건설사업을 진행시키고 있으나, 이 사업의 지체로 인해 앞으로 북·미 갈등이 발생할 가능성이 높아지고 있다. 「북미기본합의문」에는 국제원자력기구(IAEA)가 "경수로사업의 상당 부분이 완료될 때, 그러나 주요 핵심부품의 인도 이전에" 사실상 특별사찰을 실시하기로 되어 있다. 이와 관련해 애초에 2003년 경수로 완공을 예상했던 미국으로서는 원래 일정에 따라 사찰을 실시하려 할 것이며, 북한은 경수로사업 지체를 이유로 이를 거부하고 오히려 손실 보상을 요구할 가능성이 높다. 따라서 2003년을 전후해 북한 핵 문제를 둘러싼 논란이 재연될 우려가 있다.

북한의 생화학무기 보유도 북·미 간 갈등을 유발하는 문제로 확대될 가능성을 안고 있다. 9·11 테러 이후 반테러전쟁에 돌입한 미국에서 탄저균 유포 소동이 발생함으로써 미국은 소위 '테러지원국가'들의 생화학무기 보유에 대해 예민한 반응을 보이고 있다. 특히 미국이 증거를 포착한 상태가 아니면서도 북한의 생화학무기 보유를 기정사실로 받아들이면서 공개적으로 문제시하고 있는 점이 한반도 정세와 관련해 매우 우려되는 대목이라고 할 수 있다.

미국이 북한에 재래식 군사력 협상을 요구하고 있는 것도 정세를 불안정하게 만드는 요인이다. 미국은 북한에게 휴전선에 전진배치된 병력을 후방으로 이동할 것과 재래식 군사력을 축소하기 위한 회담을 요구하고 있으나, 북한은 일고의 가치도 없는 주장이라며 일축하고 있다. 한국 정부도 대량파괴무기(WMD: Weapons of Max Destruction)와 달리 이 문제를 남·북 간의 군사적 신뢰구축과 군축과정에서 풀려는 의지를 보이고 있어, 한·미 간에도 일정한 인식의 차이가 드러나 있다.

이상의 문제들은 결국 북한의 군사적 능력과 행동을 규제하려는 미국의 의지가 북한의 안보논리와 갈등하면서 발생하는 것들이다. 따라서 이 문제들은 해결방향에 따라 한반도가 분쟁과 평화 중 어느쪽으로 나아가는가를 결정하는 중요한 요소이다. 한편 앞에서 언급한 군사적 현안들처럼 최근 탈냉전 이후 부각된 문제는 아니지만, 정전체제의 관리 문제도 중요한 한반도문제가 되고 있다. 특히 북한이 1995년부터 "새로운 평화보장체계의 수립"을 요구하며 정전체제를 무력화시키려는 시도를 하고 있기 때문에 최근 남북관계의 진전에도 불구하고 정전체제는 어느 때보다 불안정한 상태에 있다. 이러한 상황이 이념과 군사적 대결의 완화를 수반하고 있는 냉전해체의 세계적 조류를 거스르며 발생하고 있다는 점은 매우 우려할 만한 일이다. 따라서 정전체제를 안정적으로 관리하고 평화체제로 전환하는 문제가 현 시점에서 중요한 의미를 가진다. 정전체제의 안정적 관리와 평화체제로의 전환을 위해 이해당사자들인 남북한과 미국, 중국은 1997년 말부터 4자회담을 본격적으로 진행시켜왔으나, 지금은 진전이 없는 상태에 있다.


## 2. 북한의 경제위기

한반도 정세불안의 또 다른 요인은 북한이 겪고 있는 심각한 경제난과 그로 인한 체제위기이다. 현재 북한 경제는 내부자원의 고갈로 인한 자원 제약 상황에 시달리며 심각한 침체에 빠져 있다. 국내총생산 개념에서 보면 1990년대 전체에 걸쳐 마이너스 성장을 기록하는 등, 북한 경제는 규모 면에서 크게 위축되어왔다. 현재 공장 가동률은 30% 이하로 떨어져 있으며, 에너지 및 원자재 부족현상의 심화로 경제적 순환구조가 거의 마비상태에 빠져 있다. 특히 식량사정은 매우 심각한 상황에 이르러 있다. 현재 북한 주민이 최소한의 기아선상에서 벗어나기 위해 매년 150만 톤 정도의 식량이 외부에서 지원되어야 할 정도이다.

이밖에도 국가공급체계가 마비되면서 주민생활이 크게 악화되었다.

무엇보다도 공장 가동률의 저하로 국영상점의 상품이 고갈됨으로써 상품공급체계가 무너진 상태이다. 이는 수요·공급의 현격한 불일치를 야기하여 결국 사적 시장영역인 비공식 경제부문(암시장)을 급격하게 확장시키고 있고, 암시장 가격의 등귀로 노동의 대가로 받는 노동자들의 월급이 의미를 잃고 있다. 이러한 상황에서 교환과 가치저장의 수단인 화폐의 역할도 유명무실해져 경제운용을 더욱 악화시키고 있다. 이러한 북한의 경제난은 주변국가들로 하여금 북한의 체제위기로 야기될 수 있는 정세 불안정의 위험성을 관리하도록 요구하고 있다. 이는 북한이 체제생존을 위해 외부에 지원을 요청하고 나아가 대외경제관계의 확장을 서두르게 하는 요인으로도 작용하고 있다

## 3. 한반도문제의 구조적 제약: 국가간 적대관계의 잔존

군사적 갈등과 북한의 경제위기로 대표되는 한반도문제는, 지속되는 국가간 냉전적 갈등관계 때문에 심화·왜곡되어왔다. 지구상에 냉전해체의 거센 조류가 밀어닥친 지 이미 10여 년이 지났으나 한반도에서는 아직도 냉전 질서가 잔존하고 있으며, 이는 국가간의 적대관계라는 형태로 표출되고 있다. 반세기가 훨씬 넘도록 지속되고 있는 적대관계로 국가간에는 상호신뢰가 형성되어 있지 못하며, 이는 자연히 한반도문제의 평화적 해결을 방해하는 조건으로 작용하는 동시에 동북아지역의 평화를 위협하고 있다. 대표적인 것이 적대적 갈등상태에서 벗어나지 못하는 북미관계와 북일관계, 그리고 화해와 갈등이 교차하는 남북관계라고 할 수 있다.

오늘날 북미관계는 1994년 '기본합의' 이래 상호불신과 갈등이 가장 심화되어 있는 상태이다. 클린턴 대통령 재임 시 북한과 미국은 그

간의 적대관계를 청산하고 미사일 문제를 처리하기 위해 극적 화해를 모색하였으나, 부시 정부 등장 이후 이러한 움직임은 거의 자취를 감추고 말았다. 부시 대통령 취임 이후 미국 정부 지도자들은 북한에 대해 강한 불신감을 나타내며, 북미관계의 개선을 위해서는 북한이 '검증가능한 합의(verifiable agreement)'에 전향적인 자세를 취해야 한다는 입장을 고수해왔다. 이는 미국이 북한과의 관계에서 협상주의적 태도보다는 힘의 우위에 기초한 군사주의적 전략을 지향하고 있음을 의미한다. 이와 같은 맥락에서 2001년 6월 부시 대통령은 대북협상 재개를 밝히는 자리에서도 북한에게 핵, 미사일, 재래식 군사력 등 세 가지 문제가 협상의제가 되어야 함을 일방적으로 천명한 바 있다.

이에 대해 북한은 공개적으로 강력하게 거부감을 표시하며, 부시 정부에게 전임 클린턴 정부 말기의 협상자세로 돌아갈 것을 촉구하는 한편 테러지원국 지정 해제를 요구하고 있다. 북한은 현재 공개적으로는 미국을 강하게 비난하고 있으나, 다른 한편으로는 9·11 테러 이후 몇 개의 반테러조약에 추가로 가입하는 등 대미관계 개선을 위한 분위기 조성에 나서고 있다. 그러나 미국의 북한에 대한 불신은 9·11 테러 이후 더욱 커진 느낌이다.

이상에서 보듯이, 북미관계의 향방은 한반도 평화에 매우 중요한 영향을 미치고 있다. 만약 북미관계가 협상과 화해의 방향으로 나아간다면, 한반도에서 전쟁위험이 사라지고 갈등요소도 상당 부분 해소될 것이다. 그러나 북미관계가 대결국면으로 치닫는다면 한반도 정세는 매우 불안정해지고 긴장이 고조될 것이다. 따라서 북미관계는 남북관계와 함께 한반도에서 적대적인 냉전질서를 해체하고 평화를 정착시키는 데에서 핵심적인 과제가 되고 있다.

적대적인 북일관계도 현재 한반도 정세를 불안하게 만드는 요인이다. 북한과 일본은 아직 공식적으로 식민지 시대의 과거사조차 청산하지 못한 채 새로운 적대 상태로 빠져들어 갈 조짐을 보이고 있다. 1990년대 들어서 북·일 간에는 수차례의 수교협상이 진행되었으나, '북한 핵', '대포동 미사일 1호 시험발사', '행방불명자 납북의혹' 등의 문제가 돌출하면서 대화 분위기를 방해해왔다. 현재 심각한 경제난에 처해 있는 북한은 일본과의 수교 시 받을 것으로 예상되는 거액의 식민지 시대 '보상금'에 관심을 가지고 있다. 그러나 일본 내의 대북강경 여론과 북미관계의 냉각 등 내외적 여건이 북일관계의 개선을 가로막고 있다.

불안정한 남북관계 역시 한반도 평화를 위협하는 요인으로 작용하고 있다. 남북은 2000년 6월 남북정상회담을 계기로 대결과 반목의 관계를 종식하고 화해와 협력의 시대를 열어나가기로 합의한 바 있다. 실제로 적대적 상태였던 남북관계는 정상회담 이후 급격하게 공존관계로 변모해왔다. 남북정상회담 이후 군사분계선에서의 군사 마찰이 극적으로 감소했으며, 남북을 왕래하는 사람들의 숫자가 크게 늘어난 사실이 이를 뒷받침한다. 그러나 이러한 관계 개선의 흐름 속에서도 종종 남북대화가 중단되고, 또 드물기는 하나 군사분계선과 그 외의 지역에서 분쟁과 일탈이 발생하고 있는 현실은 지속적인 남북관계의 개선이 중요한 숙제로 여전히 남아 있음을 시사한다.

# 2장

## 탈냉전기 한반도문제 발생의 구조적 배경

한반도문제가 발생하고 있는 배경은 시대에 따라 다르다. 그렇다면 탈냉전기 한반도문제는 근본적으로 어떤 배경에서 제기되고 있는 것일까? 다음의 두 가지 배경이 구조적 요인으로 작용하고 있다고 판단된다.

첫째 요인은 냉전해체의 비동시성이다. 냉전해체의 비동시성이란 세계 수준에서의 냉전해체와 한반도 수준에서의 냉전해체가 시간적으로 차이를 두고 진행되고 있는 것을 말한다. 오늘날 한반도문제가 발생하고 있는 것도 탈냉전의 세계적 추세에도 불구하고 이 지역에서는 관련 국가간에 냉전적 적대관계가 청산되지 않고 있기 때문이다.

세계 수준에서의 냉전해체는 1990년을 전후해 소련 및 동구사회주의권의 붕괴를 계기로 전면화되어 빠른 속도로 진행되어왔다. 동북아시아 수준에서의 냉전도 다소 속도가 느리나 꾸준히 해체되어왔다. 그 결과 이 지역의 강대국인 미국과 중국, 러시아, 일본은 이미 지역평화의 정착에 대체로 합의하고 있는 상태다. 한반도에서 정전체제를 평화체제로 전환시키기 위해 가동되었던 4자회담이나 최근 남북관계의 진전, 그리고 역내 국가들간에 이루어지는 다양한 협력은 이러한 조류에 부합하는 사례들에 해당한다. 그러나 다른 한편으로, 이 지역에서는 중국이 '평화적 체제변동 기도'를 의미하는 화평연변(和平演變)과 관련 미국에 대해 의혹을 갖고 있으며, 나아가 미국 패권에 대한 중국의 도전, 중국과 일본 간 점증하는 군사적 긴장, 그리고 중국의 성장에 대한 미국의 견제 등이 냉전 시대의 잔영(殘影)으로 남아 잠재적 긴장요소로 작용하고 있다. 특히 북·미, 북·일 관계는 냉전 시대의 적대적 대결상태에서 크게 벗어나지 못하고 있다. 남북관계에서도 「6·15 남북공동선언」 이후 괄목할 만한 진전이 있었으나 여전히 대결과 협력이 교차하는 불안정한 모습을 보이고 있다. 2001년 이후 남북관계의 지체는 양측이 신뢰를 구축한다는 것이 얼마나 힘든지를 여실히 보여주었다.

냉전구조 내에서 각 행위자들은 이데올로기적, 정치·군사적으로 대립하고 있으며, 이 구조 내 행위자간에는 적대성, 상호불신, 동맹성(同盟性), 배제성 등이 주요한 문화로 자리잡고 있다. 구체적으로 현재 한반도 정세를 지배하는 주요 요인이 북·미, 북·일 간의 적대성, 남·북 간의 상호불신, 한미동맹, 북중동맹 등이라는 사실은 이를 입증하고 있다. 대량파괴무기를 둘러싼 북·미 간의 갈등도 양국관계가 이 냉전적 문화에서 벗어나지 못하고 있기 때문에 해결이 어려운 것이다. 현재 북미관계와 북일관계는 적대적인 일방의 행위가 상대방에게 대칭적인 반작용을 일으키고, 또 그것이 상승작용을 일으키는 '거울영상효과(mirror image effect)' 속에서 여전히 갈등하고 있다. 남북관계도 남북정상회담 이후 이로부터 어느 정도 벗어나기는 했으나 여전히 잔재는 남아 있다고 판단된다. 이렇듯 한반도에서는 냉전해체가 비동시적으로 이루어지면서, 아직 이 지역에 국가간 관계를 규율하는 탈냉전의 관행과 문화가 정착하지 못했다. 여전히 국가간의 냉전적인 대결관계가 발생하며 한반도문제의 현안이 되고 있는 것이다.

둘째 요인은 지역과 세계적 차원에서 전략적 균형의 와해이다. 오늘날 한반도문제는 사회주의 진영의 붕괴로 전략적 균형이 무너지고 미국의 일방주의가 지배하게 되면서 발생하고 있다. '인간 삶의 양식'이라는 관점에서 볼 때 사회주의는 자본주의의 반명제로 등장하여 20세기에 '하나의 진영'을 이룸으로써 세계를 두 개의 이념과 제도가 대립하는 각축의 장으로 만들어 놓았다. 그러나 20세기 말에 발생한 사회주의의 몰락은 자본주의적 가치가 21세기 인류의 보편적 생활방식의 기초가 될 것임을 시사하고 있다. 이는 세계경제가 단일한 자본주의 시장경제로 급격히 재편되는 과정에서 잘 드러나고 있다. 이제 지구상에는 더 이상 '진영으로서의 사회주의'나 '경제권으로서의 사회주의'는 존재하지 않는다. 바로 이러한 사회주의 진영의 몰락은 남북한 대결의 상층구조를 형성했던 자본주의와 사회주의 진영 간 대결의 해체를 의미한다. 사회주의 진영의 붕괴와 세계의 자본주의체제로의 일원화는 그동안 세계질서를 형성하던 양대 축의 하나였던 소련의 붕괴를 수반하면서 진행되었다. 따라서 오늘날 세계는 미국이 초강대국으로 부상하여 세계질서를 주도하고 있으며, 그에 따라 미국은 자국 중심의 새로운 국제질서 재편을 강하게 추진해나가고 있다. 그리고 이 과정에서 냉전 시기 미국의 통제 밖에 있었던 국가들의 반미적 행동이나, 그들이 보유하거나 개발중인 대량파괴무기가 현안으로 떠오르게 되었다.

사회주의권의 붕괴와 탈냉전의 도래는 북한에게 구시대에는 상상할 수 없었던 시련과 도전을 안겨주었다. 특히 탈냉전이 전통적인 중소분쟁의 종식을 동반함으로써 북한은 냉전구조와 중소분쟁에 의존해서 상당 부분 대외적 안정성을 확보하고, 경제·군사적 지원을 받았던 전략적 구도를 상실하게 되었다. 즉 북한이 더 이상 '냉전 시대의 수혜층'으로 남기 어렵게 된 것이다. 이러한 상황은 북한으로 하여금 그들의 전통적인 우방이었던 소련, 중국과의 관계를 재조정하도록 만들었다. 특히 북한과 이들 국가의 기존 군사동맹체제의 와해는 이를 극명하게 보여주고 있다. 물론 탈냉전 추세는 단순히 북한에게만 기존 동맹관계의 해체를 요구하고 있는 것은 아니다. 동북아에서 기존의 군사동맹체제가 냉전 시대의 이분법적 대결구도 아래 형성되었다는 점에서, 탈냉전의 흐름은 기존의 한미동맹체제에도 원심력적인 영향을 미치고 있다. 소련을 맹주로 하는 사회주의 진영의 붕괴는 동북아지역의 반공동맹체제에 대해서도 변화를 요구하고 있는 것이다.

탈냉전 시대의 국제관계는 이데올로기적 대립 때문에 과거 적대적이었던 국가들 사이에서도 적대적 경쟁관계를 청산하고 협력적 경쟁관계로의 전환을 요구하고 있다. 이미 이러한 경향 속에서 남한과 중국·소련은 오랜 적대관계를 청산하고 외교관계를 수립했다. 뿐만 아니라 북한과 미국·일본 사이에도 새로운 관계수립에 대한 시대적 요청이 제기되고 있다. 그러나 기본적으로는 북한과 미국·일본의 관계는 여전히 적대성을 지닌 미수교의 상태에서 크게 벗어나지 못하고 있으며, 이것이 오늘날 한반도의 주요 문제가 되고 있다.

# 3장

한반도문제의 발생과 전개과정

이미 지적한 바와 같이, 한반도문제는 크게 군사적 갈등, 북한의 경제위기, 국가간 적대관계의 잔존으로 나눌 수 있다. 여기에서는 문제해결의 단초를 찾아내기 위한 작업의 일환으로 이러한 문제들이 어떠한 역사적 조건과 행위자들 간의 상호작용으로부터 배태(胚胎)되었는지를 살펴본다.

## 1.군사적 문제의 발생과 전개과정

### 1) 북한의 대량파괴무기 문제

소련을 맹주로 하는 사회주의권이 붕괴하고 세계가 자본주의 시장경제체제라는 단일한 권역으로 변모됨에 따라 미국이 유일한 초강대국으로 부상했다. 이제 세계질서는 미국을 초강대국으로 하여 지역의 강대국들이 유기적으로 연결되어 있는 '일초다강체제(一超多强體制)'로 편성되어가고 있다. 이러한 상황에서 미국은 진영간 대립이 치열했던 미·소 대결 시대와는 달리 세계를 패권적으로 관리하고자 '비대칭적 위협(asymmetric threat)'의 기초인 핵, 미사일, 생화학무기 등 대량파괴무기의 확산을 금지하는 정책을 주도적으로 펼치고 있다. 바로 이 과정에서 북한의 대량파괴무기 개발이 첨예한 국제적 쟁점으로 떠올랐다. 지난 10여 년 동안 북한의 핵·미사일 문제는 동북아지역에서 중대한 사안이 되어왔으며, 이 지역의 평화정착을 위한 선결조건이 되고 있다. 1994년 10월에 체결된 북미기본합의의 이행과 한반도에너지개발기구(KEDO)사업, 이미 해결된 '금창리 지하 핵의혹시설' 접근 문제, 난관에 봉착해 있는 미사일회담 등이 모두 이와 관련된 문제들이다.

북한은 1960년대 이후 핵 개발을 추진하고 미사일산업을 발전시켜왔다. 그러나 냉전시기에는 미국이 북한의 대량파괴무기 개발을 저지할 수단을 갖지 못했다. '사회주의 형제국가'였던 중국과 소련은 북한의 대량파괴무기 개발을 탐탁하게 여기지는 않았지만, 중소대립으로 인해 대북관계가 지닌 전략적 가치가 높게 평가되어 있었기 때문에 쉽사리 북한에 압력을 가할 수 없었다. 역으로 북한은 중소분쟁이 전쟁으로까지 비화하는 것을 경험하고 또한 스스로도 소련과의 갈등(1960년대 초반) 및 중국과의 갈등(1960년대 후반)을 겪으면서, 자체 방위력을 강화해야 할 필요성을 느꼈다. 이에 따라 북한은 일찍부터 대량파괴무기 개발에 관심을 가졌으며, 미사일산업을 주요 산업으로까지 발전시켰다.

1990년대 들어 사회주의권의 붕괴로 북한을 지원할 수 있는 이념적 동맹국이 사라지자 대량파괴무기 개발을 중단시키려는 미국의 압력이 거칠게 밀려왔다. 여기서 북한은 내부경제자원의 고갈로 인해 외부세계로부터의 지원 없이는 생존자체가 곤란한 현실을 고려하여 타협을 택했다. 북한이 타협의 대가로 미국에 요구했거나 암묵적으로 요구하고 있는 것이 '북한체제의 안전보장'과 '경제적 보상'이다. 북한은 이러한 목표를 성취하기 위해 미국과 협상을 추구해왔다.

핵무기 개발의혹 문제는 미국이 KEDO를 통해 200만 킬로와트 경수로 제공을 주선하고 2003년으로 되어 있는 첫번째 경수로 완성 때까지 매년 50만 톤의 중유를 북한에 제공하는 대가로 북한이 핵 개발을 동결하는 선에서 마무리되었다. 하지만 그후 끊임없이 제기되는 북한의 핵 개발의혹과 미국의 대북중유제공 일정 지연, 경수로사업 지체 등이 뒤얽혀 이 문제는 다시 첨예한 쟁점으로 떠올랐다.

미사일 문제의 경우, 북한과 미국은 1996년 4월 베를린에서 제1차 회담을 개최하여 미사일협상 시대를 열어갔다. 북·미 간 미사일협상의 핵심쟁점은 장거리 미사일 개발의 중지, 북한 미사일의 중동 수출 규제 그리고 북한의 '미사일기술통제체제(MTCR: Missile Technology Control Regime)' 가입 등이었다. 이후 양국은 수차례에 걸쳐 미사일 회담을 개최했으나 별다른 합의를 이끌어내지 못했다. 바로 이 과정에서 1998년 8월 "금창리 지하 핵시설의혹" 문제가 터졌으며, 잇따라 "대포동 미사일 1호 시험발사" 사건이 발생했다. 이로 인해 북한의 핵 개발과 장거리 탑재능력 보유에 대한 의구심이 확산되고 미·일의 조야(朝野)에서는 북한경계론과 북한제재론이 강하게 대두되었다.

이처럼 북한의 대량파괴무기 개발을 둘러싸고 북한과 미국, 일본은 서로 상대방에 대해 불신과 적개심을 자극하며 한반도 위기를 고조시켜왔다. 이 위기는 한국 정부가 제시한 북한이 대량파괴무기 확산저지에 협조하는 대가로 미국이 대북경제제재 해제 및 북미관계 정상화를 보장하는 '일괄타결방식'에 힘입어 해결점을 찾아나가기 시작했다. 그 결과 북한과 미국은 1999년 3월 '금창리'에 대한 접근에 합의하였고 5월 그것이 실행되었다. 의혹을 받았던 시설은 핵 관련 시설이 아닌 것으로 판명되었다. 그후 '한반도 위기설'은 사라졌고, 북한과 미국은 1999년 9월 베를린 합의를 통해 대북경제제재 완화와 북한의 장거리 미사일 시험발사 유예를 맞교환함으로써 미사일 문제 해결의 결정적인 계기를 마련했다. 그후 10월 중순 '포괄적이고 통합적인 접근방식' — 북한이 핵과 미사일 문제를 포함한 미국의 우려사항들을 해결하면, 미국과 동맹국들은 단계적·상호주의적으로 경제제재를 완화하고 국교정상화 등 정치·경제 관계 정상화로 나간다— 이라는 미국의 새로운 대북전략을 담은 「페리 보고서」가 제시됨으로써 북미관계는 비교적 안정적인 국면에 들어섰다.

이와 같은 역사적 과정을 거친 후, 북한과 미국은 남북정상회담을 계기로 조성된 평화분위기에 보폭을 맞추게 되었다. 그 결과 양국은 2000년 10월 평화를 향한 공동노력을 다짐하는 '북미공동코뮈니케'를 발표하였으며, 올브라이트 미 국무장관은 평양을 방문하여 미사일 문제 등을 주제로 김정일 국방위원장과 두 차례 회담을 가졌다. 이 회담에서 김 위원장은 일정한 경제적 보상을 전제로 장거리 미사일의 실험·생산·배치·수출을 중단하겠다는 의사를 나타냄으로써 문제의 평화적 해결 의지를 분명히 했다.

그러나 부시 정부는 전임 클린턴 정부 말기에 발표된 '북미공동코뮈니케'를 무시하였다. 이를 미국의 대북협상의 출발점으로 받아들이길 희망했던 한국 정부의 입장도 충분히 고려하지 않았다. 대통령 선거기간 동안 클린턴 정부의 대북정책을 신랄하게 비판했던 조지 W. 부시는 북한의 핵 개발의혹과 미사일 개발 문제를 들어 대북압박정책을 구사했다. 그의 외교·국방·정보 담당 고위인사들은 각종 의회제출 보고서와 상원 인준청문회에서 한결같이 북한의 미사일을 여러 '불량국가'들로부터 야기된 새로운 안보위협 가운데 최우선적으로 해결되어야 할 문제로 간주했다. 그리고 대북정책을 전반적으로 재검토하고 있다는 명분을 내세우며, 북한과의 대화 조건을 갈수록 강화했다.

2001년 5월 9일 아미티지(Richard Armitage) 국무부 부장관은 서울을 방문, 부시 정부의 대북정책이 '전략 틀(strategic framework)'이라는 구도 속에서 결정될 것임을 시사했다. 즉 비확산(non-proliferation), 역확산(counter-proliferation), 미사일방어(MD), 핵무기 감축이라는 전반적인 전략구상 틀 속에서 북한문제가 다뤄질 것임을 분명히 한 것이다. 2001년 6월 6일 부시 대통령은 미사일의 생산과 수출, 그리고 휴전선에 배치된 북한 지상군 후진배치 등 광범위한 문제를 논의하기 위해 북한과 협상을 재개하겠다고 발표했다. 대화재개의 의제로 핵과 미사일에 더하여 북한의 재래식 군사력 문제를 들고 나온 것이다. 북한이 미국의 '북미기본합의' 준수와 2000년 '북미공동코뮈니케'의 정신을 거듭 강조했지만, 부시 정부는 이를 일축하며 '북미기본합의'도 필요하다면 재조정되어야 한다는 자세를 취했다. 그런 가운데 9·11 테러와 미국의 반테러전쟁은 부시 대통령의 '악의 축(Axis of Evil)' 발언으로 이어졌고, 이에 북한이 강하게 반발함으로써 북미관계는 더욱 악화되었다.

2) 북한의 재래식 군사위협 문제

부시 대통령은 2001년 6월 6일 반 년 넘게 진행된 대북정책 검토를 마친 후 대북대화를 제의하면서 북한의 '덜 위협적인 재래식 군사태세(a less threatening conventional posture)'를 공식 언급했다. 그후 북한의 재래식 군사력의 위협 감소는 북미협상 재개의 '조건 아닌 조건'으로 떠올랐다. 그동안 북한의 재래식 군사력 감축은 북·미 간 현안이 아니라 남북한 사이에 장기적 관점에서 다루어질 사안이라는 공감대가 한국과 미국 사이에 존재해왔다. 여기에는 두 가지 이유가 있었다. 첫째, 남북의 재래식 군사력은 비교적 상호균형이 유지되고 있다고 보았기 때문이다. 미국의 전임 클린턴 정부 인사들도 재래식 군사력 위협을 줄이라는 것은 군사적 열세에 있는 북한이 스스로 시행할 수 있는 사안이 아니라고 보고 있었다. 둘째, 북한의 재래식 군사력 감축은 주한미군의 철수와 연동될 수 있기 때문에 미국측은 이를 먼저 언급하지 않았다.

그런데 2001년 초 상원인준청문회에서 월포위츠(Paul Wolfowitz) 국방부 부장관이 북한의 재래식 군사력 감축을 처음 언급하기 시작했다. 당시 그것은 북한의 다양한 위협 가운데 하나로 언급한 수준이었거나, 아직 대북정책 조정이 완전히 끝나지 않은 상태에서 나온 우발적 발언 정도로 인식되었다. 그러나 2001년 6월 부시 대통령은 북한의 재래식 군사력 문제가 북미대화의 폭넓은 의제에 포함되어야 한다고 발언했다. 이를 계기로 워싱턴에서 한국정책을 담당하는 주요 인사들은 북한의 재래식 군사력을 문제삼기 시작했다. 7월 중순에 전임 주한 미대사였던 보즈워스(Stephen Bosworth)는 "주한미군의 조직에 중대한 변화가 있을 수 있다"고 말했으며, 얼마 지나지 않아 허바드(Thomas Hubbard) 주한 미대사 지명자는 상원외교위원회 인준청문회에 출석하여 미국은 궁극적으로 한반도 비무장지대 주변에 배치된 북한 군사력의 철수가 이뤄지기를 고대하고 있으며, 그 경우 주한미군 철수를 시작할 수 있는 토대가 마련될 수 있다고 증언했다.

부시 정부는 적어도 두 차원에서 북한의 재래식 군사력 감축을 주장하고 있는 것으로 보인다. 부시 정부의 대북정책의 기저를 이루는 '포괄적 접근방안'은 북한의 김정일 정권의 위협을 '총체적 관점(threats as totality)'에서 다루고 있다. 그렇기 때문에 기존에 남·북 간 의제였던 북한의 재래식 군사력 문제도 북미대화의 주요 의제 중 하나로 삼겠다고 하고 있는 것이다. 일차적으로 37,000여 명의 주한 미군 가운데 28,100여 명에 달하는 지상군을 북한의 재래식 군사력의 직접적 공격대상으로부터 벗어나게 하겠다는 의도를 내포하고 있다. 미국이 주한미군의 과도한 지상병력 비중으로 말미암아 부담을 느끼고 있는 것은 사실이지만 가까운 시일내에 주한미군의 총병력규모를 줄일 의사는 없을 것이다. 그러나 기지의 방공태세를 강화한다든지 상대적 후방인 수원 또는 오산 이남에 배치하여 북한의 장사정포(長射程砲)의 사정거리 밖에 두겠다는 의사는 가지고 있는 것으로 판단된다. 이런 구상은 기계화 기동부대 중심으로 해외주둔군을 운용하겠다는 장기계획과도 상응한다. 이와 같은 맥락에서, 미국은 북한의 재래식 군사력 감축 문제를 북·미 간 의제로도 다루어야 한다고 주장하고 있는 것이다.

이상의 순수 군사전략적 해석 이외에 미국이 북한의 재래식 군사력 문제를 제기하는 또 다른 이유로는 부시 정부가 북한이 받아들이기 어려운 새로운 조건을 대화의 의제로 제시함으로써 '북한 위협론을 통한 MD추진의 명분 획득'이라는 일련의 전략적 상징 효과를 지속적으로 얻고 싶어하는 것이 아닌가 하는 의혹이 있다. 그 배경이 어떻든 간에 현 단계에서 북한의 재래식 군사력에 대한 미국의 의제포함요구는 북미대화를 답보상태에 빠뜨린 하나의 요인이 되고 있음은 분명한 사실이다.

### 3) 한반도 평화체제 수립 문제

냉전종식 이후 정전체제에 문제가 처음 발생한 것은 1994년 4월이었다. 북한은 군사정전위원회 대표단을 철수시키며 전후 40여 년 동안 유지되어온 정전협정체제를 무력화시키려고 했다. 곧이어 미국에게 북미평화협정 체결을 통한 새로운 평화보장체계 수립을 요구했다. 그리고 1996년 4월 4일에는 조선인민군 판문점대표부의 명의로 비무장지대를 인정하지 않겠다는 성명을 발표하였으며, 두 차례에 걸쳐 무장병력을 판문점에 투입함으로써 그들의 성명이 한낱 '말장난'이 아님을 과시했다. 이로 인해 한반도에서는 긴장이 고조되었다.

이 문제 해결을 위해 제안된 것이 4자회담이었다. 김영삼 대통령과 클린턴 대통령은 북한의 정전체제 무력화 움직임에 대처하여 1996년 4월 16일 4자회담 개최를 제안했다. 한반도에 정전체제를 대체하는 새로운 평화체제를 구축하기 위해 남·북과 미국, 중국 간 회담의 필요성을 제기한 것이다. 북한은 이를 즉각 거부하지 않고 신중하게 대응했다. 북한은 1997년 3월 4자회담 공동설명회에 참석하였으며, 8월에는 남북한과 미국, 중국이 참가하는 4자회담 예비회담에도 응했다. 그리고 12월 10일에는 스위스 제네바에서 4자회담 1차 본회담이 열렸으며, 1998년 10월에 열린 3차 회담에서는 한·미가 주장해온 한반도 평화체제 구축과 한반도 긴장완화를 논의하는 2개 분과위 구성에 합의했다. 이러한 성과는 평화협정 체결이라는 근본 목표에 비추어볼 때 초보적인 단계에 불과하나 회담자체가 한반도의 불안정성을 관리하는 것이라는 점에서 의미를 부여할 수 있다.

물론 4자회담 초기 남과 북의 주장은 크게 달랐다. 남한은 당사자 해결 원칙에 따라서 남·북 간에 평화협정을 체결하고, 관련국이 이를 보장(endorse)하는 형식을 뜻하는 이른바 '2+2방식'을 제안하였으며, 북한은 기본적으로 정전협정의 서명당사자이자 그들이 '한반도 군사문제의 실질적 배후'로 규정하고 있는 미국을 대상으로 하는 북미평화협정 체결을 통한 평화보장체계 수립을 주장했다. 그러나 1990년대 후반에 들어 북한의 북미평화협정 체결에 대한 주장은 완화되었으며, 주한미군의 지위를 (평화유지군으로) 변경하면 타협의 여지가 있다는 주장도 비공식적으로 나오기 시작했다. 그렇지만 1999년 8월 제6차 회담에서 북한이 다시 주한미군 철수와 북미평화협정 체결을 의제로 하자고 주장하면서 회담은 결렬되었으며, 아직도 후속회담이 열리지 못하고 있는 상황이다. 그러나 북·미 양국은 2000년 10월 채택된 '북미공동코뮈니케'에서 정전체제를 공식적으로 종식시키기 위해 평화협정을 맺기 위한 과정에서 "4자회담 등 여러 가지 방도들이 있다는 데 대해 견해를 같이했다"고 합의함으로써 4자회담의 재가동 가능성을 높여 놓았다.

## 2. 북한 경제위기의 발생과 전개과정

북한 경제의 위기는 이미 1980년대 중반부터 그 조짐을 나타냈다. 이때부터 식량부족현상이 심화되었으며, 특히 1989년 무리하게 거액의 소모성 경비를 지출하여 평양축전을 치르면서 경제전반에 침체현상이 나타나기 시작했다. 이러한 상황에서 발생한 사회주의 진영의 붕괴는 북한에게 기존의 교역과 경제협력의 파트너를 상실하도록 만들었다. 설상가상으로 1990년대 초에는 중국조차 북한과의 무역에서 현금거래를 요구하고 무상 경제지원도 중단했다. 따라서 1990년대 초 북한체제는 경제위기와 사회주의 몰락이라는 정치적 위기가 중첩되어 일대 난관에 봉착했다. 1994년 김일성 주석의 사망과 이듬해인 1995년의 대홍수는 이러한 북한의 체제위기를 더욱 심화시켰다. 특히 경제난이 극에 달해 이때부터 3~4년 사이에 수십만 명의 북한주민이 굶주림을 이기지 못하고 죽어갔다. 상황이 이렇듯 심각해지자 주변 국가들은 북한에서 돌발적인 정치변동이 일어날지도 모른다는 우려를 하게 되었으며, 그 결과 대북경제지원을 하기 시작했다. 북한도 사회주의 진영에서 경제적 생존조건을 충족해왔던 과거의 방식이 더 이상 통하지 않게 되자 국제사회에 공개적으로 지원을 요청하고, 나아가 경제협력에 나서기 시작했다. 대북식량지원은 북한이 1995년에 발생한 대홍수를 계기로 외부세계에 지원을 요청함으로써 시작되었다.

한편 북한은 자력갱생의 기치 속에 그동안 비판적으로 보았던 중국의 개방정책을 점차 원용하기 시작했다. 북한은 1991년 말 유엔개발계획(UNDP)이 추진하는 두만강지역개발계획을 고려하여 함경북도의 나진·선봉 지역을 자유경제무역지대로 선포하였다. 이후 해외자본을 적극적으로 유치하기 위한 제도적 장치를 마련할 목적으로 1993년 10월 '합작법'을 제정하였고, 1994년 1월에는 1984년 9월에 제정된 '합영법'을 외국인 투자가들에게 더욱 유리한 방향으로 개정하였으며, 그 이후로도 꾸준히 외국인투자 활성화와 관련된 법령들을 생산해내고 있다. 하지만 그와 함께 북한은 서방과의 경제협력과 개방이 가져올 수밖에 없는 체제에 대한 '부정적 파장'을 우려하면서, 그에 대한 대비를 강조하고 있다. 무엇보다도 북한은 개방·개혁의 결과로 사회주의체제가 붕괴한 소련과 동구의 경험을 반면교사(反面敎師)로 중시하고 있다. 이로 인해 북한은 대내적인 시장경제적 개혁 없이 외부의 자본과 기술만을 도입하는 제한적 개방방식을 선호하고 있다. 즉, 서방의 자본과 기술은 받아들이지만 시장의 유입이 직접적으로 북한체제를 동요시키는 일은 막아야겠다는 것이다. '모기장식 개방'이라고 부를 수 있는 이러한 북한식 개방은 중국에 비하면 매우 제한적인 것이다. 물론 이러한 제한적 개방정책은 그것이 원활히 수행될 경우 단기적으로는 자원 제약 상황을 완화시켜 경제 회생에 도움을 줄 것으로 보인다. 그러나 이 정책은 개방의 효과를 체제 내로 이입시키기가 매우 어려워 근본적인 처방책이 되기는 어려울 것으로 판단된다.

이렇듯 변화의 불가피성을 인식하면서도 변화를 두려워하는 북한지도부의 태도는 대외경제관계에서 혼선을 빚어내기도 한다. 그리고 아직은 경제협력을 시장의 논리보다 정치의 논리에서 보려는 경향을 나타내기도 한다. 당연히 이러한 북한의 태도는 그들에 대한 서방 국가들의 경제협력을 주저하게 하는 주요 요인으로 작용하고 있다.


## 3. 국가간 적대관계의 부침(浮沈)

냉전종식 이후 적대관계에 있던 북·미, 북·일 관계에 새로운 관계 정립을 향한 움직임들이 지속적으로 전개되어왔다. 그러나 이러한 노력들은 북한의 대량파괴무기 개발과 쌍방의 적대적인 갈등으로 좀처럼 앞으로 나아가지 못하고 진통을 거듭해왔다. 이에 반해 남북관계는 21세기에 들어서면서 첨예한 적대상태에서 벗어나 평화를 향한 기회를 모색하고 있다.

### 1) 북미관계

냉전기 북미관계는 남북관계와 더불어 동북아지역의 적대적 대결관계의 상징이었다. 물론 탈냉전기에도 이러한 관계에 근본적인 변화는 없다. 그러나 1992년부터 본격적으로 쟁점화된 북한 핵 문제를 둘러싸고 고조된 양국간 갈등이 1994년 '북미기본합의'를 기점으로 새로운 단계로 이행하게 되었다. 큰 그림을 그려볼 때, 현재의 북미관계는 냉전적인 적대적 요소와 탈냉전지향의 전향적 흐름이 뒤얽힌 가운데 진행된다고 볼 수 있다.

냉전기 미국의 대북정책은 진영간 대결의 관점에서 북한의 대남공격을 억제하고 그들의 공산화 전략을 무력화시키는 데 주안점을 두고 있었다. 따라서 당시 미국의 대북정책의 기조는 당연히 봉쇄정책이었다. 그러나 냉전이 종식되고, 소련의 전초기지로서의 역할을 하지 않는 북한은 이제 미국의 새로운 접근을 요구하였다. 주지하듯, 미국은 탈냉전 시대 세계전략의 핵심과제 중 하나로 핵무기확산통제정책을 추진해 왔다. 그런데 이 핵확산통제정책에 걸림돌이 된 것이 북한 핵 문제였다. 미국은 탈냉전기 동학에 걸맞게 북한과의 협상을 통해 '북미기본합의'를 이끌어냄으로써 북한을 '핵무기확산금지조약(NPT: Nuclear non-Proliferation Treaty)'체제 속에 묶어둘 수 있었다. '북미기본합의'를 계기로 미국은 북한을 이제 단순히 '적대세력의 배제'라는 차원을 넘어 자신의 세력권으로 북한을 끌어들이는 것이 국익에 부합한다고 보았다. 미국은 북한과의 핵 타결 이후 북한을 자신들의 세계전략의 틀 속으로 편입시키는 것을 정책과제의 일부로 간주해왔다.

북한도 미국에 걸린 이해관계가 매우 크다. 무엇보다 북한이 미국으로부터 얻기를 원하는 가장 중요한 이익은 체제의 보장이다. 그리고 내부자원이 고갈된 가운데 생존전략의 하나로 추진하고 있는 대외경제관계의 확장과정에서도 미국의 지원을 받는 것이 중요하다. 북한에게 미국은 자신들의 정치적·경제적 생존에 직결된 세력인 것이다. 이런 점에서 북미관계 개선은 북한에게 사활적 이익에 해당된다. 북한은 1990년대 초 미국을 배제시킨 채 북일관계의 정상화를 시도하다 좌절한 적이 있다. 바로 여기에서 북한은 워싱턴을 경유하지 않고는 주요 서방 국가와 그들이 필요로 하는 어떠한 대외관계의 개선도 불가능하다는 역사적 교훈을 얻었다. 그후 북한은 미국과의 관계 개선을 대외생존전략의 주축으로 삼게 되었다.

이처럼 북·미 간에는 과거 냉전 시대에는 상상하기 어려웠던 새로운 이해관계가 형성되고 있다. 실제로 지난 수년간 이러한 상호이해가 교직(交織)되면서 관계 개선이 추진되어왔다. 양국은 1997년 3월 준고위급회담의 정례화에 합의하고, '북미기본합의문 이행방안', '미군유해 발굴 및 송환', '미국의 대북경제제재 완화', '상호연락사무소

개설', '미사일 개발' 등 현안 문제를 협상해나가기로 했다. 북·미 간의 이 회담은 1996년 한·미가 제의한 바 있는 한반도 평화체제 구축을 위한 4자회담의 진전과 관련하여 중요한 역할을 해왔다. 북한과 미국은 1999년 초 최대 현안이었던 '금창리 지하 핵의혹시설' 접근을 경제적 보상을 받는 조건으로 해결했다. 뿐만 아니라 9월에는 베를린 북미협상에서 미사일 시험발사의 잠정적 중단에 합의함으로써 양국관계 개선의 핵심적 장애물을 극복하는 데 적극적인 모습도 보여주었다. 결국 북한과 미국은 '북미기본합의문'의 서명 이후 여러 차례의 긴장·화해·갈등·협상의 관계를 거치면서 상당 수준 관계를 진전시켜왔다. 그 결과 2000년 10월에는 조명록 국방위원회 제1부위원장이 미국을 방문하여 역사적인 '북미공동코뮈니케'를 채택하고, 올브라이트 국무장관이 평양을 방문하여 김정일 위원장과 미사일 문제와 관련한 심도 있는 논의를 가지기에 이르렀다.

이러한 평화증진의 흐름은 2001년 1월 미국 부시 정부의 등장과 함께 난기류로 변화했다. 특히 부시 정부가 내건 MD의 강행과 '북한위협론'이 중첩적으로 한반도 정세를 긴장시켰다. 아직도 중국과 러시아 등의 반대 속에서 추진되는 MD는 강대국의 정치·군사력이 교차하는 한반도에서 군사긴장을 고조시킬 수 있는 기본요인으로 작용하고 있다. 그리고 미국이 MD 강행의 주요 명분으로 내세운 '불량국가'군(群)에 북한을 여전히 포함시킴으로써, 외교협상을 통해 한반도문제를 해결하려 했던 클린턴 정부 시기와는 달리 한반도문제 해결에서 군사적 측면의 비중은 높아지고 있다. 이러한 상황이 화해협력정책에 바탕을 두고 쌓아온 남북관계에도 부정적 영향을 미치고 있음은 말할 나위가 없다.

부시 정부의 대북인식은 분명하다. 북한은 불량국가로서 미국의 안보에 가장 중대한 위협요인 중 하나라는 것이다. 게다가 김정일 위원장은 믿기 힘들고 비밀스러운 존재이며 독재자이기 때문에 그의 과거 악행을 경제적으로 보상하는 행위는 더 이상 반복하지 않겠다는 입장이다. 그 결과 전임 클린턴 정부가 북한과 합의한 사항을 대부분 부정하고 대북강경노선으로 나서고 있다. 이에 북한이 양보하지 않음으로써 양국은 대화의 실마리를 찾지 못하는 상황에 처하게 되었다. 따라서 부시 정부 출범 이후 한반도 정세는 과거보다 훨씬 불안정해졌다. 이미 미국 정부 관계자들의 북한에 대한 잇따른 불신 표명과 폄하(貶下) 발언은 미국의 새로운 대북정책이 형성되기도 전에 북미관계를 냉각시켰다. 특히 2001년 3월 한미정상회담을 시점으로 북·미 간 긴장은 한층 더 고조되었으며, 남북관계도 이에 연동되면서 소강상태로 빠지게 되었다.

현재의 문제는 부시 정부가 실질적인 대화의 의지를 보이지 않고 있는 것이다. 9·11 테러 이후 미국 지도층 인사들의 대북강경발언은 계속 이어지고 있다. 북한 스스로 평가하기에 성의를 보였다고 할 수 있는 제반 조치와 성명 발표는 무시되었다. 부시 대통령은 상해에서 열린 아시아태평양경제협력체(APEC)에 참석하여 김정일 위원장에게 불신을 거듭 표현하였으며, 아프간전쟁이 끝나가자 북한을 제2공격의 대상으로까지 언급하는가 하면 북한의 생화학무기는 미국의 안보를 직접 위협하고 있다는 식의 발언으로 북한을 자극했다. 부시 대통령은 또한 2002년 연두교서를 통해 북한을 '악의 축'에 포함시킴으로써 북미관계를 다시 한번 긴장으로 몰고 갔다. 그는 2002년 2월 방한 시 남한 정부 등을 의식하여 발언의 수위를 낮추었으나 뿌리 깊은 대북 불신과 적대감을 감추지 않음으로써 북한의 반발을 샀고, 급기야는 "부시는 악의 왕초, 미국은 악의 제국"이라는 북한의 감정적인 맞대응을 야기하였다.

2) 북일관계

냉전기 동안 북일관계 역시 북미관계와 마찬가지로 적대적이었다. 미국의 대소봉쇄정책의 전초기지 중 하나로 역할분담관계에 있던 일본으로서는 미국의 대북봉쇄를 추종한다는 큰 제약에서 벗어나 있지 않았다. 그러나 탈냉전기로 접어들면서 일본은 대북관계 개선을 통해 동북아 신질서 형성의 유리한 지점을 차지하겠다는 장기적인 전략적 사고와, 한반도 분단이 안정적으로 관리되기를 희망하는 차원에서 북한과의 관계 개선을 추진해왔다. 일본은 또 군사적으로 북한의 대일 공격 가능성(예컨대, 로동 미사일 개발)을 포기시킨다는 차원에서도 북한에 관심을 보여왔다. 이에 대해 북한은 북일수교와 식민지 시대 보상자금의 유입, 그리고 일본 자본의 북한진출 등이 난관에 빠진 자신의 경제를 회생시키는 데 결정적 역할을 하리라고 기대하면서 협상에 적극성을 보여주었다.

1990년에 들어서면서 북·일 간에는 상호 적대관계를 해소하고 새로운 관계를 확립하려는 움직임이 일어났다. 일본의 집권당인 자민당의 지도부는 1990년 9월 사회당과 함께 일련의 회담을 통해 조선노동당과 북·일 국교정상화를 약속하는 공동성명을 발표한 것이다. 이때 3당은 북·일 두 나라 간 국교수립의 실현과 현안 등 제 문제들을 해결하기 위한 정부간의 교섭을 1990년 11월 중에 시작하도록 강력히 권고하기로 합의했다. 이것으로 양국관계에 새로운 전기가 마련되는 것처럼 보였지만 속출하는 일탈사건으로 인해 개선되지 못하고 소강상태와 대립의 악순환을 거듭해왔다. 북한과 일본은 1991년 1월부터 1992년 11월까지 8차례 회담을 가졌으나, 북한 핵 문제 등 외적인 상황에 영향을 받으면서 일부 협상 내용에서 대립을 보이다가 회담 자체가 무산되고 말았다. 이후 양국은 관계 개선을 향한 움직임을 여러 차례 시도하였으나, 그때마다 '일본인 납치의혹 문제', '대포동 1호 미사일 시험발사' 등이 발생하면서 돌파구를 마련하지 못했다.

그러나 1999년 9월 북·미 간 미사일협상에 진전이 이루어지면서 북일관계는 새로운 국면을 맞았다. 1999년 12월 일본 초당파 의원단의 방북을 계기로 관계 개선에 합의하고 본격적으로 수교협상을 모색하기도 했고, 1999년 12월 말 적십자회담 및 정부간 실무교섭을 재개했으며, 2000년 4월 평양에서 수교교섭 제9차 회의가 개최되었다. 2000년 6월 남북정상회담을 계기로 더욱 적극적인 움직임이 기대되었고, 제10차 수교교섭이 8월 21~25일 동경에서 개최되었다. 이때 사죄와 보상, 납치의혹 문제, 그리고 미사일 문제 등 세 가지로 의제를 축소하는 발전을 보였다. 더욱이 2000년 10월 올브라이트 미 국무장관의 북한 방문으로 미사일 의제에 상당한 진전이 이루어져, 주로 사죄와 보상 문제, 그리고 납치의혹 문제만 남게 되었다. 하지만 국내 정치에서 급격히 지도력을 상실한 모리 총리는 북한과 새로운 돌파구를 열지 못하고 2001년 4월 고이즈미 총리에게 권력을 이양하였다. 부시 정부의 대북강경노선과 궤를 같이하는 고이즈미 내각은 북일수교에 적극적이지 않을 뿐만 아니라 미일동맹 강화를 통한 일본의 정치군사적 지위향상을 최우선 과제로 삼음에 따라 현재까지 북일관계는 답보 상태를 면치 못하고 있다. 일본은 9·11 테러 이후 미국의 반테러 캠페인에 적극적으로 참여하고, 집단적 자위권의 모색과 테러대책특별법 입법, 조총련계 신용조합에 대한 압수수색 등 북한을 크게 자극했다. 이와 함께, 2001년 12월 말 북한 선적으로 추정되는 괴선박에 대한 격침사태가 발생하면서 북일관계가 더욱 악화되었다.

3) 남북관계: '6·15 남북공동선언'과 불안정한 공존

북한 핵 문제를 둘러싸고 북·미 간의 갈등이 격화되기 전까지만 해도 한반도 정세의 최대 불안정 요인은 적대적인 남북관계였다. 그러나 탈냉전과 함께 북한의 대량파괴무기 개발 확산이 현안으로 부상하면서 한반도문제에 있어 남북관계의 비중은 상대적으로 적어졌다. 여기에 2000년 6월 남북정상회담을 계기로 남북관계가 적대적 갈등에서 공존관계로 이행하면서 남북관계는 오히려 한반도 평화를 이끌어갈 새로운 주도력으로 주목받기 시작했다. 그러나 2001년 한 해 동안 남북관계의 진전이 예상보다 크게 지체된 데서도 알 수 있듯이, 남북관계는 기회와 도전의 양 요소로 구성된 불안정한 상황이라고 할 수 있다.

1990년대 초 남과 북은 탈냉전의 진행이라는 세계적 조류 속에서 화해를 향해 뜻깊은 발걸음을 내디뎠다. 남북한은 1991년 12월 한반도 평화통일의 길을 제시한 역사적인 '남북기본합의서'를 만들어냈으며, 이듬해인 1992년에는 이를 발효하고 그 부속합의서들을 산출해냈다. 실로 많은 사람들이 남북화해와 공동협력의 시대가 열리는 것으로 확신했다. 그러나 남북은 곧 북한 핵 문제가 돌출하면서 적대적 갈등관계로 돌아섰다. 북미갈등이 전쟁의 위기로 치닫던 1994년 봄, 카터 전 미국 대통령의 중재로 남북정상회담의 기회를 포착하는 등 한때 다시 민족화해의 분위기가 조성되기도 했으나, 김일성 주석의 사망을 계기로 남과 북은 극단적인 상호비방과 냉전적 대결로 퇴행을 거듭하였다.

이러한 적대적인 남북관계에 화해를 향한 새로운 시도는 1998년 2월 김대중 정부가 출범하면서 시작하였다. 김 대통령은 취임 후 즉시 '햇볕정책'으로 불리는 대북화해협력정책을 내세우며 공존의 남북관

계 구축에 나섰다. 이 정책 추진 초기에는 북한 잠수정 출현과 '서해해전' 등 일련의 군사분쟁으로 어려움을 겪기도 했으나, 그는 일관되게 햇볕정책을 추진하여 마침내 남북정상회담이라는 역사적 성과를 이루어냈다. 한반도에 거주하는 사람이면 누구나 느낄 수 있는 것이지만, 남북정상회담 이후 남북관계에서 적대적 긴장은 크게 감소되었으며, 협력적 요소가 크게 증대했다. 남북정상회담 이후 남과 북은 당국자회담의 정례화, 이산가족 상봉, 경의선 연결 합의, 경제협력의 제도화 등 다방면에서 커다란 성과를 거두었다. 이는 북한이 남한의 평화정책에 긍정적인 반응을 보인 것으로 판단된다.

그렇지만 아직도 남북관계는 불안정한 측면을 완전하게 극복하지 못하고 있는 실정이다. 북한 상선 영해 무단통과, 김정일 위원장의 답방 미실현, 각종 회담의 결렬·무산 등은 아직도 남북 당국간의 신뢰 구축이 미흡하다는 점을 보여주고 있다.

# 2부
# 한반도문제와 관련국들의 입장

　앞에서는 한반도문제의 근본적인 해결을 지향하기 위해 그러한 문제가 왜 그리고 어떠한 역사적 맥락에서 발생했는지를 알아보았다. 2부에서는 그러한 역사적 분석에 기초하여, 한반도문제의 발생에 개입했고 또 문제의 해결과정에서 중대한 이해관계를 투영하는 한반도 주변국들의 입장과 정책 수단, 그리고 국민의 이익이라는 관점에서 국가이익의 득실구조를 살펴보고자 한다. 이는 한반도의 평화와 통일이라는 목표를 중심으로 이들의 이해관계를 최적으로 조절할 수 있는 대안을 모색하는 데 기초가 될 것이다.

# 1장
## 미국의 입장


## 1. 김정일-클린턴의 실기(失機)

2000년 10월 북한과 미국의 클린턴 정부는 양국관계의 '전면적 개선을 위해 열리고 있는 새로운 기회들을 심도 있게 검토'하면서, 50여 년의 적대관계를 청산하고 한반도에서의 전쟁상태를 종식시키며 동북아에서의 군사적 불안정을 해소하는 전기를 마련하였다. 북한과 미국은 구체적으로 ① "남북정상회담에 의하여 한반도의 환경이 변화되었다는 것을 인정"하면서, ② "한반도에서 긴장상태를 완화하고, 1953년의 정전협정을 공고한 평화보장체계로 바꾸어 한국전쟁을 공식 종식시키는 문제와 관련하여 4자회담 등 여러 가지 방식들이 있다는 데 동의"하였으며, ③ "미사일 문제의 해결을 핵심 현안으로 하는 양국관계 개선이 한반도의 평화와 안전을 보장"하며 ④ "'북미기본합의'를 이행하는 것이 한반도의 비핵 평화와 안전을 이룩하는 데 중요하다"고 합의했으며, ⑤ 미국은 "현행 남북대화의 계속적인 전진과 성과, 그리고 안보대화의 강화를 포함한 남·북 간의 화해와 협력을 강화하기 위한 이니셔티브들의 실현을 위해 모든 적절한 방법으로 협력할 것을 공약"했고, ⑥ "테러를 반대하는 국제적 노력을 지지"한다고 합의했다.

또한 북한과 미국은 '공동코뮈니케'를 실천하는 차원에서 클린턴 대통령의 방북 가능성에 대해 논의했다. 클린턴 대통령의 방북이 성사된다면 평화와 안정, 그리고 관계정상화를 촉진하는 또 하나의 중대한 돌파구가 마련될 가능성이 높았다.

2000년 11월 초 미국과 북한은 콸라룸푸르에서 미사일회담을 개최하였다. 그러나 미국측의 '구체적이고 건설적이며 아주 실질적인' 성과가 있었다는 평가에도 불구하고 미사일 개발 포기, 시험발사 완전 중단, 수출 제한 등을 포괄하는 확실한 합의를 도출하는 데까지 이르진 못했다. 결국 양국은 현안에 대한 중대한 결정을 목전에 두었으면서도, 미사일협상이 지체되고 미국의 '대선 요인'이 돌발적으로 발생하면서 실기(失機)했다. 북한측이 제시한 사정거리 300마일 수준의 미사일 보유 고집과 클린턴이 방북해야만 모든 것을 최종 합의할 수 있다는 김정일 위원장의 태도도 실기의 중요한 원인이 되었다.


## 2. 부시 정부의 대북인식

이데올로기적 기반이 자유주의(개인의 자유를 존중한다는 의미에서)와 보수주의(기존질서를 유지하고자 한다는 의미에서)로 구성되어 있는 부시 정부는 김정일 국방위원장을 '스탈린주의적 독재자'로 지적하면서 그의 정권에 대해 강한 적대감과 불신을 표명하고 있다. 부시 정부의 입장에서 보면, 주민들을 먹이지도 못하면서 미그전투기를 구입하고 있는 북한 정권은 잔인하고 비인도적이며 반인륜적 정권이다. 대부분의 미국 보수주의자들의 시각에서 보면 북한 정권은 제거되어야만 할 냉전의 유물인 것이다.

부시 안보팀은 북한이 변화할 것이라는 전망에 대해 회의적이다. 일정한 정도의 변화는 있을 수 있지만, 그것은 '남조선 해방'을 포함하여 자신의 목표를 달성하기 위한 술책에 지나지 않는다는 것이다. 1983년 랑군 폭탄 테러가 그 전형적인 예라고 할 수 있다. 이 사건은 김일성이 등소평에게 미국, 남한이 참가하며 한반도에 평화를 가져다줄 삼자회담에 북한이 참여할 것이라는 자신의 메시지를 워싱턴에 전달해줄 것을 요구한 바로 직후 발생했다.[2] 이러한 관점에서 부시 정부는 '상호주의'와 '엄격한 검증'을 대북협상의 지도원칙으로 제시하고 있는 것이다. 부시 정부의 외교에 하나의 중요한 지지기반이자 제약으로 작용하는 헬름즈(Jesse Helms), 길먼(Benjamin Gilman), 콕스(Christopher Cox), 베루터(Doug Bereuter) 등 '혐공주의적(嫌共主義的)' 공화당 의원들의 '대만 수호'에 관한 최근 발언들은 같은 동기에 기인하고 있다.

부시 정부에게 북한은 신뢰할 수 없는 '악마(evil)'일 뿐 아니라 위험한 '불량배(rogue)'이다. 특히, 대량파괴무기를 보유한 것으로 의심받고 있는 북한은[3] 자극을 받거나 또는 받지 않은 경우에도 한반도

---

2) Don Oberdorfer, *The Two Koreas: A Contemporary History*, MA: Addison-Wesley, 1997, p.144.

3) 미국과 영국의 분석가들은 북한이 이미 핵무기를 보유하고 있다고 믿는다. 최근 미국 정보국 부국장 존 맥로린(John McLaughlin)은 2001년 4월 텍사스 농공대학에서의 연설을 통해 "북한은 하나 또는 두 개의 핵폭탄을 보유하고 있는 것으로 추정된다"고 말한 바 있다. 영국의 군사정보 전문가인 조셉 버뮤데즈(Joseph Bermudez)는 『한반도의 평화를 위해(Planning for a Peaceful Korea)』라는 제하의 저작에서 "북한은 최대 12개의 핵폭탄을 제조하기에 충분한 핵물질을 저장하고 있고, 2015년까지 30개의 핵폭탄을 제조한다는 목표를 가지고 있다"고 "최악의 시나리오(the worst-case scenario)"를 제시하고 있다(*USA Today*, July 11, 2001). 미국의 대다수 보수주의자들은 북한이 미국 본토의 일부를 자신의 장거리 미사일의 사정권 내에 둘 수 있는 능력을 조만간 보유하게 될 것이라 판단하고 있다.

및 동북아지역의 불안정과 심지어 군사적 충돌까지 야기할 수 있다고 부시 정부는 인식하고 있다. 북한을 '믿을 수 없는 불량배'로 보는 부시 정부의 인식이 노출된 전형적인 사례로 2001년 10월 24일 프리처드 한반도평화회담 특사의 발언을 들 수 있다. 그는 워싱턴에서 열린 국제회의 기조연설을 통해 북한이 대미관계를 진정으로 개선하고자 한다면 반테러전쟁을 수행하는 미국에 행동으로 협력하라고 촉구했다. 중동, 아프리카의 테러지원국과 거래했던 내용과 관련 군사정보를 넘기라는 것이다. 다시 말해 그는 부시 정부가 북한이 협력만 한다면 '불량배'라는 오명을 벗을 수 있는 절호의 기회를 주겠다는 것이다. 이는 부시 정부가 외면적으로는 북한과의 협상을 제의해놓고 있기는 하지만, 내면적으로는 북한을 협상의 상대로 보지 않고 교화와 처벌의 상대로 보고 있지 않은가 하는 의문을 불러일으키기에 충분하다.


## 3. 현안에 대한 부시 정부의 입장

부시 정부는 북한의 대량파괴무기 문제에 대하여 클린턴 정부와는 '대조적인 방법'으로 접근한다고 강조하면서, 동시에 '검증가능한 합의 (verifiable agreement)'를 요구하고 나섰다.[4] 이것은 사실상 '현장검증 (on-site inspection)'을 조건으로 내세우는 것으로 해석될 수 있다. 또한 부시 정부는 클린턴 정부와는 달리 북한의 재래식 군사력에 대한 통제

---

4) 프리처드(Jack Pritchard) 한반도평화회담 특사와 워첼(Larry Wortzel) 헤리티지 재단 아시아담당관은 공히 이라크의 예를 들면서 국가기술수단만으로는 북한의 미사일 생산과 개발 여부를 탐지할 수 없으므로 현장검증을 실시해야 한다고 주장하고 있다(인터뷰 2001년 10월 24일, 워싱턴 D.C.). 셔먼(Wendy Sherman) 전 대북정책조정관도 이에 동의하나, 역전된 협상의 순서에 문제를 제기하고 있다 (인터뷰 2001년 10월 25일, 워싱턴 D.C.).

를 협상의제로 추가한 바 있다. 먼저 북한이 미국 외교 목표의 핵심요소 중의 하나인 핵 비확산에 위협을 가하지 못하도록 미국이 관리해야 하는 이유와 대안에 대해 생각해보자.

### 1) 북한 핵 문제

부시 정부는 세계 수준의 군사패권을 유지한다는 안보 목표와 관련해서 클린턴 정부의 전략을 승계·강화하고 있다. 여기에는 자신의 핵무기의 안정성과 신뢰성을 제고함과 동시에 핵확산이 야기할 안보위협을 극소화하는 데 목표를 두고 있는 핵억지 전략이 핵심을 차지한다. 특히 '과학적 핵무기관리 프로그램'(SBSS: Science-Based Stockpile Stewardship)은 이러한 미국의 21세기 핵 전략을 상징적으로 보여주고 있다. 물론 이 계획의 추진체인 미국의 에너지부는 이 프로그램이 포괄적 핵실험금지조약(CTBT: Comprehensive Test Ban Treaty)하에서 기존 핵무기의 안전성과 신뢰성을 확보하기 위한 것이라고 밝히고 있으나, 이런 주장은 미국 내에서도 설득력을 얻지 못하고 있다. 그 주요 이유는 무엇보다도 SBSS가 지하핵실험과 유사하다는 점이다. 1997년 미국 의회예산국에 의하면 "지하핵실험은 대개 신형핵무기를 개발·실험하기 위해 사용되는 것으로서 핵무기의 성능과 관련한 결함을 찾아내고 신뢰성을 높이기 위해 지하핵실험을 사용하는 것은 아주 드문 경우"이다. 게다가 미 에너지부는 핵무기의 안전성과 신뢰성을 유지하기 위한 '핵무기평가 프로그램(Stockpile Evaluation Program)'을 이미 운용중에 있다. 따라서 SBSS는, 많은 미국 내 비정부기구들이 제시하듯, 그것이 "핵무기 보호 차원이라면 터무니없이 비싼 프로그램"이며,[5] 신형핵무기 개발을 동시에 지향하는 것으로 판단될 수밖에 없다. CTBT 서명을 거부하고 있는 인도는 바로 이 SBSS를 미국이 핵무기를 지속적으로 개발·개량하려고 하는 증거라고 지적하고 있다. 아울러 미국은 이미 수차례(1997년 4월 Rebound, 9월 Holog, 1998년 12월 Cimarron 등) 실시한 고도의 컴퓨터 시뮬레이션 기술을 이용한 미임계핵실험(subcritical testing)[6] 등을 통해 핵무기의 고성능·소형·경량화에 힘쓰고 있는데, 이것도 SBSS의 계획에 따른 것이다.

미국은 이미 대안적 핵전략을 일부 실행에 옮기고 있다. 예를 들어 벙커버스터(The Bunker Buster B61-11)라는 핵무기는 요새화된 지하 엄폐 통제호를 일격에 파괴할 수 있다. 초경량화되어 B2 폭격기뿐 아니라 F16 전폭기에도 장착 가능한 이 핵무기는 미국 의회의 승인절차를 거치지도 않고 이미 이라크에 대해 사용된 바 있다.[7] 한편 '대통령 명령(Presidential Decision Directive) 60호'[8]는 러시아 내 타격대상의 수를 줄이는 대신 중국 내 타격대상의 수를 늘릴 것을 지시하고 있으며, 아울러 '소극적 안전보장(negative security assurance)'[9]의 개념을

---

5) 구체적으로 미국 에너지부는 이 프로그램을 완성(생산·배치)하기 위해서는 10년에 걸쳐 매년 45억 달러를 투자해야 할 것으로 예상하고 있는데, 이는 냉전기 동안 미국이 매년 지출하였던 핵무기 구입비용을 초과하는 액수이다. "Council for a Livable World Education Fund," *Military Spending Briefing Book*, Washington D.C., 1998, p.5; Keith Easthouse, "Buildup of Uncertainty," *The New Mexican*, May 27, 1999, p.1[sfnewmexican. symtezz. com/steward/980503. build.iso].

6) 미국의 자극하에 러시아도 1997년 9월 14일부터 1998년 12월 13일까지 다섯 차례의 미임계핵실험을 실시했다(Reuter, Decmeber 10, 1998; Associated Press, December 24, 1998).

7) 유사한 무기로서 우라늄 폭탄인 U-238은 유엔(U.N. Sub-Commission for the Prevention of Discrimination and Protection on Minorities, SC 1997-36)에 의해 대량파괴무기로 사용금지되어 있다. Felicity Arbuthnot, "The U.S. Will Neither Confirm Nor Deny But the Public Has a Right To Know," *One World News Service,* February 9, 1998, [www.oneworld.org/news/reports98].

8) 이는 비밀문건으로 공개되지 않고 있으나 언론의 보도와 비정부단체의 정보에 입각한 것이다(Associated Press, March 1, 1998; "Nuclear Age Peace Foundation," *The Sunflower*, Vol.1, No.11, April, 1998, p.2).

9) 1970년대 후반 카터 정부 이래 미국은 핵보유국과 동맹관계에 있는 비핵국이 미국이나 미국의 동맹국을 침략할 경우를 제외하고는 비핵국에 대해 핵무기를

위배하면서 생화학무기를 사용하는 불량국가를 대상으로 핵무기를 사용하도록 요구하고 있다.[10] 미국이 핵우위에 입각한 세계군사패권을 효과적으로 유지하기 위해서는, 앞에서 말한 바와 같이 자신의 핵무기를 질적, 양적으로 개선함과 동시에 경쟁자들의 핵을 감축시키면서, 핵비보유국가들로의 핵확산을 방지할 수 있어야 한다. 따라서 미국은 러시아 등과의 협상을 통해 전략핵무기의 감축을 도모하면서[11] NPT, CTBT 등으로 핵비보유국가들의 손을 묶어두려 하고 있다.

미국의 이러한 핵확산 방지 노력에 도전하는 주요 요인 중 하나가 바로 북한의 핵 문제이다. 사실 미국 대외정책 입안자들은 탈냉전기 미국이 직면하고 있는 최대의 위협 중 하나로 핵확산을 꼽고 있으며, 클린턴 정권과 마찬가지로 부시 정부가 북한의 핵무기 프로그램을 동결·저지하는 데 최우선순위를 두고 있다는 사실로도 이러한 주장은 설득력을 갖는다. 따라서 부시 정부는 북한이 '북미기본합의'의 핵사찰 조항을 충실히 이행하도록 하며, 매 단계마다 협정 조항의 완전한 실행을 요구하고 있다. 부시 정부는 북한이 합의를 이행하지 않을 경우 다양한 조치를 동원하여 이에 대한 시정을 관철하겠다는 입장이다.

'북미기본합의'에 대한 북한의 해석과는 달리, 부시 정부는 조만간 북한에 대한 핵사찰이 이루어져야 한다고 보고 있다. 주지하듯, 1994년 '북미기본합의문'에는 "경수로사업의 상당 부분이 완료될 때, 그러

사용하지 않는다는 핵정책을 견지해왔다(UN Document A/S-10/AC.1/30). 1995년 4월 5일 클린턴 정부도 NPT 영구연장 여부를 결정하는 1995년 5월 11일의 '재평가 및 연장 회의(Review and Extension Conference)'에 앞서 기본적으로 이를 재확인한 바 있다.

10) Nuclear Age Peace Foundation, op, cit., 1998, p.2.

11) Natural Resources Defense Council, "Taking Stock: Worldwide Nuclear Deployments 1998," "세계전체의 핵무기 수는 1980년대 중반의 70,000여 개에서 1997년 말의 36,000여 개로 거의 반이 줄었고, 핵저장시설의 수도 냉전종식후 1/5로 줄었다"[www.nrdc.org/nrdcpro/tkstock/tssum.html].

나 주요 핵심 부품의 인도 이전에 북한은 북한 내 모든 핵물질에 관한 최초 보고서의 정확성과 완전성을 검증하는 것과 관련하여 IAEA와의 협의를 거쳐 IAEA가 필요하다고 판단하는 모든 조치를 취하는 것을 포함하여 IAEA 안전조치협정(INFCIRC/403)을 완전히 이행한다"고 규정되어 있다. 그런데 핵심 부품의 인도는 원전 기반공사가 완료된 후로부터 약 55개월내에 이루어질 것으로 추정되고 있다. 북한과는 대조적으로 핵무기 보유를 '선언'했던 남아프리카공화국에 대한 IAEA의 사찰이 약 2년을 필요로 했던 전례를 볼 때 북한에 대한 IAEA의 사찰은 약 3년 정도 걸릴 것이라고 예상하는 것이 합리적으로 보인다.[12] 이러한 추정에 의하면 핵심 부품을 인도하기 전에 남아 있는 시간은 채 19개월도 되지 않는다(2000년 3월 현재). 따라서 부시 정부는 북한이 가까운 장래에 '특별 사찰'을 위한 의지와 일정을 보여주어야만 한다는 입장인 것이다.[13] 하지만 북한은 먼저 경수로 프로젝트의 인도와 관련한 재조정된 일정을 요구하고 있다. 북한은 또한 '북미기본합의문'에 명시된 2003년과 원자로가 실제로 건설될 시기 사이에 '손실될' 전력에 대해 미국에 보상을 요구하고 있으며, 이는 협상이 장기화될 가능성을 암시한다.

미국은 북한의 경수로건설공사 지연보상 요구를 수용하지 않겠다는 입장을 분명히 하고 있다. 미 정부는 당초 2003년 완공 목표였던 대북경수로건설사업이 지연된 데는 북한의 책임이 크다고 보고 있다. 북한이 경수로공급협정 체결협상을 1년 이상 끌었으며, 경수로 건설

---

12) 모하메드 엘 바라데이(Mohamed el Baradei) IAEA 사무총장은 북한의 핵 역사를 노출시키려면 토양샘플 및 원자로 연료봉 조사를 실시해야 하는 등 약 3~4년의 시간이 필요할 것이라고 말했다(*USA Today*, July 11, 2001).

13) 부시 대통령은 그의 안보팀에게 "북한 핵과 관련한 '북미기본합의'의 보다 개선된 이행을 포함하는 광범위한 의제를 가지고 북한과 진지한 협상을 시작하라"고 지시한 바 있다(Statement by the President, June 6th, 2001).

현장에 투입된 북한 노무자 임금 문제로 경수로 공사를 지연시켰다는 것이다. 2003년 시한 역시 목표 시점에 불과할 뿐 이때까지 반드시 공사가 끝나야 하는 것은 아니라는 것이 부시 정부 해석이다. 더욱이 미국은 경수로가 완공될 때까지 미국이 북한에 중유를 연간 50만 톤씩 제공하고 있기 때문에 경수로건설공사 지연보상 문제를 검토할 이유가 없다는 입장이다.

전기한 바와 같이, 2기의 경수로 인도가 가능하기 위해서는 북한의 핵 프로그램에 대한 의구심이 해소되어야만 한다는 부시 정부의 입장은 확고하다. 따라서 아미티지가 방한 중 '역확산'의 중요성에 관해 언급하면서 암시했듯이, 미국의 대북 '국부폭격(surgical airstrike)'은 전혀 현실성이 없는 대안이 아니다. 부시 정부가 북한과 대화로써 문제를 해결한다는 입장을 밝혔고 또한 미국이 대테러전쟁중이나 후에 다시 무력갈등을 원하지는 않을 것이라는 점이 고려되어야 하나, 부시 정부는 북한의 위협이 근본적으로 완화되지 않고 있다고 보기 때문에 미사일방어체계의 지원을 받는 국부폭격을 대안에서 제외한 것으로 보기는 어렵다.

## 2) 북한의 미사일 문제

클린턴 정부는 1994년 10월 북한과의 '기본합의서'에 서명하면서 북한에 대해 "핵 불위협 및 불사용 등 안전보장"[14]을 제공할 것이라 천명했다. 아울러 "무역 및 투자 제한을 완화시켜 나가기로" 했고,

---

14) 미국은 '북미기본합의문' 제3조 1항에서 "북한에 대한 핵무기 불위협 또는 불사용에 관한 공식 보장을 제공"할 것을 북한에 약속했으나 현재까지 이루어지지 않고 있다. 미국은 1978년에 선언한 "미국 또는 미국의 동맹에 대해 핵무기 보유국과 동맹관계에 있는 국가가 공격하는 경우를 제외하고는, 핵비보유 NPT 회원국에 대해 핵무기를 사용하지 않는다"는 원칙 이상의 조치를 취한 적이 없다.

"상호관심사항에 대한 진전이 이루어지는 데 맞추어 양국관계를 대사급으로까지 격상시켜 나가기로" 합의한 바 있다. 그러나 미국 내에서 일어난 소위 '깅그리치 혁명(The Gingrich Revolution)'[15]의 여파에 따라 매파가 득세하여 기본합의의 이행이 진전되지 않았다. 이에 부분적으로 기인하여[16] 1998년 8월 북한은 장거리 미사일을 시험발사하였고, 이는 '새로운' 위협을 발생시키면서 미국의 전역 또는 전국미사일방어체계(TMD, NMD) 구축의 명분을 제공하였으며, 또한 미국이 대북정책을 근본적으로 재평가하는 작업에 나서도록 만들었다. 그 결과 북한과 미국은 상호위협감축(Mutual Threat Reduction)의 원칙을 제시하고 관계 개선의 조건부적·단계적 이행을 상정한 '페리 프로세스'를 진행시키는 가운데 2000년 '6·15 남북공동선언'에 힘입어 양국간 현안에 대한 중대한 결정을 눈앞에 두는 듯하였지만, 앞서 서술한 바와 같이 교섭이 타결되지는 않았다.

미국은 북한의 미사일 문제가 해결되지 않으면(물론 핵동결을 전제로 하고 있다), 북한이 원하는 바를 줄 수 없는 형편이다. 미사일 문제가 미국에 결정적으로 중요한 이유는 세 가지로 판단된다. 첫째, 주일미군이 북한의 장거리 미사일의 사거리에 들어온다는 사실은 안전의 측면에서도 중요한 위협을 제기하지만, 더욱 중요하게는 미국 국내여론이 주일미군 철수를 요구할 개연성과 연관되어 있다. 미국 시민들은 핵이나 생화학탄두를 장착한 북한의 미사일이 떨어질 수 있는 곳

---

15) 1994년 11월 중간선거에서 공화당이 의회를 장악하는 데 지도력을 발휘한 뉴트 깅그리치는 하원의장에 취임하면서 '뉴딜 정책'을 근본적으로 해체하고 수많은 사회복지제도와 정책, 관련 기관을 폐지하거나 대폭 축소한다는 신자유주의적 혁명을 시도했다. 이러한 미국 정정(政情)의 보수주의적 선회에 따라 당시 국무부가 마련한 전향적인 대북합의 이행안은 커다란 난관에 부딪히게 되었다.

16) 박건영, 「미국의 대북한 정책의 재조정: 기본합의와 그 이후」, ≪한국과 국제정치≫ 제15권 제1호, 봄/여름 1999, 12쪽.

에 자신의 아들과 딸을 주둔시키려 하지 않을 것이다. 둘째, 북한의 미사일이나 미사일 기술이 중동으로 수출되면 중동지역에서의 세력균형을 유지하기 어려워진다. 이라크나 이란 등 미국에 적대적인 국가가 지역패권을 장악하면 석유수송로의 안전에 중대한 위협이 발생하게 된다. 아울러 상서티 미시일이 중동이기 북아프리카 '불량국가들'의 수중에 들어가면, 미국 국내정치에 막강한 영향력을 행사하는 이스라엘과 유럽 동맹국들의 안전이 위협받게 되고, 이는 미국으로서는 방치할 수 없는 사안이 된다. 셋째, 일본의 재무장 가능성이다. 이것이 아마도 미국이 가장 우려하는 바일 수도 있다. 동북아에서의 군비경쟁을 우려하기도 하지만 50여 년 전 전쟁을 일으킨 일본의 재무장이 가지는 다양한 정치·군사적 함의를 간과할 수 없는 것이다. 미국 주도에 의한 전역미사일방어체계(TMD: Theater Missile Defense) 미일공동연구 착수는 북한 미사일에 자극을 받은 '보통국가론'을 관리·견제하기 위한 목적도 분명히 있다고 판단된다.

부시 정부는 장거리 미사일 비확산과 관련하여 앞서 서술한 이유 외에 또 하나의 중대한 군사적 이유를 추가했다. 소위 반미 불량국가들에 대한 미국의 무력응징을 용이하게 하기 위해 장거리 미사일의 비확산을 담보해야 한다는 것이다. 실제로 이라크의 후세인이 걸프전에서 미군의 피를 흘리게 할 수 있었던 유일한 무기는 탄도미사일이었으며, 미국은 이라크의 미사일에 대해 걱정할 필요가 없었다면 자국의 목표를 훨씬 수월하게 달성하였을 것이라는 판단을 내리고 있다.17) 미국은 이라크와 같은 범주에 속하는 북한의 경우에도 동일한 논리가 작용한다고 믿는다. 뒤에 서술하겠지만, 부시 정부는 불량국가들을 '공격하는 자유(freedom to attack)'를 확보하기 위해 MD를 추

---

17) "Prepared Testimony of Deputy Secretary of Defense Paul D. Wolfowitz," Senate Armed Services Committee, July 12, 2001.

진하고 있다. 즉 이들의 장거리 미사일 보유를 최대한 억지하는 한편, 그것이 성공하지 못한 경우에도 공격의 자유를 확보하기 위해 이들로 부터 발사될 수 있는 장거리 미사일을 요격함으로써 같은 효과를 낼 수 있는 MD를 구축하고자 한다는 것이다. 비확산과 MD는 상식적으로 보면 상호모순되는 것 같지만, 미국이 소위 불량국가들을 공격하는 자유를 확보한다는 차원에서 보면 명백히 상호보완적인 것이다.

미국이 미사일 문제에 집착하는 만큼이나 북한도 그러하다. 특정 국가가 미사일을 실험·생산·배치·수출하는 것은 법리적으로 주권에 해당하는 사안이다.[18] 1998년 8월 이후 북한이 "제2위성 발사는 자주권 문제로 누구도 간섭 못하며,"[19] "또 다른 미사일 시험발사를 계획하고 있다"[20]고 한 발언은 이러한 맥락에서 이해할 수 있다. 그런데 미사일 문제는 북한 체제보장의 경제적 측면과도 밀접히 연관되어 있다. 미사일, 부품 및 기술의 수출은 그것이 북한의 거의 유일한 주요 외화수입원이기 때문에 북한에게는 절박한 생존의 문제가 된다. 북한으로서는 미사일을 포기할 경우 반대급부로서 정치·군사·경제적 측면에서 체제보장이 제공되는가의 여부가 결정적으로 중요하다. 구체적으로, 미사일 문제가 해결되면 북한이 가령 미국의 테러지원국 명단 등에서 제외될 수 있는가 하는 문제이다. 북한이 명단에서 제외되면 북한이 받을 수 있는 통상·투자·금융상의 다양한 지원은 북한의 체제유지에 결정적으로 기여하게 될 것이다. 주지하듯, 북한에 본격적

---

18) 1997년 11월 6일 동경 본회의에서 채택된 회의결과보고서에 의하면, 미사일 기술통제체제는 '비공식적 자발적 단체'로 정의되며, 참가국들의 가이드라인 및 부속합의 이행 문제는 주권 및 국내법과 관행에 관한 사항으로 되어 있다 [sipri.se/projects/expcon/mtcr97.htm].

19) 북한은 1999년 2월 11일 이근 유엔차석대표가 위성 재발사 가능성을 언급한 데 이어 중앙방송을 통해 이와 같이 발표했다(≪중앙일보≫, 1999년 2월 13일자).

20) 북한의 중앙방송을 통한 논평(AP통신, December 25, 1998).

인 경제지원을 할 수 있는 국가는 일본이다. 그러나 일본 정부는 '북한의 일본인 납치'와 관련한 여론으로 인해 북한에 직접 지원할 수 없고, 국제기구를 통해야만 한다. 국제기구를 통해 북한을 지원하기 위해서는 미국의 테러지원국 문제가 해결되어야 하는 것이다.

클린턴 정부와 북한은 앞서 서술한 상호이익의 존재를 확인하고, 북한의 미사일 문제에 대해 미래지향적이고 구동존이(救同存異)적인 접근방식을 선호했다. 미사일 문제와 관련해 북한은 300마일 이상의 사거리를 가진 탄도미사일의 실험·생산·배치뿐 아니라, 미사일 및 부품·기술의 수출 또한 중단하겠다고 클린턴 정부에 제의한 바 있다. 협정 검증 및 기존 배치 미사일의 폐기 문제가 미해결이나 이는 추후 협상의제로 남겨둘 것이었다. 그러나 부시 정부는 생각이 다르다. 부시 정부는 북한의 대량파괴무기 문제에 대해 클린턴 정부와는 '대조적 방법'으로 접근한다고 강조하고 있다. 김정일-클린턴 시대에 제시되었던 미국 대통령의 평양방문 등 '신뢰구축과 연계된 현장검증'의 대안도 부시 안보팀 내에서는 진지하게 고려되고 있지 않다.

### 3) 북한의 재래식 군사력 문제

클린턴 정부도 북한의 재래식 군사력 문제에 관심을 가지지 않았던 것은 아니다. 특히 37,000여 명의 군대를 남한에 주둔시키고 있는 입장에서 휴전선 근방에 전진배치되어 있는 방사포 등 장사정포와 전차부대 등의 무력은 서울을 사정거리 내에 두고 있을 뿐 아니라, 북한의 기습공격을 가능케 하는 것이기 때문에 위협적인 것이었다. 그러나 클린턴 정부는 대북협상에서 재래식 군사력 문제에 최우선순위를 부여하지 않았다. 대량파괴무기야말로 한반도와 동북아, 그리고 세계 차원에서 불안정을 야기하는 보다 본질적 요인이라고 판단했기 때문이다. 또한 앞서 서술한 바와 같이 북한이 주한미군 철수를 요구할 것이라는 점과 현재 한미연합 재래식 군사력이 북한의 재래식 군사력을 성공적으로 억지하고 있다는 점이 고려되었다. 나아가 클린턴 정부는 "대규모 부대이동과 군사연습의 통보 및 통제 문제, 공격능력의 제거를 비롯한 단계적 군축 실현 문제, 검증 문제 등 군사적 신뢰조성과 군축을 실현하기 위한 문제를 남북군사공동위원회에서 협의 추진한다"고 규정한 1991년의 '남북기본합의서(2장 12조)'를 존중하여, 대량파괴무기 문제는 미국이, 재래식 군사력 문제는 남한이 각각 북한과 협상을 통해 해결한다는 원칙을 채택했던 것이다.

부시 정부는 클린턴 정부와는 달리 대량파괴무기 이외에 북한의 재래식 군사력 문제를 양국간 협상의제로 추가했다. 이 문제는 두 가지 요소로 구성되어 있다. 첫째, 북한의 군사력을 감축해야 한다는 요구이다. 라이스 대통령안보담당보좌관은 2001년 7월 12일 핵과 미사일뿐만 아니라 재래식 군사력도 한반도의 평화정착과 안정을 위한 미국의 주요 의제라고 강조하면서, 북·미 간의 신뢰구축을 위해서는 북한이 체제 방어를 위한 요구보다 훨씬 강력한 수준의 재래 군사력을 감축, 이로 인한 위협을 제거해야 한다고 주장했다.[21] 둘째, 파월 국무장관은 북한이 자위의 수단으로 보기엔 너무나 강력한 재래 무력을 계속 배치하고 있다고 주장했다. 그는 DMZ 인근에 (북한의) 대규모 병력이 한국을 겨냥해 배치돼 있다면서 이것은 한국에 커다란 위협이 되고 있다고 강조하였다. 이는 북한의 전진배치 무력이 북·미 간 협상이 진행되더라도 한반도의 위협요소를 없애는 차원에서 논의되어야 할 대상이라는 것을 의미한다. 부시 정부가 북한의 재래식 군사력 문제를 협상의제에 추가하기로 결정한 배경은 명확하지 않으나, 한반도

---

21) ≪문화일보≫, 2001년 7월 13일자.

안보환경 개선,22) 해외배치 군사력 감축과 신무기 배치 등을 통해 국방비를 절약한다는 군사전략적인 이유 외에, 대남한 무기판매, 대북협상 의지 결여, 단순한 협상카드 등과 관련한 이유들이 그 배경으로 제시되기도 한다.

북한은 부시 정부의 제의를 받아들이지 않고 있다. 북한은 2001년 6월 8일 "미국이 미제 침략군을 남조선에 못박아두고 공화국을 압살하려는 계획 밑에 상용(재래) 무력 감축 문제를 들고 나왔는데, 이는 어리석은 망상"23)이라고 주장했다. 미국이 북한의 재래식 군사력 감축을 주장하는 것은 주한미군을 주둔시키려는 구실을 찾고, '북한의 무장해제를 노리는 것'으로 보고 있는 것이다. 북한은 미국이 수용할 수 없는 주한미군 철수론으로 대응하고 있다.24)

### 4) 생화학무기 문제

현시점에서 제기되고 있지는 않지만 핵과 미사일 외에도 북한의 생화학무기 문제가 북·미 간 현안으로 부각될 가능성이 있다. 9·11 테러 직후 발생한 미국 내 탄저균공포증후군으로 인해 생화학무기 퇴치에 대한 여론이 급증하고 있고, 부시 정부로서는 국내정치적 맥락에서도 이에 적극적으로 대처해야 할 유인을 가지기 때문이다. 이미 미국의 존 볼튼(John Bolton) 국무차관은 2001년 11월 19일 스위스 제

---

22) 데니스 블레어 미 태평양 사령관은 남북한의 병력 삭감을 위한 신뢰증진 조치가 필요하면 한국군과 주한미군을 비무장지대(DMZ) 주변으로부터 후방으로 이동하는 것도 '가능하다'고 말했다[교도(共同)통신 7월 19일]. 블레어 사령관은 도쿄 외신기자클럽 강연에서 북한과의 회담재개 조건으로 미국이 북한의 재래 전력 삭감 문제를 요구하고 있는 만큼 이에 상응하는 미군의 신뢰증진 조치 필요성을 언급하면서 이 같이 말했다.

23) ≪한국일보≫, 2001년 6월 9일자.

24) ≪경향신문≫, 2001년 10월 29일자.

네바에서 열린 생물무기협약 제5차 평가회의 기조연설에서 북한이 생물·세균 무기의 개발·생산·보유·금지 및 파기를 규정하고 있는 협약을 위반해, "수 수일 안에 군사적 목적에 사용할 수 있는 충분한 양의 생물학적 매개물을 생산할 능력을 확보하고 있다"고 주장했다. 아울러 그는 북한 등을 겨냥해 생물무기 사용금지를 위한 구체적인 국제적 장치 마련을 제의했다.

그러나 생화학무기와 관련하여 부시 정부가 북한을 압박하기 어려운 측면도 있다. 미국으로서는 서방의 여러 추측에도 불구하고 북한이 생화학무기 보유 사실을 부인하고 있고 입증하기도 쉽지 않을 뿐더러, 이 문제를 공개적으로 거론할 경우 주한미군의 철수를 요구하는 미국 국내여론에 시달릴 가능성이 있기 때문에 문제제기 자체를 꺼릴 수가 있다. 특히 이 문제가 핵·미사일 문제의 해결에 장애가 된다면 외교적으로 처리될 수도 있다. 남한은 지리적 근접성 때문에 스커드-C, 로동 1·2호 등 기존의 수단으로도 생화학무기가 운반될 수 있지만 미국은 운반수단의 장거리화만 저지하여 타격거리에서 벗어나면 일차적 목표를 달성할 수 있기 때문이다.

미국 자신도 1990년대 중반부터 테러 대처의 명분으로 정교하고 다양한 생화학무기를 개발해 보유하고 있으며, 국제적 우려에도 불구하고 자국 생화학무기 폐기에 미온적이다. 미국은 2001년 7월 그동안 협정이행의 강제력을 보유하고 있지 못하던 생물무기금지협약을 실질적으로 실행하기 위해 6년에 걸친 국제협상 끝에 만들어진 검증의정서 초안에 대해 "국가안보를 위험에 빠뜨리고 기밀정보를 노출시킬 가능성이 크다"며 거부한 바 있다.[25] 요컨대, 북한의 생화학무기에 대한 미국의 입장은 현 시점에서는 아직 정리된 상태가 아닌 것으로 판

---

25) 《한겨레》, 2001년 10월 18일자.

단된다. 미국 국내여론의 향배나 북한의 생화학무기 사정권에 들어있는 남한이나 일본의 정치·전략적 판단이 미국의 최종적인 정책결정에 중요한 투입요인으로 작용할 것으로 보인다.

### 5) 인권 문제

북한의 인권 문제 역시 북·미 또는 남·북 간 현안은 아니지만 부시 정부의 판단 여하에 따라 첨예한 현안으로 부상할 가능성이 있다. 클린턴 정부는 북한의 인권 문제에 대해 남한의 전략적 접근을 존중하고, 그에 순응하는 정책을 폈다. 즉 양국 정부는 북한의 인권상황이 참담하다는 데 견해를 같이하면서도, 대증요법(對症療法)이 아닌 근본치료를 위해서는 '정치적 분별력(prudence)'이 필요하며, 북한의 인권개선을 요구하는 국내외적 운동은 비정부기구들의 몫으로 하고 정부는 남북한 당국간의 관계정상화에 정책적 우선순위를 두었던 것이다.

부시 정부의 인식과 접근법은 궤를 달리하고 있는 것으로 보인다. 물론, 부시 정부는 남한 정부가 북한 인권상황에 대해 적극적으로 비판해야 한다고 주장하지는 않는다. 단지 시민단체들의 북한 인권 개선 노력이 남한 정부의 대북화해협력정책을 훼손하지 않는다는 믿음을 갖고 있는 것이다. 예를 들어, 과거 레이건(Ronald Reagan) 대통령이 출범시킨 미국 민주주의재단(National Endowment for Democracy)의 칼 거시먼(Gerschman) 회장은 '인권과 함께하는 햇볕(sunshine with human rights)' 또는 '자유를 동반하는 햇볕(sunshine with freedom)'이 가능하다고 주장하고 있다. 그에 따르면, "북한의 변화는 장기적인 관점에서 다루어져야 할 작업이지만, 그와 같이 다루어져서는 안되는 것이 있다. 인권이 전형적인 것이다. 따라서 북한은 고립되어야 하고 비난받아 마땅하다. 북한은 야만국가이며 전체주의국가이다. 그들의 정책은 문명사회에서는 받아들여질 수 없다." 요컨대, 중요한 것은 햇볕정책과 인권 개선 노력에는 어떠한 모순도 존재하지 않는다는 부시 정부 지도자들의 믿음이다.

햇볕정책과 인권개선 노력이 공존할 수 있다는 이들의 믿음은 레이건 공화당 정부 당시 국방차관을 역임한 아이클(Fred Ikle) 등 미국 보수주의 인사들에 의해 최근 결성된 북한인권위원회의 활동에서 구체화될 듯하다. 북한의 인권상황 개선과 폐쇄체제 개방 등을 설립 목표로 천명한 미국의 북한인권위원회는 창립선언에서 "북한의 인권침해는 더 묵과할 수 없을 정도로 끔찍한 불의에 이르고 있다"고 지적하고 "수십 년 동안 북한 주민들은 그들의 상황에 관해 아무것도 외부 세계에 알려지지 않을 정도로 폐쇄되고 엄격히 통제된 전체주의체제에서 살아왔다"며 북한 주민에 대한 긴급 식량원조로 제공되는 식량분배에 대한 검증, 탈북자 처벌금지 및 중국 내 탈북자 정치난민 인정, 북한 주민에 대한 외부정보 개방 모색을 통한 북한 주민 개방화 조치 등을 향후 활동과제로 제시했다.

부시 대통령은 2002년 2월 방한 시 자신의 미국 연두교서에서 강조했던 '악의 축'이라는 어휘를 '자유', '민주주의'라는 어휘들로 대신했다. 북한의 인권 문제를 제기한 것이다. 아울러, 그는 독재자인 김정일과 그의 압제에 시달리는 굶주리는 북한 주민들을 분리해서 대응하겠다고 선언했다. 물론, 북한에 제공할 필요가 있다고 판단되는 인도적 지원의 정당성을 확보하겠다는 의미도 있겠으나, 북한의 반인권 상태를 노출·강조하겠다는 뜻도 담고 있다고 생각된다. 따라서 이라크의 반후세인 세력을 지원하여 후세인을 축출하겠다는 미국 파월 국무장관의 발언은 북한에게도 체제전복전략을 암시하는 위협으로 해석될 수 있다. 이에 대해 북한은 "미국의 역사는 악의 역사이며 미국의 대외정책은 악으로 일관되어 있다"면서 "미국의 안전은 물론 세계의 평화와 안전을 위해서도 부시는 제거되어야 한다"[26]는 극단적인 반응을 보이고 있다.


## 4. 부시 정부의 대북접근방식

### 1) 대북비화해협력정책

앞에서 암시하였듯이, 현 시점 부시 정부의 대북정책은 북한의 군사적 위협을 총체적으로 제거하기 위해 구체적이고 검증가능한 협정을 추구한다는 것이다. 그리고 협정체결을 위한 협상과정에서 북한이 협력할 경우에는 경제지원 등 보상을, 그렇지 않을 경우에는 북한이 협상에 응할 때까지 기다리겠다는 태도를 보이고 있다. 미국의 이러한 태도는 일종의 방관 또는 무관심전략이라고 부를 수 있을 것이다.

그런데 이러한 태도와 함께 미국은 협상을 제안하는 과정에서 명확한 메시지를 전달하지 않으면서, 지속적으로 상대방이 회피하는 의제를 안건으로 내놓고 있다. 심지어 미국은 북한을 협상 상대가 아니라 전복시켜야 할 대상으로 묘사하고 있다. 이처럼 '조건 아닌 조건'을 제시함으로써 협상 자체를 지연시키고, 동시에 협상 상대를 모욕함으로써 협상 자체가 성립될 수 없도록 분위기를 만든다. 이러한 미국의 태도는 '공격적 무관심(hawkish neglect) 전략'이라고 규정될 정도이다 (<표 1> 참조).

---

26) 북한은 평양방송을 통해 '부시는 악의 왕초, 미국은 악의 제국'이라는 제목의 보도물에서 이와 같이 말했다(연합뉴스, 2002년 3월 4일).

<표 1> 미국 대북정책의 유형

|  | 행동(Action) | 무행동(Non-action)<br>또는 무관심(Neglect) |
|---|---|---|
| 긍정적(positive) | 개입 또는 화해·협력<br>(engagement) | 선의의 무관심<br>(benign neglect) |
| 부정적(negative) | 봉쇄 또는 억지<br>(containment) | 공격적 무관심<br>(hawkish neglect) |

결국 미국은 화해·협력을 통해 협상을 성사시키고 북한을 국제사회로 끌어들이는 정책이 아니라, 무관심과 억압을 통해 굴복시키려는 비화해협력정책(non-engagement policy)을 기본 원칙으로 삼고 있다. 더욱이 미국은 자신의 공격적 무관심이 북한을 자극하고, 그에 따라 북한이 군사적 위기를 조성하는 경우에는 거기에 상응하는 군사적 응징을 배제하지 않겠다는 생각을 가진 것으로 판단된다. 그리고 미국은 군사적 응징책의 주요한 두 가지 수단으로 역확산정책(적극적 정책)과 미사일방어체계 구축(소극적 정책)을 준비하고 있다.

### 2) 역확산전략: 확산 방지를 위한 강제력의 사용

역확산전략은 미 국방부의 정의에 따르면 "'핵·생물·화학 무기와 그 운반수단(NBC/M: Nuclear, Biological, Chemical/Missile)'에 의해 제기되는 위협을 해결하기 위한 노력이다." 또한 미 국방부는 (타국의) "NBC 무기 획득을 저지하고, 이에 실패할 경우에도 그러한 무기 보유를 반전(reverse)시킴으로써 미국 정부에 공헌한다"고 설명한다. 저지가 실패하는 경우 미 국방부는 NBC 무기의 사용을 억지하는 데 필요한 능력을 보유하고 있어야 하며, 또한 어디에서 NBC/M의 위협에 직면하더라도 소규모 우발적 전투와 주요 전역(戰域)에서의 우세를 담보할 수 있도록 준비되어 있어야 한다"고 지적하고 있다.27) 이 개념의 가장 중요한 요소는 응징과 강제이다. 다시 말해, 역확산전략은 '외교(비확산전략)'가 실패했을 때, 확산을 시도하는 국가가 미국의 요구를 수용하도록 강제하기 위해 선제 핵공격을 포함한 군사적 응징을 배제하지 않는다는 점을 핵심내용으로 하고 있다.28)

1993년 이래 미 국무부와 국방부는 역확산전략을 연구하기 시작하였고 실무이행기구를 설립했다. 미국 의회는 1994년 국가방위수권법 (National Defense Authorization Act)을 통해 국방부, 에너지부, 정보기관과 합참 내에서 이루어지고 있는 역확산 관련 활동과 프로그램을 평가하기 위해 역확산프로그램평가위원회를 설립하도록 했다. 1993년 10월 국방부는「방위력 평가 보고서(Bottom-Up Review)」에서 냉전기 전략적 안정성이 약화됨에 따라 불량국가의 대량파괴무기에 의해 제기되는 위협에 대비해야 한다고 지적했다. 또한 역확산의 효과적인 수단으로서 소형·경량의 핵무기를 개발할 필요성을 강조한 바 있다.

실제로 부시 정부는 지난 7년간 금지되었던 저위도(low-yield) 핵무

---

27) Counter-proliferation Program Review Committee, *Report on Activities and Programs for Countering Proliferation and NBC Terrorism*, Executive Summary, April 2000, p.ES-4.

28) 역확산에 관한 부시 정부의 개념은 클린턴 정부의 그것과는 뉘앙스의 차이를 갖는다. 후자의 경우, 역확산은 "대량파괴무기의 확산을 방지할 뿐 아니라, 미국은 그러한 무기의 사용을 억지하기 위해 자신과 동맹국들을 대비토록 하며, 공격에 대해 방어조치를 취하고, 공격으로 인한 결과를 무력화시키는 행동"을 의미한다. 또한, 이 정의에 따르면 미국은 대량파괴무기의 사용을 상정하는 국가에 대처하고, 그러한 무기가 사용되는 어떠한 분쟁에서도 우위를 점하기 위한 능력을 보유함으로써 대량파괴무기의 사용이 가져다줄 수 있는 이득보다 그 손실이 훨씬 더 크다는 점을 보여주게 될 것이다. "The section II in The US Department of Defense," *United States Security Strategy for the East Asia-Pacific Region*, Washington D.C.: USGPO, 1998 참조. 양자간의 차이는 전자가 비확산정책이 실패했을 때 그것을 '반전(reverse)'하고자 한다는 데서 발견된다.

기 개발을 진행시키고 있다. 이 무기는 지휘 벙커와 같은 지하 목표물을 파괴할 수 있는 비형첨봉(鼻型尖峰, nose cone)이 장착되어 있다. 그러한 무기에 대한 관심은 후세인이 생화학 무기를 지하 벙커에 은닉할 수 있다는 우려와 함께 증대되어왔다. 부시 안보팀은 현재의 미국 핵무기로 후세인을 억지할 수 있다고 생각하지 않는 것 같다. 마치 과거 마오쩌둥이 미국의 핵무기를 '종이 호랑이'로 간주하며 위협받기를 거부한 것과 유사한 맥락이다.[29] 즉 "후세인은 자신의 생화학 무기를 파괴하기 위해 미국이 100kt의 폭탄을 바그다드에 투하해 도시 전체와 인구를 파괴하지는 않을 것이라는 점을 잘 알고 있다"[30]고 보고 있는 것이다. 저위도 핵무기는 미국을 이러한 딜레마로부터 벗어나게 할 것이다. 비슷한 맥락에서, 부시 정부가 필요하다고 판단할 경우, 북한에 상당한 국지적 손상을 입힐 것으로 예상되는 저위도 핵무기를 동원한 대북국부폭격은 역확산을 위한 현실적 방안 중 하나로 고려될 수 있을 것이다. 한편, 소형·경량의 핵무기를 개발함으로써 미국은 현재 비축하고 있는 6,000여 기의 핵탄두를 안전하게 감축할 수 있을 것이다. 물론, 이는 MD 프로그램과 밀접하게 연관되어 있다. 부시 안보팀은 미국의 MD를 반대하고 있는 러시아와 중국을 설득하고 안심시키기 위해 이 카드를 사용하고 있다.

### 3) MD 체계 구축

부시 정부는 미국의 MD 체계가 동북아에서, 특히 북한과 관련하여 미국의 두 가지 안보이익을 제고시켜줄 것으로 보고 있다. 부시 정부

---

29) John Wilson Lewis and Xue Litai, *China Builds the Bomb*, Stanford: Stanford University Press, 1988, p.6.
30) Walter Pincus, "Pentagon Studies Developing New Nuclear Bomb," *Washington Post,* April 15, 2001.

가 '불량배'로 규정하는 국가에 대해 자의적으로 공격할 수 있는 자유를 확보할 수 있게 된다는 것이다. 특히, 앞에서 서술한 바와 같이 부시 정부는 MD 체계가 북한의 탄도미사일을 무력화시킴으로써 역확산전략에 실질적으로 기여하게 될 것으로 보고 있다. 또한 MD는 미국의 양보를 강제하는 북한의 공갈(blackmailing) 능력을 효과적으로 제거할 수 있는 수단으로 평가되기도 한다. 주한·주일 미군을 대량파괴무기로서 위협하고 협박할 수 있는 북한의 능력을 무력화시키는 데 기여할 수 있다는 말이다. 2001년 7월 미국 미사일요격실험의 일정 정도의 성공은 이 프로그램에 대한 정치적 지지와 '시의적절한' 추진력을 제공할 것으로 판단되었다. 마침내 부시 대통령은 2001년 12월 13일 미사일방어체제 구축을 위해 탄도탄요격미사일(ABM: Anti-Ballistic Missile)제한조약에서 탈퇴하겠다고 선언했다. 그는 냉전 시대의 조약은 더 이상 미국과 러시아의 관계에 맞지 않으며 불량국가들의 미사일 공격으로부터 국민을 보호할 수 있는 정부 능력의 배양을 저해하고 있다고 탈퇴선언 배경을 밝혔다.

## 5. 미국의 국가이익

국가안보는 다른 공공재와 마찬가지로 비가시(非可視)적 가치를 생산하는 동시에 그 이익은 균등하게 배분되는 경향이 있다.[31] 그러므로 다른 종류의 의사결정에 비해 전략 문제에 대한 의사결정은 사회·경제적 이해관계로부터 비교적 자율적으로 이루어진다. 달리 말하

---

31) William Zimmerman, "Issue Area and Foreign Policy Process: A Research Note in Search of a General Theory," *American Political Science Review*, Vol LXVII, No.4, December, 1973, p.1207.

면, 국가안보의 문제와 관련해서는 '국민 대다수의 이익'으로 정의될
수 있는 국가이익이라는 개념이 실체를 가질 수 있다는 말이다. 여기
에서는 현 단계 부시 정부의 대북정책이 미국 국민 대다수가 이익으
로 간주하는 바와 어떻게 관련되는지 비교·대조함으로써 향후 미국의
대북정책을 전망하고 바람직한 방향을 제시하고자 한다.

### 1) 대북비화해협력정책의 비용

대북비화해협력정책은 미국과 미국의 동북아지역 동맹국들에게 이
익을 가져다주기보다는 오히려 막대한 비용을 부과하게 될 것이다.
미국의 국가안보전략의 성공은 동북아의 현상유지에 크게 달려 있고,
이는 한반도의 안정과 평화에 의존한다. 북한에 대한 비포용은 이를
어렵게 할 수 있다. 더구나 전략적인 관점에서 미국으로서는 '잠재적
수정주의 국가'인 중국이 북한에 대한 독점적 영향력을 회복·유지하
도록 할 이유가 없다. 또한 북한은 이라크, 세르비아와 다르다는 점이
지적되어야 한다. 북한이 지역패권을 노리는 것도 아니고 석유수송로
를 방해하는 것도 아니다. 북한이 지니고 있는 군사적 내구력은 주지
의 사실이다. 한반도에서 무력충돌이 발생하면 국지전화되지 않고 비
화될 가능성이 높다는 점도 지적되어야 한다. 한반도에서 군사 분쟁
이 일어난다는 것 자체가 미국의 안보정책이 실패였음을 의미하는 것
이다. 그리고 무엇보다도 대북강경정책은 우방인 남한 정부32)와 '대

---

32) 현재 남한의 야당은 북한에 대해 상호주의를 강조하는 등 강경한 대응을 촉
구하고 있으나, 대북화해협력정책 자체에 대해서는 동의하는 경향을 보여주고
있다. 한나라당 이회창 총재는 2001년 8월 23일 기자 간담회에서 "당의 대북
정책기조는 화해협력정책"이라며 "김대중 대통령이 화해협력정책의 기조를 설
정한 것은 높게 평가하고, 우리 당이 집권한 이후에도 그 기조는 승계되고 유
지될 것"이라고 말했다. 그는 "우리 당의 대북정책기조는 1987년 노태우 정권
이후부터 정착된 대북화해협력정책이 기본 정책"이라며 "대결과 봉쇄가 아닌

국'인 중국 및 러시아의 반대에 직면하게 될 뿐 아니라 북한 난민과 '타의에 따른 연루(連累)'를 의식하지 않을 수 없는 일본의 우려를 자아낼 가능성이 높다.

부시 정부의 대북강경책에 기인하여 한반도에서의 불안정이 증폭되거나 무력갈등이 발발하면 중국의 개입이 예상되며, 이는 관련국 모두에게 커다란 비용을 강제할 개연성이 높다. 미국의 응징적인 대북 또는 대중국 정책은 중국 엘리트 집단 내의 매파가 정치권력을 장악할 가능성을 높여주며, 이들이 중국의 반미 민족주의를 성공적으로 자극할 수 있는 빌미를 제공해줄 수 있다. 이는 미국뿐만 아니라 부시 정권의 이익에도 부합하지 않는다. 특히, 중국에 대한 투자 기회를 고려할 때 더욱 그러하다. 최근 독일의 중국 진출은 이와 관련하여 중요한 함의를 갖는다. 2001년 10월 독일의 슈뢰더 총리와 경제대표단은 미국의 반테러 전쟁의 와중에서도 중국과 총 1백억 달러 합작·투자 계약을 성사시켰다. 중국에 대한 에어버스 A-320 50여 대 판매도 성사단계에 진입해 있다. 독일 기업은 푸둥 공항에서 상하이 도심을 연결하는 33km 자기부상열차 선로공사도 수주했다. 특히 슈뢰더 총리는 "독일은 하나의 중국정책을 고수, 대만에 무기를 판매하지 않겠다"고 선언했다. 이는 독일의 대중국 경제진출을 촉진하기 위한 정치·군사적 지원체계로서, 이지스(Aegis)함까지 대만에 판매하려던 미국과는 대조를 이룬다.

## 2) MD의 정치경제적 비용

MD 구상은 중국과 러시아의 불만을 증폭시켜 중·러 연대에 의한

---

대화와 화해로 가는 화해협력정책이 당의 기조"라고 강조했다(《내일신문》, 2001년 8월 24일자).

대미 '균형잡기(balancing)'[33]를 초래할 개연성이 높다. 부시 안보팀은 MD 체계가 주로 북한과 같은 '불량국가'들의 핵위협으로부터 미국을 보호하는 수단이라고 주장하고 있다. 그러나 중국과 러시아는 미국의 MD가 자국의 장거리 타격력을 약화·무력화시킬 수 있다고 우려하고 있으며,[34] 또한 미국이 MD를 구축하게 되면 페르시아만, 한반도, 대만해협[35] 등 자신들도 중대한 이해를 가지고 있는 지역에 미국이 더 자유롭게 군사적으로 개입을 하게 될 것이라고 본다. 중국과 러시아는 1999년 세르비아계 지배자들의 탄압으로부터 알바니아계 주민들

---

33) 균형잡기는 힘의 불균형이 '위협화'되어야 형성된다고 할 때, 냉전 후 10여 년 간의 미국의 패권은 미국이 위협적이지 않았다는 것을 반증한다. 반면, 부시 정부의 '위협'은 전통적인 세력균형의 형성을 촉진할 수 있다는 의미이다. 위협균형론에 대해서는 Stephen M. Walt, *The Origins of Alliances,* Ithaca, N.Y.: Cornell University Press, 1987을 참조. 미국 패권에 대한 유럽의 인식과 관련해서는 Josef Joffe, "Who's Afraid of Mr. Big?" *The National Interest,* Summer 2001과 동저자의 "'Bismarck' or 'Britain'? Toward an American Grand Strategy after Bipolarity," *International Security,* Vol.19, No.4, Spring 1995를 참조.

34) 미국의 MD 체계 구축에 대한 분석적 기초를 제공하고 있는 1998년 「럼스펠드 보고서」와 1999년 「국가정보추정보고」는 중국의 이러한 우려를 자극한 두 가지 주요 문건으로 간주된다. 이들 문건은 공히 중국의 미사일이 미국에 잠재적으로 위협을 제기한다고 명기하고 있다. Paul H. B. Godwin and Evan S. Medeiros, "China, America, and Missile Defense: Conflicting National Interests," *Current History,* September 2000, p.287.

35) 이는 특히 대만과의 관계에 있어 미사일이 가장 효과적인 군사적 자산이라고 믿는 중국에게 결정적으로 중요한 사안이다. 이에 대해는 Wu Chunsi, "Tactical Missile Defense, Sino-U.S.-Japanese Relations and East Asian Security," *Information Bulletin(International Network of Engineers and Scientists Against Proliferation),* No.16, November 1998, pp.20-23을 참조. 그러나 중국에 있어 TMD의 대만 이전(또는 '미사일 우산' 제공)은 근본적으로 중국 현 지도부에게 훨씬 더 중요한 '정치적 문제'라는 사실 또한 주목할 필요가 있다. 이들의 주요한 우려는, 예를 들어 첨단 TMD 체계의 대대만 판매를 통한 미·대만 간 군사협력이 '확장된 억지의 한 유형(a form of extended deterrence)'을 의미하고, 결국 실질적 군사동맹의 결성으로 이어질 가능성이다. 유사한 정치적 문제로서, 중국은 TMD 이전이 대만의 분리독립주의 세력에게 안전의 인식을 부여하여 독립선언을 촉발할지도 모른다고 우려하고 있다. Godwin and Medeiros, op. cit., 2000, pp.285-288.

을 보호한다는 명목으로 NATO가 코소보에 개입한 사안에 대해 극단의 경계심을 표현한 바 있다. 미국은 언젠가 비슷한 명분으로 "티벳에 대한 중국의 정책과 체첸에서의 러시아의 행동에 대해 군사적으로 개입할 것"[36]이라고 이들은 우려하고 있는 것이다. 이러한 우려는 특히 중국의 경우 상당한 수준에 도달한 것으로 보인다. 중국이 오랫동안 견지해왔던 '핵 선제공격불가원칙'을 이제 재고해야 한다는 의견이 중국 인민해방군 내에서 공공연히 제기되고 있다는 사실은 탈냉전기 세력 재편의 맥락에서 의미심장하다 하지 않을 수 없다.[37]

러시아와 중국은 2001년 '우호근린협력조약(Treaty on Good Neighborly Friendship and Cooperation)'을 체결했다. 부시 정부에 대한 연대시위의 성격을 다분히 포함하고 있는 이 조약은 1950년대 후반 중소분쟁 이후 처음 체결된 양국간 조약이다. 한편, 러시아는 의혹이 제기되고 있는 이란 남부의 핵 발전소에 연료를 공급하기로 하고 이란과 핵협정에 서명했다. 같은 해 러시아와 베트남은 전략적 동반자관계를 선언했다. 이 모든 것들은 부시 정부의 공세적이고 일방주의적인 안보정책이 야기하고 있는 문제이자 부담들이다.

나아가 MD는 미국이 자신의 핵심적 안보이해가 걸려 있다고 간주하고 지속적으로 추진해온 정책 – 대량파괴무기의 수직적·수평적 확산을 저지하려는 노력 – 을 오히려 훼손할 수 있다. MD 체계의 구축은, 앞에서 언급했듯이, 러시아와 중국의 군비확대를 초래할 가능성이 높다. 러시아의 군비확대는 분명히 프랑스를 불안하게 할 것이다. 소규모의 핵 보유국인 프랑스는 오랫동안 상호억지에 의존해왔고, MD 체계를 개발하려 하지 않았다.[38] 러시아가 미국의 MD 계획에 대항하여

---

36) "Triangular Diplomacy," *The New York Times,* July 18, 2001.

37) Godwin and Medeiros, op. cit., 2000, p.286.

38) Karl A. Lamers(Rapporteur), "Nmd and Implications for the Alliance,"

더 많은 대륙간탄도미사일(ICBM: Inter-Continental Ballistic Missile)을 생산·배치한다면 프랑스는 심각한 '핵 취약성'에 직면하게 될 것이다. 중국도 미국의 MD가 자신의 핵 억지력을 무력화시킬 것이라고 우려하고 있다. 그에 따른 중국의 군비증강은 중국과 역사적으로 적대관계에 있는 인도를 자극할 것이고, 이는 또다시 인도와 분쟁하고 있는 파키스탄의 군비증강을 촉발할 공산이 크다. 결국 부시 정부의 MD는 미국의 전통적 외교안보 목표인 비확산을 방해하고, 오히려 세계 수준의 핵확산을 조장하게 될 것이다.

한편, MD 등에 기초한 미국의 신안보전략은 다른 방식으로 미국의 비확산 노력을 약화시킬 수 있다. 구체적으로 부시가 MD 등의 재원을 조달하기 위해, 그리고 감세를 추진하기 위한 하나의 방편으로 러시아의 핵 복합체로부터 핵기술 및 노하우와 핵분열 물질이 유출되는 것을 방지하기 위해 마련된 프로그램의 기금을 삭감한다면, 전세계를 향한 핵의 수평적 확산은 더욱 촉진될 것이다.[39]

아울러, MD 계획은 미국의 재래 위협이나 테러와 같은 '새로운 위협'에 대처할 수 있는 능력을 감소시키는 역할을 할 수 있다. 주지하듯, MD 구축은 상당한 재원을 필요로 한다. 비록 부시의 백악관이 "군부가 가질 수 있는 가장 좋은 친구"[40]이겠지만, 단기간에 MD와

---

*Committee Reports: Sub-committee on Transatlantic Relations*, NATO Parliamentary Assembly, April 12, 2000, no.41, p.10.

39) 부시 정부는 미국과 러시아가 함께 100톤의 플루토늄을 핵탄두에서 제거해 폐기하거나 전용하려던 계획을 주로 재정적인 문제로 인해 백지화할 것으로 보인다. 이 계획은 지난 1995년 클린턴 정부 시절 미·러가 각각 50톤씩의 플루토늄을 핵무기에서 제거해 원자로 연료로 사용하거나 방사성 폐기물과 혼합해 무기 용도로 사용할 수 없도록 하기 위해 제안된 것이었다. Matthew L. Wald, "U.S. Balks on Plan to Take Plutonium Out of Warheads," *The New York Times*, August 21, 2001.

40) 미국 하원정보위원회 위원장인 포터 고스(Porter Goss)는 부시 정부의 구상에 지지를 확실히 하고 있다("Bush Criticized on Defense Spending," *The New York Times*, July 19, 2001).

재래 군사력을 동시에 지원할 충분한 재원을 조달한다는 것은 정치적으로 비현실적인 것이다. 게다가, 감세와 세금환급 그리고 예산제약은 부시 정부로 하여금 2001년 9월까지 510억 달러를 차입하도록 강요하고 있다. 럼스펠드 국방장관은 "국방부가 애초 예산으로 요청한 3,100억 달러에 추가로 380억 달러를 더 요구했으나, 184억 달러만을 얻어냈을 뿐이다."[41] 이것이 그의 문제를 명확히 보여준다.

따라서 MD 계획이 현재의 예산제약하에서 수행되어야 한다면, 그것은 재래 군사력의 현대화·재조직화의 포기를 의미한다. 문제는 그것이 가까운 장래에는 감소하지 않을 것으로 보이는 전통적 형태의 무력도발에 대처할 수 있는 미군의 능력을 약화시킬 가능성이 있다는 점이다. 이미 군부는 회의적 반응을 보이고 있다. 한 가지 주목할 만한 사례로 미국 태평양 사령부 사령관 블레어(Dennis C. Blair) 제독을 들 수 있다. 그와 그의 동료들은, "새로운 접근방식은 미군기지에 대한 잠재적 위협(특히 중국으로부터의 위협)과 장거리 타격력의 필요성을 과장해왔으며," 그 이유는 계획입안자들이 "세계의 실제 군사상황과 너무 유리(遊離)되어"[42] 있기 때문이라고 말하고 있다.

비슷한 맥락에서 MD 계획은 또 다른 대가를 치르게 한다. 미국의 대기업집단은 부시의 재정·경제적 기반이다. 그러나 그것은 결코 일괴암(monolith)이 아니다. 예를 들어, MD 체계 구축은 방산기업들에 커다란 기회를 안겨주겠지만, 동아시아에서의 이윤추구활동의 전제가 되는 지역안정을 필요로 하는 미국의 상업자본, 산업자본, 금융자본들에게는 증대한 불이익을 주게 된다. 미국의 대북 또는 대중국 강경정

---

41) 미국 민주당 하원 의원 노먼 딕스(Norman Dicks)가 럼스펠드 국방장관에게 이렇게 말했을 때, 그는 부인하지 않았다(*The New York Times*, July 19, 2001).
42) Michael R. Gordon, "Pentagon Review Puts Emphasis on Long-Range Arms in Pacific," *The New York Times*, May 17, 2001.

책은 이러한 자본들의 이익을 훼손·소외시킬 개연성이 높으며, 이렇게 될 경우 부시는 국내정치의 중요한 동맹세력을 잃게 될 뿐만 아니라, 고용 문제 등 비방산기업들과 긴밀히 연계되어 있는 국민 대다수의 이익을 침해하는 결과를 낼 수 있다.

한편 MD 계획이 직면하고 있는 기술적 난관이 지적되어야 한다. 2001년 7월 14일 요격장치(kill vehicle)가 모의 탄두를 격추했지만, 국방부 탄도미사일방어기구(BMDO)의 책임자인 로널드 캐디시(Ronald T. Kadish) 장군이 말하듯, "이 실험은 단지 긴 여행의 한 걸음에 불과하다." 더 중요한 사실은 새로운 침투 보조물(penetration aids)－기구(氣球)와 같은 레이더 교란용 유도물체에서부터 레이더 방해 전파 발신기에 이르기까지－의 개발은 상대적으로 용이하기 때문에 잠재적 적국들은 요격미사일 개발을 위해 미국이 부담해야 하는 비용보다 훨씬 적은 비용만으로 미사일 요격을 피할 수 있는 방법을 개발할 수 있다는 점이다. 미국은 곧 또 다른 수준에서 기술적 난관에 직면할 것이고, 효과적인 MD 체계를 유지하기 위해 많은 재원을 지속적으로 필요로 하게 될 것이다.

### 3) 새로운 위협에 대한 대응: 다자주의의 필요성과 대상의 차별화

독립 이래 수백 년 동안 일반 미국인들은 외국과의 긴밀한 관계 구축 없이도 대체로 안정된 삶을 누려왔다. 특히 군사적으로는 본토가 한번도 외부의 침략을 받아본 적이 없다. 그렇기 때문에, 고립주의 외교정책이 오랫동안 자리를 잡았고 대중은 외국과의 관계에 대해 무지하였으며, 그들의 정부가 국경 밖에서 하는 일에 대해 알고자 하지 않는 경향을 보여주었다. 하지만 9·11 테러는 전례가 없었던 미국 본토와 민간인에 대한 대량살상이라는 측면에서, 그리고 그러한 충격적

테러 행위가 TV를 통한 생중계가 이루어지는 동안에도 지속됐다는 면에서 향후 미국의 외교안보전략에 적어도 단·중기적으로는 심대한 영향을 미치게 될 것이 분명하다. 미국 국민들은 국경 밖에서 그들의 정부가 행하는 바에 대해 배가된 괸심을 갖게 된 것이다.

우선 테러 방지·퇴치에 대한 광범위한 국민적·정치적 요구는 그간 부시 안보팀이 보여주었던 일방주의적·징벌주의적 정책보다는 다자주의적·포용주의적 접근에서 이익을 발견하게 될 것이다. 물론 미국의 국민들 사이에서 미국 안보에 제기되는 모든 형태의 위협을 총체적으로 제거하기 위해서는 재원을 아끼지 않는다는 분위기가 아직 팽배하고, 북한의 위협도 그러한 범주에 편입되어 있는 측면이 강하다. 그러나 시간이 지나면 테러와 관련한 심리적 격앙·불안정 상태가 완화될 것이고, 새로운 안보조건에 대한 새로운 합리성이 추구될 가능성이 높다. 다자주의적 공동(또는 협력)안보가 그러한 새로운 합리성을 반영하는 하나의 대안이 될 수 있다.

먼저 정책적인 측면에서 볼 때 부시 정부가 테러퇴치를 위해 다자주의적 접근의 필요성을 이해하게 되었다는 점은 큰 의미가 있다. 특히 테러집단과의 '검은 전력'이 있거나, 테러퇴치와 이해관계를 같이 하는 구적성국이나 소위 불량국가들의 협력이 관계의 특수성 때문에 구조적으로 요구된다는 점은 부시 정부에게 부과되는 정책적 제약 중 하나이다.

좀더 일반적으로는, 안보에 대한 개념이 9·11 테러로 인해 미국 국민과 지식인들 사이에서 새롭게 발전할 수 있다는 점이 지적될 수 있다. 수십 년 전 유럽국가들은 자국 또는 자신의 진영만의 안보를 모색하는 절대안보에 기초한 안정이 위험을 배태하고 있을 뿐만 아니라 지속되기 어렵기 때문에, 안보를 '공동의 문제'로 보고 국가간 그리고 진영간의 신뢰구축과 이해증진, 나아가 군축을 통해 공동의 안보를 도모하는 것이 안보의 원래의 목적을 달성하기 위한 효율적인 대안이라고 인식하게 되었다. 국제정치학적 관점에서 보면, 유럽 제국을 중심으로 힘에 의해 안보위협을 '억지'한다는 현실주의적 시각에 대한 의문이 제기되고, 오인과 오해를 제거하여 안보위협을 '해소'한다는 자유주의적 국제정치철학에 대한 공감대가 형성·확산되었던 것이다. 공동안보는 예방외교를 핵심으로 하여 상호안심(mutual reassurance)의 수준을 증대시키는 것에 초점을 맞추고 있다. 상호안심의 수준이 증대되기 위해서는 군사적 투명성이 제고되어야 하고, 이를 위해서는 대화, 정보교환, 그리고 의도의 정확한 전달을 실현할 수 있는 다자간 안보협력의 제도화가 필수적인 것이 된다. 이는 궁극적으로 군축 실현으로 이어져 국제적 안보위협의 해소를 구현하는 데 결정적으로 기여하게 되는 것이다.

9·11 테러와 대테러전쟁을 치르는 동안 미국인들은 분노와 전쟁 승리의 환호 속에서 부시 정부의 일방주의를 지지하는 듯 보였다. 그러나 미국 사회의 지식인들을 중심으로 안보에 대한 보다 근본적인 성찰이 이루어지고 있고, 이것이 큰 지지를 받아가고 있다는 것 또한 간과할 수 없다. 외국과의 관계에 무지했던 고립주의적 미국인들은 9·11 테러를 경험하면서 테러집단을 단순히 미치광이 집단으로 간주했다. 그러나 미국인들은 서서히 테러리스트들도 최소한 인간이며, 인간이 자신의 목숨을 던지면서까지 미국을 미워하는 이유가 무엇인지를 알게 되었다. 웨이드(Robert Hunter Wade) 교수가 지적하듯이,[43] 미국의 일방주의적 힘의 행사를 보고 자란 주변부의 젊은층은 커가면서 분노와 좌절감에 빠진다. 이들 중 일부는 호전적인 인종·종교적 운동에 참여할 것이다. 분노와 좌절감은 미국에 대한 복수심에 가득 찬 원

---

43) Robert Hunter Wade, "America's Empire Rules an Unbalanced World," *International Herald Tribune*, January 3, 2002.

리주의자들 사이에 퍼져간다. 미국과 동맹국들은 무력으로 이런 집단을 억누를 수 있다. 하지만 문제를 해소할 수는 없다. 다자주의와 공동안보를 통해 분노와 좌절감을 예방하는 것이 어떠한 군사적 수단보다도 더 효과적이며 값싼 대안이라는 시각이 미국 대중의 머리와 가슴 속에 자리잡아가고 있다.

현실적인 측면에서도 부시 행정부는 대북정책의 기조를 수정할 필요가 있다. 실제로 가능성은 어느 정도 감지되고 있다. 특히 2002년 하반기 들어 부시 행정부가 이라크를 침공하겠다는 의지가 분명해지면서 북한에 대한 정책에서는 미묘한 변화가 발견된다. 비록 고이즈미 일본 총리가 북한을 방문하기 하루 전인 2002년 9월 16일 럼스펠드 미 국방장관은 "북한은 수 개 이상 핵무기를 가지고 있다"고 발언함으로써 고이즈미와 김정일에게 경고성 메시지를 던지기도 했다. 그러나 2002년 7월 말 이후 남북관계 개선 분위기를 완전히 뒤집을 만큼 공세적으로 북한을 압박하기는 어려워지고 있다. 이라크와 북한을 동일하게 불량국가로 보고 있지만 이라크에게는 군사적 수단을, 북한에게는 외교적 수단을 동원할 수밖에 없는 처지이다. 아무리 부시 행정부가 힘의 정치를 펼친다 하더라도 독자적 능력으로 2개의 전선에서 전쟁을 치를 수는 없기 때문이다. 미국은 이라크를 공격하기 위해선 중동에서의 미군 전력을 증강해야 하며, 그 결과 동북아 주둔 미군 병력의 일부를 이동배치해야 할 것이다. 이것은 동북아지역의 안정과 평화가 전제되어야만 하는 일이다. 유엔이 이라크에 사찰단을 파견해서는 안된다는 입장을 보이면서도 2002년 10월 초 제임스 켈리를 단장으로 하는 부시 대통령의 대북특사팀이 평양을 방문하여 핵과 미사일 등 제반 북미간 현안에 대해 대화에 나선 것은 이 같은 맥락에서 이해할 수 있다.

# 2장
## 중국의 입장


## 1. 한반도문제와 중국의 중요성

중국은 사회주의권 붕괴 이후 미국과 함께 북한의 미래를 결정하는 핵심적인 국가로 부각되고 있으며, 역할에서는 현 단계 미국의 대칭점에 자리잡고 있다. 미국은 북한에 대해 갈등의 축이자 북한이 사회주의 진영이 몰락한 현 상황에서 대외관계의 확장을 위해 숙명적으로 넘어야 할 장벽이라면, 중국은 북한의 경제위기와 체제안전에 대한 위협의식을 감소시켜주는 지원군이다. 1990년대 중반에 불어닥친 북한의 대기근(大饑饉) 시절에 북한을 절대절명의 위기에서 구하려고 손을 내민 나라가 중국이었으며, 김정일 위원장이 국제정세를 의논하고 개방과정을 배우기 위해 2000년~2001년 사이 두 차례나 찾은 곳도 중국이었다. 부시 정부 등장 이후 격화되는 MD 관련 논쟁에서도 북한이 가장 먼저 협의하고 의존해온 나라가 중국이었다.

중국은 북한에 대해서만 영향력을 지니고 있는 것이 아니다. 이미 한국의 2위 교역국가로서 부상해 있으며, 정치적으로도 밀접한 우호관계를 유지하고 있다. 2002년 1월 부시 대통령의 '악의 축' 발언과

3월 철강수입제한조치 등에서 보듯이, 부시 정부의 십자군주의적 대북정책과 일방주의적 대한반도정책이 부분적으로 야기한 한국 내 반미감정의 심화는, 동아시아 외환위기 시기에 자국 통화의 평가절하를 자제하는 등 지도력을 보여온 중국에게 그만큼의 반사이익을 안겨주고 있다. 이러한 상황은 남북한 양측에 대해 현 시점에서 영향력을 보유하고 있는 나라는 사실상 중국뿐이라는 점을 시사한다. 중국은 남북한과 동시에 선린관계를 강화하기 위해 당 고위 간부들과 국방부장을 서울과 평양에 시차를 두고 파견하여 실용주의적 공존외교를 구사하고 있다. 2000년 6월 남북정상회담의 개최를 위해 북한에 대해 일정하게 영향력을 행사할 수 있었던 나라도 중국이다.

이처럼 중국의 한반도정책은 남북관계와 한반도 정세에 커다란 영향을 미치고 있다. 그리고 그 형태는 '남북관계의 개선'과 '남북 당사자간 문제 해결'이라는 중국 정부의 정책기조에서 나타나듯 공존과 안정지향적인 모습을 띠고 있다. 북한이 남북정상회담에 응한 것이나 김정일 위원장의 두 차례에 걸친 중국방문 등은 북한이 중국의 이러한 입장을 확실하게 수용했음을 보여주고 있다. 중국의 이러한 입장은 한반도문제 해결에서 남북한의 주도적 역할을 제고시키는 순기능을 할 것이며, 남한 입장에서는 한반도문제가 북미협상 일변도로 기울어질 위험성을 막는 작용을 할 것으로 기대하기도 한다. 바로 이러한 이유로 인해 우리는 남북관계의 개선과 한반도 평화증진을 위해서는 미국 못지않게 중국의 정책에 주의를 기울여야 한다.


## 2. 북중관계의 약사(略史)

북한과 중국은 오랫동안 '순망치한(脣亡齒寒)'으로 일컬어졌던 동맹관계를 유지해왔으나 사회주의권의 붕괴와 탈냉전의 와중에 중국이 양국관계를 동맹관계에서 실용주의적 협력관계로 전환시키려 시도하면서 냉각되었다. 그러나 중국은 1990년대 중반부터 경제난 심화로 인해 북한체제가 동요하자 이러한 시도를 중지하였으며, 대신 양국관계를 실용주의의 기조 위에 동맹관계적 성격을 가미시킨 전략적 협력관계로 전환시켰다. 양국관계에서 실용주의를 강조하면서도 한편으로는 대규모 대북원조를 제공하는 중국의 이중적 태도가 바로 이 전략적 협력관계를 보여주고 있다.

북·중 간의 전략적 협력관계란 중국이 북한의 국가존립에 관한 문제에 대해서는 자신의 근본적 이익으로 간주해 적극 대처하지만, 그 밖의 문제에 대해서는 선택적으로 협력하거나 지원하는 관계를 말한다. 전략적 협력관계 아래에서 중국은 북한과 관련한 국제문제에 대해 다음과 같은 입장을 취하고 있는 것으로 보인다. 첫째, 북한의 존립을 좌우하는 문제에 대해서는 북한을 적극 옹호한다. 핵 문제를 둘러싼 북한에 대한 제재 반대, 북한에 대한 경제지원 재개 및 강화가 여기에 해당된다. 둘째, 북한의 존립을 직접 해치지 않는 문제는 국제관례에 따름으로써 실리를 취한다. 유엔 동시가입, 북한 핵 개발 반대, 4자회담에 대한 긍정적 태도 등이 여기에 해당된다. 셋째, 중국의 이해관계가 크게 걸리지 않는 문제는 최대한 북한의 뜻을 수용한다.

그런데 북한과 중국 사이에 이렇듯 전략적 협력관계가 형성되기까지는 1980년대 후반부터 진행된 동맹관계의 약화라는 흐름이 놓여 있다. 북한과 중국 간의 동맹관계는 중국이 개방·개혁의 길로 접어들면서 조금씩 벌어지기 시작했다. 중국은 1980년대 사회주의초급단계론을 내세우며 개방·개혁 노선을 추구한 데 반해, 북한은 자신의 사회발전단계를 '사회주의 완전승리를 향한 단계'로 규정하고 '제국주의자와의 타협이 지닌 위험성'을 경고하며 전과 다름없이 유일체제와 속도전적 경제방식을 지향해나갔다. 따라서 양국관계는 중국의 서방에 대한 개방정책이 확대되고, 시장경제체제로의 전환이 가속화될수록 멀어져갔다. 이러한 양국간의 거리는 1992년 8월 한·중 간 외교관계가 수립되면서 심화되었다. 북한의 입장에서 볼 때, 한소수교에 이어 이루어진 한중수교는 '교차승인 반대'라는 자신의 기존의 주장이 좌절됐음을 의미했다. 한중수교가 북미수교, 북일수교에 앞서 이루어짐으로써, 북한은 외교적 고립과 함께 기존의 '교차승인 반대'의 입장에서 거꾸로 미국과 일본에 대해 수교를 간청해야 할 처지에 놓이게 되었다.

이렇듯 한중수교는 북한외교에 위기를 초래하고 북중관계를 냉각상태로 접어들게 만들었다. 한중수교 전만 해도 빈번하던 양국 정상들의 상호방문이 중단되었다. 한중수교에 대해 중국은 북한으로부터 양해를 구했다고 하지만, 그와 관계없이 북한은 이를 내심 '순치상의(脣齒相依)'를 내세웠던 동맹국의 배신행위로 보았다. 그러나 중요한 것은 북한이 이 문제에 대해 과거 냉전 시대처럼 대응할 수 없었다는데 있다. 세계가 두 개의 적대 진영으로 나뉘어져 있고, 중국과 분쟁상태에 있는 소련이 존재하던 시대라면, 북한은 소련을 믿고 한중수교에 강경하게 대응했을 것이다. 그러나 1992년의 상황은 소련과 함께 사회주의 진영이 붕괴되고, 유일하게 중국이 사회주의 깃발을 내건 강대국이 된 상황이었다. 북한은 한중수교에도 불구하고 중국의 외교적 지원이 여전히 필요했던 것이다. 다른 측면에서 북한 경제는 내부자원의 고갈 속에서 위기가 심화되어 외부경제로부터 수혈(輸血)을 받지 않으면 안되는 상황에 봉착해 있었다. 특히 식량난과 에너지난이 가중되면서 중국으로부터의 원조가 절실히 필요하였다. 바로 이러한 현실적 한계로 인해 북한은 중국에 대한 배신감을 관계 악화로 연결시키는 것을 자제했다.

중국 역시 한중수교와 한·중 무역규모의 급격한 신장에도 불구하고 전반적인 동북아 역학구조와 역사적 관행을 고려하여 북한과의 전통적인 정치관계가 훼손되는 것을 원하지 않았다. 따라서 한중수교 후 양국관계는 일시적으로 냉각국면에 접어들었으나 곧 회복국면으로 전환되었다. 중국은 1990년대 들어서면서 양국 교역관계에서 북한에게 요구했던 현금결제방식을 포기하고 다시 우호가격제도와 물물교환(구상무역)을 부활시켰으며 경제원조도 개시했다. 중국은 1960년대 이래 처음으로 1994년 3월 북한에 제공하는 차관협정을 체결하였으며[44], 1995년 1월 같은 내용의 협정[45]을 다시 한번 맺었다. 특히 1996년부터는 좀더 본격적인 대북경제지원에 나섰다. 중국은 이해 5월에 상품차관협정과 함께 대북무상원조협정을 체결했다.[46]

북중관계가 비록 동맹관계로의 복원은 아니지만 정상화 단계로 접어들기 시작한 것은 1999년부터였다. 이때 중국은 정치적으로 미국에게 견제를 당하면서 북한의 전략적 가치를 다시 인정하기 시작했으며, 1990년대 중반 이후 심화된 북한의 경제난 극복을 위해 상당량의 대북지원을 단행했다. 북한도 경제난 타개를 위해 개방에 대한 그동안의 부정적 입장을 수정하여 적극적으로 중국과의 관계 개선에 나섰다. 그 일환으로 1999년 6월 김영남 최고인민회의 상임위원장이 홍성남 내각총리를 비롯한 주요 인사들을 대동하고 중국을 방문했다. 이는 1991년 10월 김일성 주석의 중국방문 이후 총리급 이상으로는 8년 만의 방중이었다. 김영남의 중국방문은 1992년 4월 양상곤 중국 국가주석의 방북을 끝으로 끊어졌던 양국 정상급 지도자들의 상호방문의

---

44) 中華人民共和國外交部 政策硏究室, 『中國外交便覽』, 北京: 世界知識出版社, 1995, 708쪽.
45) 中華人民共和國外交部 政策硏究室, 『中國外交』, 北京: 世界知識出版社, 1996, 770쪽.
46) 中華人民共和國外交部 政策硏究室, 앞의 책, 1997, 907쪽.

관례를 복원시키는 계기가 되었다.[47] 심각한 내부자원 고갈과 외교적 고립상태에 빠진 북한으로서는 중국과의 장기적인 관계 소원은 불리하다고 보고 정상외교를 가동시킨 것이다.

북한의 대중관계 개선의지는 2000년 5월말에 있었던 김정일 국방위원장의 전격적인 비공식 방중에서도 분명하게 드러났다. 김정일 위원장은 중대사안에 대해 '사전에 통보한다'라는 전통적인 관례를 활용하여, 남북정상회담 직전에 비밀 방중을 전격 단행했던 것이다. 원래 양국간에는 1999년에 김영남이 방중했기 때문에 상호방문의 관례에 따르면 중국의 정상급 지도자가 북한을 방문할 차례였다. 더욱이 2000년 3월 김정일 위원장이 이례적으로 북한 주재 중국대사관을 방문함으로써 이러한 중국지도자의 북한 답방은 불가피한 것처럼 보였다. 다만, 긴급사안을 다루는 비공식 방문은 예외인데, 이것은 1991년 김일성의 중국방문을 끝으로 단절되었다. 그런데 김정일 위원장이 남북정상회담이라는 긴급사안을 맞이해 먼저 '사전통보 외교'를 부활시킨 것이다.

이를 통해 김정일 위원장은 중국의 개방·개혁 정책을 높이 평가하고, 그동안 남북한 당사자간 해결을 지지해온 중국의 입장에 감사를 표시했다. 중국은 남북정상회담 전에 자신을 찾은 김정일 위원장의 결단을 적극 지지하고, 이를 계기로 양국관계 개선을 한층 확대시켜나갔다. 한반도 분단역사에서 가장 의미 깊은 남북정상회담을 앞두고 김 위원장이 현안을 논의하기 위해 중국을 방문했다는 것은 그 자체만으로도 중국의 실제적인 영향력을 보여준 것으로서 큰 의미가 있다. 특히 김 위원장의 방중은 그가 국가원수가 된 이후 최초의 외국방문이었다. 김 위원장은 이 방문에서 공개적으로 중국의 개방·개혁 정책

---

47) 북한과 중국은 전통적으로 정상급 지도자들이 상호 방문하는 관례를 가지고 있었다.

에 대한 지지를 표명했다. 이때 중국 지도층은 남한기업이 입주할 북한의 공단 조성과 관련하여 개성을 권고한 것으로 알려졌다.[48]

현재 북중관계는 지속성보다는 변화의 측면이 훨씬 더 커 보인다. 그러나 양국관계가 탈동맹의 일반적인 국가관계로 완전하게 전환할 것으로 보이지는 않는다. 양국은 지구상에 섬으로 남아 있는 사회주의를 함께 고수하고 있다는 점에서 여전히 동지관계를 강조할 수밖에 없는 상황이다. 북한으로서는 외부지원을 목적으로 대외관계를 확장하고 있는 상황에서 전통적인 우방인 중국의 지원은 체제생존을 위한 최저조건으로 작용하고 있다.

중국도 공산당독재를 포기하지 않는 한 그들은 북한 생존을 위해 북한과 긴밀한 관계를 유지하려 할 것이다. 중국이 자본주의 시장경제체제로 이행한다 해도 거기에는 상당한 시간이 걸리기 때문에 양국의 동지적 관계는 상당 기간 존속될 것으로 판단된다. 더욱이 중국이 국력을 강화시켜가면서 동아시아에서 미국과의 패권경쟁에 나설 경우 북중관계의 유착은 또다른 차원에서 생명력을 발휘할 가능성이 높다. 결국 전략적 협력관계로 전환된 양국관계는 실용주의와 전통적인 동맹관계의 관성이 뒤얽히는 양상을 보이면서 상당 기간 안정성을 유지할 것으로 보인다.

---

48) 주총리는 김정일 위원장 방중 시 남북협력공업단지로 신의주보다 휴전선에서 가까운 개성이 낫겠다고 조언했느냐는 질문에 직답(直答)을 피한 채 자신이 김정일 위원장과 나눈 대화 중에는 "공업단지 선정 문제도 있었다"고 대답함으로써 간접적으로 이를 확인시켜 주었다(「주룽지 총리와 홍석현 회장과의 회견」, ≪중앙일보≫, 2000년 10월 9일자).

## 3. 중국의 대북인식과 대북정책

과거 냉전기, 특히 1970년대 초에서 1980년대 말까지 중국의 안보
전략은 주로 네 가지 주요 전략 목표에 의거하였다. 소련의 군사 침략
저지와 아시아 내 소련의 영향력 차단, 외국자본 및 기술의 활용을 통
한 경제개발, 한반도의 평화와 안정 제고, 중국의 통일이 그것이다.[49]
소련 붕괴 이후 체제위협요인이 급격히 감소함에 따라 중국 역시 변화
된 상황을 반영하여 안보의 틀을 조정하였다. 한때 중국은 소련 팽창
주의를 견제하기 위해 미국과 전략적 동반관계를 형성하기도 했지만,
이제는 미국이 소련을 대체하여 중국의 국익에 위협을 가할 수 있는
잠재적 위협으로 인식되고 있다. 이러한 인식의 배경에는 중국이 대미
관계를 파국으로 몰고 가지 않으면서도, 중국 통일 및 '중국특색의 사
회주의' 발전의 지속을 위해 동아시아 지역에서의 미국의 정치·군사적
지배를 더 이상 묵인하지 않으려는 강한 의지가 자리잡고 있다.[50]

미국 역시 기존의 동아시아 지배권이 흔들리면 전세계전략의 추진
에 차질이 발생하기 때문에 동아시아 지역에 대한 개입을 포기하지
않을 것이다. 미국은 "경쟁국, 적대국, 혹은 이들간의 연합세력에 의
한 아시아·태평양 지역의 정치·경제적 통제를 불허한다"는 입장을 명
백히 하고 있다.[51] 특히 미국 내 보수정치 세력은 아시아에서 미국에

---

49) Parris H. Chang, "Beijing's Policy toward Korea and PRC-ROK Normalization
of Relations," Manwoo Lee and Richard W. Mansbach(eds.), *The Changing Order
in Northeast Asia and the Korean Peninsula,* Seoul: The Institute for Far Eastern
Studies, 1993, p.156.
50) 중국의 경제개혁과 이데올로기의 사회적 전환이 광범위하게 전개되고 있음에
도 불구하고 중국 '내부정치(internal politics)'의 동학은 사회주의 문제를 세계
질서 재편의 문제와 관련하여 중추적 중요성을 지니는 것으로 자리매김하는
경향이 있다. Nicholas D. Kristof, "The Rise of China," *Foreign Affairs,*
November-December, 1993, pp.72-73.
51) U.S. Department of Defense, 1995.

적대적인 패권국이 등장하는 것을 저지하는 일이야말로 미국의 사활적 국익으로 파악하고 있다.[52] 요컨대 중요한 것은 중국의 대북정책 또는 한반도정책은 북한 또는 남한 그 자체의 중요성과 함께, 한반도에서 미국의 영향력이 확대되는 것을 방지하는 데 맞춰져 있다는 사실이다. 따라서 중국의 대북정책을 논하기에 앞서 한반도문제와 관련한 중국의 대미인식을 살펴볼 필요가 있다.

### 1) 한반도문제와 관련한 중국의 대미인식

중국은 한반도에서 미국이 지니고 있는 현실적인 힘과 역할을 어느 정도 인정하고 있다. 따라서 주한미군 문제에 대해서도 원칙적인 비판을 가하면서도 "역사적으로 형성된 것으로서 최종적으로 당사자들의 협상을 통해 해결해야 한다"는 입장을 견지하고 있다.[53] 그러나 미국의 영향력이 과대해지는 것에 대해서는 매우 민감한 반응을 보이고 있다. 1997년 9월에 개정된 '미일방위협력지침(신가이드라인)'[54] 의 적용대상에 한반도와 대만해협이 포함되었을 때 중국은 미국과 일본에 대해 강한 경계심을 표했다. 이 신가이드라인의 주목적 중의 하나가 중국 견제라는 것이다. 이러한 상황이 북·중 간의 전략적 협력관계를 더욱 강화시키리라는 것은 두말할 나위가 없다. 사실 중국은 소련 해체 후 '조소우호조약'이 폐기되었듯이, 북한과 중국도 각자의 이익에 출발하여 대외정책에 조정을 가하였으며, 그 결과 이제는 과거의 동맹관계는 아니라고 보고 있다. 따라서 1961년 7월에 체결된 '조중상호원조조약'에 대해도 아직 수정할 의지는 없으나, 이 조약의

---

52) The Commission on America's National Interests, *America's National Interests*, 1996, p.28.
53) 「리빈 주한 중국대사 인터뷰」, ≪한겨레≫, 2002년 1월 1일자.
54) 자세한 내용은 ≪동아일보≫, 1997년 9월 24·25·26일자 참조.

문구를 가급적 방어적 차원에서 해석하려는 움직임을 보이고 있다.

그러나 중국은 이러한 자신의 탈동맹화 결단에도 불구하고 과거에 북·소, 북·중 동맹관계에 대응했던 한미일군사동맹은 여전히 유지되고 있으며 부단히 강화되고 있다고 본다.[55] 특히 남북한의 경제력 격차가 심화되면서 군사역량 면에서도 북한은 '군사제일'을 국가의 근본원칙으로 내세우고 있지만, 실제로는 주한미군 전력이 보태어진 한국보다 못하다고 인식한다. 하지만 미국과 일본이 북한의 대포동 1호 미사일 시험발사를 계기로 '북한 위협론'을 내세우며 미일군사동맹을 강화하고 있는데, 이는 21세기 아태지역에서의 군사주도권을 장악하기 위한 목적 때문이라는 것이다. 따라서 북한의 위협을 억제한다는 미국과 일본의 직접적인 목표 뒤에는 '중국 견제'가 있다고 보고 있다.[56]

한편 9·11 테러 이후 전개된 반테러전쟁에서 중국은 미국을 지지하며, 부시 정부 등장 이후 갈등상태에 빠졌던 양국관계를 회복시켜 나갔다. 아마 중국은 9·11 테러가 미국 안보전략의 주요대상이 대량파괴무기와 미사일로 무장한 잠재적인 적대국가들에서 국제테러리즘으로 변화할 것이라고 기대한 것 같다. 따라서 미국의 MD 계획의 추진력이 약화될 것이며, 이는 미중관계에 긍정적인 요소로 작용하리라고 본 것 같다. 뿐만 아니라 중국은 이번 사태를 계기로 미국의 대외정책이 다자주의적 방향으로 나아가리라고 기대한 것으로 보인다.[57] 그러나 반테러전쟁을 치르면서 미국은 MD 강행을 확고하게 천명하

---

55) 孟祥靑, 「朝鮮半島局勢及對解決臺灣問題的影響」, ≪亞非發展研究≫ 第2期, 總第191期, 北京: 國務院發展研究中心 亞非發展研究所, 2000, 3쪽.

56) 孟祥靑, 앞의 글, 3-5쪽.

57) Qingguo Jia, "In Search of Peace and Stability in an Uncertain World: China's International Security Strategy at the Turn of the Century," *The National Strategies of the Major Powers in the Post-Cold War Era of Globalization*, Sejong Institute, 2001, pp.120-121.

고 있으며, 다자주의적인 외교협상노선보다는 군사력에 의존한 일원적 힘의 정책에 의존하는 경향에서 벗어나지 못하고 있다. 바로 이러한 상황이 앞으로 한반도에서 미·중 갈등의 가능성을 높이는 요인으로 작용할 가능성이 높다.

### 2) 중국의 대북인식과 접근방식

**군사적 모험주의 반대** 중국의 북한에 대한 인식과 접근방식은 공존과 안정 속에서 자국의 현대화를 계속적으로 추구하는 동시에 북한을 중국식 개방으로 인도한다는 큰 그림과 관련되어 있다. 이러한 관점에서 중국이 대북정책과 관련하여 가장 중요하게 생각하는 일은 북한이 남한에 대해 군사적 모험주의를 추구하는 것을 저지하는 것이다. 한반도에서의 무력갈등은 중국의 개입을 초래할 가능성이 높으며, 이렇게 될 경우 개혁·개방 정책과 지속적인 경제성장에 부정적인 영향을 미치게 될 것이 명약관화하기 때문이다.

한반도에서 무력갈등은 왜 중국의 개입을 초래할 가능성이 높은가? 첫째, 양국간 조약의 법리적 측면에서 이유를 찾을 수 있다. 1961년 체결된 '조선민주주의인민공화국과 중화인민공화국 간의 우호협조 및 호상원조에 관한 조약' 제3조에 따르면, 북한이 "어떠한 일개의 국가 또는 몇 개 국가들의 연합으로부터 무력 침공을 당함으로써 전쟁상태에 처하게 되는 경우" 중국은 "모든 힘을 다하여 지체없이 군사적 및 기타 원조를 제공"하게 되어 있다. 1992년 한중수교 당일 중국은 국무원 성명을 통해 "한중수교 이후에도 조선민주주의인민공화국과의 선린우호관계는 지속될 것이며, '조중상호원조조약' 등 이미 체결된 모든 조약과 협정은 앞으로도 변하지 않을 것"이라고 강조한 바 있다. 1994년 미국이 대북제재를 주도하고 있을 때에도 중국은 이에 대해 공공연히 반대의 입장을 표명하는 한편 조중안보동맹의 재확인을 포함하는 안보 재보장을 북한에 제공하였다.58)

둘째, 앞에서 말한 법리적인 문제보다는 현실적인 이해관계의 측면을 이해하는 것이 더 중요하다. 현실적으로 중국이 한반도문제에 개입할 수밖에 없는 이유는 한반도에서의 무력갈등은 중국의 안보를 심각하게 위협하게 될 결과를 가져올 가능성이 크기 때문이다. 전쟁이 발발하면 미국이 개입하게 될 것이고, 남한에 의한 무력통일이 이루어지면 1,334Km에 이르는 중국-북한 국경지대, 지하자원이 풍부한 만주지역, 그리고 군산시설(軍産施設)이 집중된 중국 동북지역과 동지나해를 연결해주는 발해만을 통한 대양활로가 위협을 받게 된다. 중국은 자신의 생존에 대한 직접적 위협에 대응하지 않을 수 없게 될 것이다.

셋째, 만일 미국의 지원을 받는 남한에 의해 북한이 흡수된다면, 중국공산당과 정부는 중국이 과거 한국전쟁 시 막대한 희생을 치르면서 지원했고 현재도 상당한 원조를 제공하고 있는 동맹국을 잃음으로써 자신의 지도력에 대한 문제제기를 초래하게 될 것이고, 따라서 심각한 국내정치 문제에 직면하게 될 것이다. 이에 못지않게 중요한 것은, 만일 중국이 사회주의 우방국가를 잃는다면, 일당체제의 유지와 개혁·개방의 공존을 지향하고 있는 현재의 사회주의적 시장경제는 심각한 혼란에 빠지게 될 것이라는 점이다. 정권안보 차원에서도 한반도 무력갈등에 대해 좌시할 수 없다.

넷째, 만일 북한이 남한에 의해 군사적으로 정복되고 통일한국이 성립된다면, 중국 민족주의가 급격히 강화되어 중국의 정책담당자들로 하여금 대만에 대해서도 같은 행동을 취할 것을 요구하는 압력이

---

58) Leon Sigal, *Disarming Strangers: Nuclear Diplomacy with North Korea*, Princeton: Princeton University Press, 1998, p.247.

증대되리라는 사실 역시 간과해서는 안될 것이다. 중국공산당 정부는 대만 문제에 대해 매우 어려운 결단을 내리지 않으면 안되는 곤란한 상황에 직면하게 될 것이다. 특히 대만에 대해 무력을 동원하게 되면 중국의 입장에서는 미중전쟁 등 가장 원하지 않는 정치·군사적 결과를 동반하게 될 가능성이 높다. 따라서 중국은 한반도의 현 상태를 근본적으로 타파할 수 있는 무력갈등에 개입할 수밖에 없는 입장이다. 이와 같이 한반도에서의 무력갈등은 중국의 개입을 불러일으킬 가능성이 매우 높다.

그러나 한반도에서 무력충돌이 일어날 경우 남한과 미국 (그리고 아마도 일본)을 상대로 하는 전쟁에서 중국이 조약이 규정한 대로 북한을 '전력을 다해 지체없이' 지원할 수 있는 입장에 놓여 있지는 않다. 그 이유를 생각해보자. 첫째, 중국은 무엇보다 자국의 경제성장에 전력할 수 있고 개혁과 개방을 계속 추진할 수 있기 위해 안정된 국제안보환경이 유지되기를 원한다. 강조하건대, 만일 중국이 갈등상황에 개입하게 된다면 중국의 사활적 국익인 경제성장 프로그램은 좌절될 것이다. 중국 정권의 입장에서 이것이 지니는 국내정치적 함의의 심각성에 대해서는 다시 강조할 필요가 없을 것이다.

둘째, 한반도에서의 전쟁은 중국으로 하여금 막대한 대가를 치르도록 요구할 것이다. 3년 동안의 한국전쟁 기간중 북한과 중국은 100만명이 넘는 병력손실을 입었다. 첨단무기가 총동원될 미래의 한반도전쟁은 훨씬 더 큰 희생을 요구하게 될 것임을 중국은 잘 이해하고 있다. 물론, 중국은 한국전쟁중 '북한을 지원하고 미국에 대항하여' 한국전에 참전하였다. 그러나 그것은 자신의 생존과 관련한 전략적 계산에 의한 결정이었다.[59] 마찬가지로 한반도에서 무력충돌이 자신의

---

59) 중국의 모택동과 주은래는 미국과의 공개적인 충돌 가능성을 우려하여 스탈린의 한국전쟁 참전요구에 미온적이었다. 그러나 고강과 팽덕회가 "미국이 조

의도와는 상관없이 발생하더라도 이것이 중국의 안보를 결정적으로 위협한다고 판단될 때 중국은 북한을 군사적으로 지원할 수밖에 없을 것이다. 따라서 중국은 자신이 원하지 않을 뿐만 아니라 통제할 수 없는 상황이 발생하여 자신의 안보가 위태롭게 되고 심각한 국내정치 문제를 야기하게 될 것을 의식하여 북한이 불안정 요인으로 작용할 수 있는 가능성을 사전에 봉쇄하려 할 것이다.

  1960~1970년대 중국은 한반도문제에 관한 한 북한의 제안을 모두 지지했다. 아울러 북한 방위를 명시한 '조중군사동맹조약'에 의거하여 북한의 통일 및 평화 공세를 공식적으로 지지하였다. 그러나 동시에 중국은 북한에 대해 북한이 통일을 달성하기 위해 '무력'을 사용하는 것은 중국의 국가이익과 부합하지 않는다는 사실을 명백히 했다. 중국이 한반도에서 원치 않는 상황에 휩쓸리고 싶지 않다는 의지는 1970년대 말 개혁·개방 선언 이후 두드러지게 나타났고, 남한과 국교를 정상화하면서 더욱 명백해지고 있다.[60]

---

선 전체를 점령한다면 중국은 군대를 파견할 명분을 상실하게 될 것이고, 또한 미국은 국민당을 무장시켜 궁극적으로 중국을 공격할 것"이라고 주장하였고, 결국 정치국은 이를 수용하여 조선에 파병하기로 결정하였다. 예프게니 바자노프, 나딸리아 바자노바, 김광린 역, 『소련의 자료로 본 한국 전쟁의 전말』, 도서출판 열림, 1998, 118-129쪽의 키신저에 의하면, 당시 미국이 취할 수 있었던 가장 현명한 전략은 "청천강(narrow neck of the Korean peninsula)까지만 진격하는 것"이었다. 한반도 인구의 90%와 평양을 포함하는 이 선이야말로 중국을 자극하지 않으면서도 미국 트루먼 정권의 정치적 성공을 보장하는 방어선이었던 것이다. 그러나 정치적 감각이 부족하였던 맥아더는 한반도를 통한 일본의 만주침공에 대한 중국인들의 생생한 역사적 기억을 간과하였고, 인천상륙작전에서의 전과에 깊은 인상을 받은 트루먼은 맥아더를 과신하여 중국의 참전을 결과적으로 야기하였다. Henry Kissinger, *Diplomacy*, New York: Simon & Schuster, 1994, pp.480-482.

60) 1992년 한중수교에 즈음하여 (한국과) 중국 정부는 "양국간의 수교가 한반도 정세의 변화와 안정 그리고 아시아의 평화와 안정에 기여할 것으로 확신"하면서, "한반도가 조기에 평화적으로 통일되는 것이 한민족의 염원임을 존중하고, 한반도가 한민족에 의해 평화적으로 통일되는 것을 지지한다"고 선언하였다(한중수교 공동성명 제4조, 제5조).

**무력흡수와 봉쇄 반대**　북한의 군사적 모험주의를 저지하는 일 외에 한반도문제 해결과정에서 중국이 수행하길 원하는 다른 하나의 역할은 북한을 무력으로 흡수하려는 의도는 물론, 봉쇄하거나 자극하는 모든 형태의 대북정책에 계속 반대하는 것이다. 중국은 북한이 '독일식 통일 모델'에 대한 강박관념에 사로잡혀 있으며, 나아가 미국에 의한 무력침공의 가능성에 대해서도 불안해하고 있는 것으로 판단하고 있는 듯하다. 이러한 맥락에서 중국이 우려하는 바는 북한이 막다른 골목으로 몰려 한반도의 안정을 해치는 행동을 감행하여 자신이 불가피하게 그러한 상황에 개입하게 될 가능성이다. 실제로 중국은 북한을 자극하거나 봉쇄, 흡수하려는 여하한 행동이나 정책에 대해서도 강한 반대의 입장을 견지하고 있다. 1994년 북한 핵시설에 대한 미국 등의 공습·제재 노력을 무력화시킨 것, 1996년 소위 '잠수함 사건' 때 UN안보리가 이를 '무력도발'이 아닌 '사건'으로 규정하도록 중국이 영향력을 행사한 일 등이 좋은 예가 된다.

**내부 붕괴 방지**　중국의 대북접근방식 중 또 다른 하나는 북한의 내부 붕괴를 방지하기 위하여 북한을 지원하는 일과 관련이 있다. 중국은 북한의 '폭발(explosion)'로 인한 한반도 내 군사 갈등의 재현가능성을 극소화하는 정책을 추진하는 한편, 북한의 '내파(內破, implosion)'를 방지하기 위해서도 필요한 지원을 아끼지 않을 것으로 판단된다.[61]

---

61) 폭발은 외적 조건에서 파생되고 외부로 그 결과가 나타나는 반면 내파는 내부 요인에 의한 것으로 그 결과가 내부 붕괴로 나타난다. 폭발과 내파의 구분은 북한의 장래를 예측하고 각각의 시나리오가 지니는 함의를 분석하는 데 유용하다. 개리 럭(Gary Luck) 주한미군 사령관은 "문제는 북한이 붕괴될 것인가 아닌가에 있지 않고, 어떠한 방식 즉 폭발인지 아니면 내파인지 그리고 어떠한 시점에 붕괴될 것인가에 있다"고 말했다(Testimony before the House Committee on National Security, March 28, 1996). 그의 전임자인 로버트 리스카시(Robert W. RisCassi) 사령관도 1992년 북한 핵위기 기간중 그러한 구분을 사용하였다.

중국은 일부 서방의 분석과는 달리 북한이 내부적 붕괴위험에 직면해 있다고 보는 것 같지는 않다. 물론 중국은 현재 북한이 직면하고 있는 경제난이 얼마나 심각한가는 잘 알고 있지만, 경제난이 현 정권의 즉각적인 붕괴나 국가 및 체제의 해체를 야기하리라고 믿지는 않는다. 중국의 한반도문제 전문가들도 "북한이 소련의 전철을 밟아오지 않았으며, 적어도 아직까지는 붕괴의 어떠한 징후도 찾아볼 수 없다"고 보고 있다. 최고 지도자인 수령의 죽음도 내부적으로 주목할 만한 동요를 일으키지 않았음을 주목해야 한다고 그들은 지적하고 있다.[62] 중국은 현재로서는 김정일이 당과 정부 그리고 군대를 완벽하게 장악, 통제하고 있다고 믿는다.[63]

그러나 중국은 만일 외부로부터 적절한 지원이 북한에 제공되지 않는다면, 중장기적으로 볼 때 북한의 경제난은 사회정치적 위기로 이어질 수 있다고 우려한다. 소련 붕괴 후 경화 결제를 요구하던 중국은 최근 '조중경제기술협조협정'을 체결하는 등 북한 지원에 적극적으로 다시 나서고 있다. 이는 물론 북한의 대미접근에 따른 중국의 전략적 계산의 일환인 면이 있지만, 동시에 북한 정권의 급작스러운 붕괴를 방지하려는 중국의 의지를 반영하는 것으로도 볼 수 있다.

**중국식 모델에 의한 북한 개방**　중국은 이처럼 북한이 안정을 도모할 수 있도록 지원하는 한편, 북한으로 하여금 중국식 발전모델을 채택하도록 유인하고자 한다. 중국은 설혹 북한의 식량난이 외부 지원에 의해 완화될 수 있다 하더라도, 북한의 경제 문제는 구조적 성격을

---

62) Zhao Gancheng, "China's Korean Unification Policy," Tae-Hwan Kwak (ed.), *The Four Powers and Korean Unification Strategies,* Seoul: Kyungnam University Press, 1997, p.68.

63) Tao Bingwei, "Some Viewson the Question of the Korean Peninsula," *KPF on Record*, No.4, December 1996, p.4.

띠는 것으로서 체계적 경제개혁 없이는 극복 불가능한 것으로 판단하고 있다. 중국은 북한이 자신의 모델을 따라 경제 개혁·개방에 나서도록 오랫동안 종용해왔고, 북한 지도부가 이미 그러한 방향으로 기본적인 정책결정을 내린 것으로 보고 있다.

주목할 만한 것은 북한이 중국을 따라 농업부문의 구조적 개혁에 착수한 것으로 보인다는 점이다. 아직 시작 단계이고 성공 여부와 관련하여 불확실성을 내포하고 있으나, 초과생산물을 전량 생산조에 되돌려주고 조의 구성원을 가족 중심으로 하는 것을 골자로 한 '분조도급제(分組倒給制)'의 도입은 지난 1960년 김일성이 제창한 '청산리 농업방식'을 공식적으로 포기하는 것을 의미한다. 또한 분조도급제는 중국이 현재의 농가생산책임제[포간도호(包幹到戶)]를 정착시키기 이전에 과도적으로 시행한 그룹별 생산청부제[포산도조(包産到組)]와 유사한 형태를 띠고 있다고 볼 때, 북한이 중국의 개혁과정을 조심스럽게 따라가고 있다는 판단이 현실과 부합한다고 보여지는 것이다.[64]

북한이 중국식 모델을 채택한다면 이는 여러 차원에서 중국의 이익을 증진시키게 될 것으로 중국은 보고 있는 듯하다. 첫째, 경제회생에 대한 희망은 북한의 절망적인 호전성을 완화시켜 한반도 및 동북아에

---

64) 북한의 기존 농업구조(분조관리제)에 의한 분조는 20명 내외의 노동인구로 구성되어 있다. 분조원들은 농업생산에 필요한 동력, 토지, 기타 생산수단을 공동으로 소유하고 같이 일하며 수확물을 공유한다. 초과생산할 경우에는 성과급에 따라 생산물을 분배받는다. 그러나 1996년부터 실시된 분조도급제는 한 단위의 분조가 협동농장으로부터 토지사용권을 임대받아서 계획생산분을 제외한 초과분을 되돌려 받는다는 데 기존의 분배제도와 성격을 달리한다. 또 분조의 구성원도 2~3가구 중심의 가족으로 구성되어 있어 결속력이 기존의 분조관리제에 의한 분조보다 훨씬 높다. 분조도급제는 협동농장이 책정한 생산량(계획과제)을 초과달성할 경우 분조가 초과분만큼 무조건 현물을 갖도록 하는 정액 소작제의 형태를 띠고 있어 자본주의적 성격이 상당히 가미된 형태이다. 이 같은 내용의 분조도급제 도입은 북한이 사상·기술·문화 혁명을 통해 농업 문제를 해결할 수 있다는 기존 입장에 비춰볼 때 커다란 개혁조치임에 틀림없다(≪매일경제≫, 1997년 6월 7일자).

서의 안정을 도모할 수 있을 것이다. 둘째, 북한의 경제난을 완화시키는 데 도움을 줄 수 있기 때문에 북한의 폭발 내지 내파의 가능성을 감소시킬 수 있을 것이다. 셋째, 북한의 경제성장은 대북지원을 위한 중국의 부담을 경감시킬 것이다. 넷째, 중국은 북한의 대중국의존도를 높일 수 있다. 그렇게 되면 중국은 북한을 계속해서 자신의 영향력하에 둘 수 있도록 도와주는 효과적인 정치적 수단을 확보하게 된다.

**교차승인의 완성**　북한을 안정시키고 중국식 개방으로 인도하는 과정에서 중국은 한반도에서의 현상을 안정적으로 유지하기 위해 주변 4강에 의한 남북한 교차승인의 완성을 추진해나가려 할 것이다. 교차승인이라는 개념은 1970년대 중반 이미 미국에 의해 제시된 바 있고,[65] 1988년에 이르러서는 남한의 '7·7 선언'을 통해 제안된 바 있다. 러시아와 중국은 이미 남한과 관계정상화를 이루었고 북한과 미국 및 일본간의 관계만 미완성 상태로 남아 있다. 중국의 관점에서 볼 때 이러한 비정상적 관계의 잔존은 한반도에서의 불안정을 초래할 수 있는 요인들 중 하나로 발전될 가능성이 높다. 중국은 북한과 미국, 일본간의 관계정상화가 북한을 개방으로 유도하여 책임 있는 국제사회의 구성원으로 편입시키는 데 결정적으로 효과적인 요인이 될 것이며, 한반도의 안정이 이로 인해 공고히 보장될 것이라고 생각한다. 나아가 중국은 북·미, 북·일 관계가 정상화될 경우 북한을 포함하는 동북아(또는 보다 광범위한 지역) 다자간 안보협력의 제도화를 촉진하면서 이 지역 국제관계 구조의 긍정적인 변화를 이끌어낼 수 있을 것이라고 보고 있다.[66] 1991년 9월 중국은 남북한 UN 동시가입에 찬성

---

65) 헨리 키신저 미 국무장관의 제30차 UN총회에서의 한국문제에 관한 연설 (1975년 9월 22일).
66) 현재 중국은 동북아 다자간 안보협력에 대해 적극적인 자세를 취하지 않는다.

표를 던졌다. 중국은 남북한 UN 동시가입이야말로 국제사회가 북한을 합법적인 정치체로 인정했음을 보여주는 증거라고 주장한다. 따라서 미국과 일본은 이 점에 관한 한 북한을 여타 국가와 구별해서 이중 기준을 적용해서는 안된다는 것이다.

## 4. 한반도문제에 대한 중국의 접근방식

### 1) 군사적 갈등: 핵 문제

핵 문제와 관련해서 중국은 한반도 비핵지대화안을 지지했지만, 북한 핵 문제의 기원에 대해서는 북한에 동정적인 태도를 보여왔다. 중국은 북한의 입장에 서서 북한의 핵 프로그램 개발을 부추긴 것이 바로 한미연합핵전략이라고 보았다.[67] 따라서 중국은 북한이 미국의 핵

---

중국의 이러한 태도의 배경에는 중국이 가장 민감하게 반응하는 '내정간섭'의 가능성, 노출되어서는 안되는 자신의 군사정보(아마도 열악한 군비와 급증하는 군사비, 그리고 불투명한 군사비 조달방법 등), 대만이 독립을 선언할 경우 무력을 사용해야 하는 자신의 입장, 그리고 안보협력 기제가 미국, 일본 등에 의해 지배될 가능성과 관련이 있을 것이다. 장유탕, 「東北亞 安保環境과 安保協力 展望」, 한국국방연구원, 『東北亞 安保協力: 問題點과 展望』(제1회 KIDA/RIPS 동북아 국방포럼, 1994년 6월). 그러나 남북한 교차승인의 완성은 동맹국 북한의 생존을 담보해줄 것이고 강화된 동반자관계로 나타날 수 있기 때문에 중국의 이러한 자세에 변화를 가져올 실마리로 작용할 가능성이 있다. 한편, 중국은 아세안지역포럼(ASEAN Regional Forum)의 가장 활동적인 회원국 중 하나이다. 그리고 중국과 대미전략적 동반관계에 있는 러시아는 최근 북한을 아세안지역포럼의 회원국으로 받아들여야 한다고 제시하였다. 중국은 자신이 '현재' 동북아 다자간 안보협력에 관심이 적다 하더라도, 지역 안정을 도모한다는 차원에서 동북아 또는 동아시아에서의 협력적 안보기제에 북한을 편입시키기 위한 첫번째 단계는 미국과 일본에 의한 북한 승인이라고 볼 것임에 틀림이 없다.

67) 북한의 핵무기 개발을 초래한 이유로서 남한의 재래식 군사력 증강이 있을 수 있다. 북한은 경제적 제약으로 인해 1970년대 말부터 1980년대 중반까지 신예장비보다는 병력 및 자체생산 구식장비 증강에 치중하였고, 결과적으로 북

위협으로부터 자유롭다고 인식하지 않는 이상 북한 핵 문제의 완전한 해결은 어렵다고 본다.[68] 동시에 중국은 북한 핵동결과 경수로에 의한 에너지 교환 등을 약속한 '북미기본합의'에 큰 의미를 부여하고 있다. 중국은 '북미기본합의'에 따라 해결과정이 현재 비교적 일정대로 진행되고 있으며, 궁극적인 해결에 대해서도 비관적인 자세를 취하고 있지 않다.[69] 중국은 특히 북한의 핵의혹이 사실로 드러날 가능성에 대해 우려하고 있다. 만일 그렇게 된다면 남한과 일본의 핵무장을 자극할 것이며, 특히 최근 인도와 파키스탄의 핵무장을 고려할 때, 이는 중국 안보에 심각한 위협을 제기하기 때문이다. 따라서 중국은 남북한 (그리고 일본) 모두가 핵무장하는 것에 대해 반대하고 있으며, 이러한 입장을 고수하게 될 것이다.

한반도의 비핵화(denuclearization)에 더하여 한반도 비핵지대화(de-nuclearized zone)의 관철을 위해 중국은 북한 등과 공동보조를 취할 것으로 예상된다. 한반도 비핵지대화안은 1992년 남한과 북한이 합의한 '한반도의 비핵화에 관한 공동선언'이 명시한 "핵무기의 시험, 제조, 생산, 접수, 보유, 저장, 배분, 사용" 및 "핵 재처리시설과 우라늄 농축시설의 보유"만을 금지하는 것이 아니라, 핵무기 적재 항공기 및

---

한의 군비구조는 더욱 노동집약적인 형태로 나아가게 되었다. 그런데 지속적인 남한의 경제성장에 따른 군비 증강 노력은 1990년대에 들어서면서 북한에 위협적인 요소로 발전하였다. 북한은 재래식 군사력으로는 남한과 더 이상 경쟁할 수 없게 된 것이다. 북한은 상대적으로 싼 값으로 안보를 보장받기 위해 핵·생화학 무기 및 운반수단을 확보함으로써 억지능력을 담보하고자 하였던 것이다. 함택영, 『국가안보의 정치경제학』, 법문사, 1998, 246쪽 참조..

68) 남한이 자신에 대한 미국 핵우산의 지속을 요구하는 이유가 휴전선 근방에 전진배치된 북한의 군사력에 의한 기습공격 가능성과 대량파괴무기 보유의혹에 연유한다고 볼 때 이는 대단한 역설(irony)이라 하지 않을 수 없다. 어쨌든 중국으로서는 미국 또는 북한의 핵위협이 한반도에서의 주요 불안정 요인일 뿐만 아니라 동북아 전 지역을 핵무장화로 이끌 수 있는 요소로 작용할 수 있다고 보는 것이다.

69) Tao Bingwei, op. cit., 1996, p.26.

선박의 한반도 역내 출입 및 통과도 금지하게 된다. 비핵지대화가 이루어지면 중국은 자신의 전략적 목표 중의 하나인 한반도의 안정적인 평화를 확보함과 동시에 미국의 대남한 핵우산 제공을 철회시킴으로써 미국의 지역적 영향력을 감소시키고, 나아가 북한의 핵위협으로 인해 일본의 핵무장을 요구하는 일본 내 강경파의 입지를 좁힘으로써 '일거삼득(一擧三得)'의 효과를 보게 된다.

## 2) 군사적 갈등: 미사일 문제

미사일 문제에 대해서는 북한의 미사일 주권을 인정하나, 한반도 평화체제가 아직 형성되지 않은 상태에서 북한의 미사일 시험발사는 군비경쟁을 촉발시킬 위험성이 있음을 명확히 하고, 협상을 통한 문제 해결을 희망하고 있다. 이러한 맥락에서 중국은 그동안 북한에게 미사일 개발이 가져올 손익을 정확히 이해하도록 권유해왔다.[70] 중국의 입장에서는 북한의 미사일 문제가 미국의 MD와 관련되어 있기 때문에 사활적 이익이 달린 문제이다. 앞에서 서술한 바와 같이, 중국은 미국의 MD 추진이 겉으로는 불량국가들의 위협에 대처하는 것이라고 하지만 실제로는 중국을 견제하기 위한 것이라고 판단한다. 여기에 부시 정부 등장 이후 미국 지도부의 중국에 대한 적대적인 발언과 대만문제를 둘러싼 중국을 자극하는 행동은 중국의 군사적 위협의식을 증가시켰으며, 결국 중국의 대외전략을 부분적으로 수정하도록 만들었다.

중국 지도자들은 1990년대 이후 걸프전, 아프간전쟁에서 보여준 미국의 막강한 군사력과 이 군사력 사용에 대한 국내적 제어장치의 약

---

70) 戚保良, 「中朝關係及中國對朝政策」, ≪韓中日 三國學術會議發表論文≫, 北京: 2000, 3쪽.

화현상을 목격하면서, 대만해협에서 전쟁이 발발할 경우 미국의 군사 개입 가능성을 우려하고 있다. 이러한 상황에서 부시 정부의 MD 강행이 미국에 대한 제한적 억지력마저도 무력화시키고 있다고 판단한다. 따라서 중국은 현재 국방력을 신속히 증강하고 있고, 미국을 견제하기 위해 주변국가와의 관계에도 많은 신경을 쓰고 있다.[71] 요컨대, 중국은 미국이 MD 추진의 명분 중의 하나로 삼고 있는 '북한 위협론'을 약화시키기 위해 북·미 간 미사일협상이 재개되기를 희망하고 있고, 궁극적으로는 타결되기를 바라고 있는 것이다. 그러나 미국이 '북한 위협론'을 내걸고 계속 MD 구축을 강행한다면 북중관계를 강화시키는 방향으로 나아갈 것으로 예상된다. 이러한 상황이 발생할 경우 중국의 한반도 정책은, 최소한 정치·군사적 차원에서, 북한 친화성이 강화되어 안정지향적 남·북 간 등거리정책이 퇴조할 가능성이 높다.

### 3) 한반도 평화체제 수립 문제

중국 정부는 현재 한반도의 정전체제를 인정하고 그 바탕 위에서 평화체제 전환을 모색하자는 제안과 4자회담에 대해 적극적인 입장을 보이고 있다. 중국의 입장에서 보면 4자회담은 1995년 북한측의 요청으로 판문점 중국측 정전회담 대표단이 철수한 이래, 다시 한반도에 자신의 영향력을 제도적으로 확보하는 일이기 때문에 거부할 리가 없는 것이다.

중국의 이러한 입장의 저변에는 자신의 국익 증대와 미국 견제라는

---

71) 1990년대 말부터 중국 국방관계자들의 주변국가 방문 및 상호교류가 빈번해졌다. 예컨대, 지호전 국방부장도 2000년 1월과 10월에 각각 남북한을 방문한 바 있다.

이중의 목표가 숨겨져 있다. 따라서 중국은 남북한 직접대화를 지지하지만 북한과 미국만의 협상에는 반대한다. 이러한 중국의 자세는 정전체제를 무력화하고 4자회담보다는 북미평화협정을 선호하는 북한의 이해와도 배치되는 것이다. 한편 중국은 남북한과 미국의 3자 대화에도 부정적인 입장을 보인다. 대신에 자신이 참여하여 공동의 결정권을 행사하는 4자회담에 대해서는 적극적인 지지를 보내고 있다.

### 4) 북한의 경제위기

오늘날 중국이 북한문제와 관련하여 가장 긴급히 해결해야 할 문제 중 하나는 경제난으로 인해 북한의 체제가 동요하는 것을 방지하는 일이다. 이를 위해 중국은 그동안 북한에 대해 식량원조를 계속해왔다. 중국 지도부는 북한이 붕괴되지 않도록 북한에 대해 지원을 지속적으로 제공해야 한다는 데 입장을 같이하고 있다. 이에 따라 중국은 북한의 식량난이 심화된 1995년부터 본격적으로 식량을 지원했으며, 1996년 5월에는 다양한 수준의 대북원조를 약속한 '조중경제기술협정'을 체결한 바 있다.

현재 중국은 한국을 비롯하여 미국, 일본 등 주변국이 북한이 경제난을 극복할 수 있도록 적극 지원해야 한다는 점을 강조하고 있다. 중국으로서는 주변국가의 북한 지원은 북한 붕괴 저지에 대한 국제적 합의를 끌어내고, 현 단계에서 중국의 대북지원의 양을 줄일 수 있는 효과도 있다고 보는 것 같다. KEDO를 통한 대북경수로건설 추진 당시에도 중국은 이를 지지한다는 입장을 명확히 한 바 있다. 만약 북한이 중국식 개방을 적극적으로 추진한다면 중국은 북한에 대해 보다 폭넓은 경제적 지원을 할 가능성이 높다. 그러나 북한이 체제위기 극복의 대안으로 러시아의 개혁 경로를 따른다든지 미국과 일본의 한반도문제 해결 방식을 그대로 인정하고 미·일 동맹구도에 점차 편입되는 형태를 띨 가능성이 보일 경우, 중국은 종전과 달리 북한 '길들이기'에 나설 수도 있다.

# 3장
## 일본의 입장

## 1. 탈냉전기 일본의 안보역할 증대와 북한문제

일본과 한반도 사이의 관계는 식민지 지배가 종식되고 난 후 20년 만인 1965년 한일국교정상화로 재개되었다. 다만 이 관계는 한반도의 남쪽에 한정된 절반의 관계이다. 북한은 전세계 국가 중에서 일본이 국교를 맺지 않은 유일한 나라이다. 일본 입장에서 북한과의 관계정상화를 위해서는 러시아와의 평화조약 체결 문제와 함께 제2차세계대전에 대한 전후 처리 과제가 남아 있다. 냉전 시대에 형성된 이러한 비정상적인 관계는 전세계적인 탈냉전 이후 10년이 지난 지금도 유지되고 있다.

일본의 대한반도정책, 특히 대북정책은 미일동맹을 기본축으로 하면서 한일우호관계를 전제로 진행되고 있다. 1990년대 초 냉전 종식을 배경으로 일본은 북일관계 개선에 본격적으로 나서며, 1991년 일본자민당, 일본사회당, 조선노동당의 3당 공동선언을 통해 수교교섭을 개시한 바 있다. 이 움직임은 미일관계, 한일관계와는 독자적으로 추진한 대한반도 외교였다. 하지만 이 북일수교교섭은 1992년부터 조성되기 시작한 북·미 간의 핵위기로 중단되고 말았다. 이후 일본의 대북정책은 기본적으로 미국의 대북정책의 틀 속에서 전개되고 있다.

1990년대 초 일본은 탈냉전 시대 대아시아 전략을 검토하는 과정에서 기존의 미일동맹 중심에서 다자간 외교를 중시하는 방향으로 변화를 모색한 적이 있다. 이를 미일동맹으로부터의 이탈 조짐으로 경계한 미국은 1994년 '나이 이니셔티브(Nye Initiative)'를 통해 일본의 군사적 역할 확대를 인정하면서도 이를 철저하게 미일동맹의 틀 속에 묶어두려는 방침을 마련하였다. 이는 냉전 시대 구소련을 대상으로 하던 미일동맹이 탈냉전 시대에는 중국을 견제하는 쪽으로 전환한 것을 뜻하였다.

이러한 미국의 전략은 '미일방위협력 지침' 개정(신가이드라인)으로 가시화되었다. 이에 따라 아태지역에서 일본의 군사적 역할은 대만해협 및 한반도 급변사태 등과 같은 '일본 주변 유사(有事)' 대비로 확장되었다. 그런데 중국의 반발을 의식한 일본은 '일본 주변 유사'란 '지리적 개념'이 아니라 '상황적 개념'이라고 설명하면서 주로 '한반도 유사'를 '주변 유사'의 가능성으로 내세우고 있다. 당초 '한반도 유사'란 북한 체제의 붕괴를 포함하는 급변사태 발생을 상정하는 것이었으나 '북한 붕괴론'이 수그러지면서 점차 '북한 위협론'으로 대체되어 간다. 이후 '북한 위협론'은 일본의 방위체제 정비, 지속적인 군비증강 및 미일동맹 강화의 중요한 명분이 되어왔다.

1993년 북한의 핵위기 및 로동 미사일 시험발사, 1994년부터 1997년까지 경제난에 의한 북한 붕괴 가능성 대두, 1998년 대포동 미사일과 광명성 1호 시험발사, 1999년 초 금창리 핵의혹시설 문제, 괴선박 침투사건 등은, 지난 10년간 북한을 빌미로 일본이 미국과의 동맹관계를 강화하고 자국 군사력의 작전 반경을 제도적으로 확장하게 만든 주요 근거로 활용되었다. 일본의 군사적 역할 확대는 1995년 신방위대강(大綱), 1996년 미일안보선언, 1997년 미일신가이드라인, 1998년 주변사태법 등을 통해 착실하게 진전되어갔다. 또한 북한의 핵, 미사일 등 대량살상무기 위협에 대처하기 위한 한·미·일 공조체제 형성은 일본이 한반도문제에 개입하는 중요한 계기가 되었다. 일본은 KEDO사업 경비의 약 20% 정도를 부담함으로써 북한 경수로사업에도 당사자로 참가하고 있다.

물론 그동안 북일관계 개선을 위한 노력이 없었던 것은 아니었다. 자민당 내에도 북일수교를 탈냉전 시대 일본 외교의 핵심적 과제로 간주하는 흐름이 존재하며 북일수교를 추진하려는 노력도 단속적이지만 꾸준히 이루어졌다. 이에 따라 1994년, 1997년 두 차례에 걸쳐 자민당 대표단의 방북이 실현되었고 수교교섭을 재개하려는 시도가 있었다. 그러나 힘겹게 이루어진 이러한 노력도 일본 내부의 반북 여론 및 북미관계와 남북관계의 제약에 부딪혀 진전을 볼 수 없었다.

2000년 남북정상회담과 '북미공동코뮈니케' 등은 북일수교를 위한 절호의 기회를 제공하였으나, 부시 정부의 등장으로 인한 북미관계의 반전은 북일수교를 일정부분 제약하게 되었다. 부시 행정부 내 '일본파'로 불리는 주요 정책담당자들은 미일동맹을 미영동맹 수준으로 높여가야 하며, 집단적 자위권 행사를 위해 필요하다면 헌법 개정도 불사해야 한다고 주장하고 있다. 9·11 테러사건을 계기로 일본은 미일동맹을 급속히 강화시키고 자위대 해외파병을 실현시킴으로써 군사적 '보통국가'로 가는 중요한 일보를 내딛었다. 부시 행정부가 등장한 이후 2001년부터 2002년 초까지 일본은 미국의 적극적인 요청에 따라 자국의 안보역할을 확대하고 미일동맹의 강화에 초점을 맞추었다. 이 시기 일본은 한반도문제에 대해 독자적인 해법을 찾기보다는 일정한 거리를 두었다. 그러나 미국이 2002년 6월 러시아와 전략적 협력관계에 전격적으로 합의하고 7월 들어서는 남북관계의 급속한 복원 조짐이 보이자, 한반도문제에 좀더 적극적으로 개입하는 쪽으로 방향을 선회하고 있다.


## 2. 군사적 문제와 북일수교에 대한 일본의 입장

2001년부터 2002년 상반기까지 일본이 수교협상 재개를 어렵게 만드는 주요 장애요인으로 북한의 핵·미사일 문제, 일본인 납치의혹 등을 들 수 있다. 미국이 요구하는 북한 재래식 군사력의 감축과 후진배치, 대북관계를 협의하기 위한 한·미·일 공조체제 등도 일본이 관심을 갖고 있는 현안이다. 2001년 12월 일본 영해에 침범했다가 중국의 배타적 경제수역에서 침몰한 괴선박 인양 문제도 북일관계 개선을 가로막는 장애가 되었다.

### 1) 북한의 핵·미사일 문제

핵·미사일 문제는 북미관계뿐만 아니라 북일관계에서 핵심적인 현안으로 자리잡아왔다. 일본은 북한의 대량파괴무기 개발에 대해 가장 민감하게 반응하는 나라 가운데 하나이다. 북한이 지리적으로 인접해 있고 일본에 대해 적대적인 감정을 숨기지 않고 있으며, 나아가 예측 불가능한 행동방식을 취하고 있다는 점 등을 이유로 일본에게 위협이 된다고 간주한다. 그리고 지금까지 '북한 위협론'은 미일동맹과 일본의 자체 방위력 강화에 가장 직접적인 동인으로 작용하고 있다. 1991~1992년 수교교섭이 중단된 경위로 볼 때 그동안 북미관계와 남북관계로부터의 영향 없이 일본 독자의 힘으로 북일관계를 타개할 수는 없는 상태였다. 더욱이 북한 변수는 일본 국내정치에 깊이 작용하고 있었다. 앞서 설명한 대로 일본의 군사적 역할 확대와 관련된 제반 조치는 '북한 위협론'과 연동되어왔다.

북한의 대량파괴무기 문제는 핵위기와 대포동 미사일위기 등 두 번의 고비를 넘기며 진행되었다.[72] 첫번째 고비는 1993년 3월 북한의 국제원자력기구(IAEA) 특별사찰 거부와 핵확산금지협약(NPT) 탈퇴선언으로 야기된 북·미 핵위기가 1994년 11월 '북미기본합의'로 타결되기에 이르는 1년 8개월 동안이다. 일본은 북한의 핵개발이 자국의 안전에 영향을 미친다는 점뿐만 아니라 대량파괴무기의 비확산이라는 관점에서도 국제사회 전체에 대단히 중요한 문제라고 인식하였다.

일본은 부시 행정부가 북한의 핵과 미사일 문제에 대해 취하고 있는 원칙적이고 단호한 접근방식에 대해 찬성하고 있다. 일본은 북한 핵 문제의 해법이 일차적으로 북한이 '북미기본합의'를 성실히 이행하는 데 있다고 본다. 나아가 IAEA와 부시 행정부의 과거 핵 규명(북한 핵 개발의 '과거 문제' 해결, 즉 이미 추출한 플루토늄의 규모와 사용처에 대한 규명방침)에 대해 동의하면서 과거 핵 문제가 규명되는 방향에서 '북미기본합의'의 이행을 개선시킬 필요가 있다는 입장이다.

북한의 미사일 문제에 대해서도 일본은 미국 못지않은 원칙적 입장을 고수하고 있다. 이미 1990년대 중반부터 개발과 배치를 완료한 것으로 알려진 로동 미사일의 사정거리가 약 1,300km에 달해 일본 영토의 상당 부분이 사정권에 들어갔다고 보기 때문에 안보상 커다란 위협이라고 인식하고 있다. 다만 그 정밀도는 스커드 미사일을 기초로 한 것이기 때문에 특정 시설을 예리하게 가격할 정도는 아닐 것으

---

72) 한반도 긴장 사이클에 대한 정리는 야마모토 요시노부, 「동북아시아의 지역협력을 위한 일본의 역할」, 『동북아시아의 평화와 협력』(동아일보 창간 81주년 기념 한중일 국제학술회의, 2001년 4월 13일)을 참조.

로 평가한다. 이런 가운데 발생한 1998년 8월 대포동/광명성 시험발사는 일본으로 하여금 북한이 자국을 위협할 수 있는 핵과 미사일, 즉 대량파괴능력을 보유하게 되었다는 두려움을 더욱 강화시켰다. 특히 로동 미사일 시험발사에 성공한 지 5년 만에 장거리 미사일의 시험발사에 성공했다는 점을 크게 우려하였다. 그렇기 때문에 북한이 사정거리 3,500~6,000km에 달하는 대포동 2호 개발에도 착수했을 것으로 판단하고 있다. 3단식 개조형 대포동 2호가 알래스카는 물론 미국 본토 48개 주 거의 대부분을 사정거리에 둘 것이라는 2001년도 미국의 연례국방보고서(Annual Defense Report)의 추정에 대해서도 동의하고 있다. 또한 북한 미사일의 완제품이나 각종 관련 기술이 이란 또는 파키스탄 등지로 이전될 가능성도 중시하고 있다. 요컨대 일본은 북한의 탄도미사일 개발과 배치 등의 문제는 핵무기 개발의혹과 더불어 아시아-태평양 지역뿐만 아니라 국제사회 전체에 불안정을 야기하는 요인이 되므로 그 동향이 크게 우려스럽다는 인식을 갖고 있다.

일본은 북한의 핵 개발의혹과 미사일 시험발사에 대해 매 고비마다 대체로 세 가지 방식의 대응을 해왔다. 첫째, 북한의 위협을 완화시키려는 미국의 노력에 협력하였다. 미국의 요청에 따라 한반도에너지기구에 참여한 것, 로동 미사일 폐기 시 일본의 대북현금보상 여부에 대한 미국측 의사타진에 묵시적 동의를 표시한 것 등이 이에 해당한다. 물론 대미협력의 와중에도 미국이 일본과 사전협의 없이 일방적으로 대북포용의 자세로 나간다든지, 장거리 미사일에만 관심을 두고 중거리 미사일 문제는 소홀히 다룬다든지 하는 것 등에 대한 경계심은 늘 뿌리깊게 자리잡고 있다. 둘째, 일본은 북·미 간의 핵·미사일 문제 해결을 사실상 대북수교협상의 전제로 삼는 방식을 빌어 일본의 불만과 우려를 직접 북한에 대해 표명하였다. 1998년 8월 대포동 미사일 시험발사가 있었을 때에는 대북경제지원을 중단한 바 있다. 셋째, 가장 적극적인 대응으로서 미국과 방위협력 지침 개정을 통해 한반도 유사 시 미군에 대해 군사적 지원이 가능하도록 하고 이를 뒷받침하기 위해 국내의 제반 안보관련 법제를 정비하였다. 미사일 위협을 계기로 미일방위협력 지침 개정 이후 계속 미뤄오던 국기·국가법, 통신방수법, 주민대장법, 자위대법 등의 제정·개정 작업을 일거에 처리할 수 있었다. 이는 아태지역 내 일본의 군사적 역할 확대 등 이른바 전쟁할 수 있는 권리를 갖는 '보통국가'를 지향하는 일본의 국가진로 모색이 '북한 위협론'과 연동되고 있음을 드러내고 있다.

2001년부터 2002년 초까지 일본은 북한의 핵과 미사일에 대한 우려 때문에 비록 수교협상이 중단되고 북·일 간 갈등이 고조되는 시점에서도 최소한 비공식 채널은 열어두려고 하였다. 그 가운데 하나가 뉴욕에서의 대화 채널이지만 이 채널은 의사소통 수단에 지나지 않았고 적극적인 북·일 간 현안을 해결하기 위한 테이블은 되지 못하였다. 역시 일본은 북한과의 대화보다는 자국의 자체 방위력 증강과 한반도 주변 유사시 미국과의 협력 증진 방안을 구체화하는 데 주력하였다. 나아가 아태지역을 넘어서는 지역까지 미일안보동맹의 작전범위로 확장하였으며, 필요한 경우 집단자위권의 발동을 위한 헌법 개정도 추진해야 한다는 입장이 급속히 힘을 얻고 있었다. 특히 2001년 9·11 테러사건 이후 미국의 반테러전쟁에 대해서는 매우 적극적인 협력자 세를 취하고 있었다. 그것은 소말리아 등 테러 연루의 근거가 확실한 국가에 대해서는 미국의 군사작전을 지원할 수 있다는 방침으로 나타나고 있다. 이러한 흐름은 미국에 의해 테러지원국가로 지정되어 있을 뿐만 아니라 2002년 1월 '악의 축'으로 지칭되고 있는 북한과의 수교협상을 쉽지 않게 만드는 요인으로 작용하기도 하였다.

2) 북한의 재래식 군사력 문제

1968년 '닉슨-사토 코뮈니케'에 등장한 '한국조항'은 탈냉전기에도 여전히 일본의 한반도 정세 인식에 기초를 이루고 있다. '한국조항'에 따르면, 한반도는 지리적·역사적으로 일본과 밀접한 관계에 있으며, 한반도의 평화와 안정은 일본을 포함한 동아시아 전역의 평화와 안정에도 긴요하다. 따라서 일본도 대량파괴무기 이외에 북한의 재래식 군사력이 한반도 평화와 안정에 위협이 된다는 부시 행정부의 입장에 동의한다.

일본은 북한이 심각한 경제난에도 불구하고 군사부문에 자원을 중점적으로 배분하며 군사전력과 즉각 대응태세를 유지·강화하고 있다고 분석한다. 구체적으로는 인구 대비 현역군인 비중이 5%에 달하여 총병력은 약 110만 명으로 추산한다. 비록 장비의 많은 부분이 구식이지만 군사력의 상당 부분, 즉 병력의 2/3를 비무장지대에 전진배치하고 있으며 대규모 특수부대를 보유하고 있고, 소위 비대칭적 군사능력도 강화하고 있으며 생화학무기도 어느 정도 생산기반을 갖추고 있다고 평가한다. 또 남북정상회담 후에도 북한은 대규모 군사연습 등 각종 훈련을 계속하고 있을 뿐만 아니라 장사정포의 전방배치 증강, 지상군부대나 항공부대의 재편이 행해지고 있다고 믿고 있다. 나아가 동독이 서독을 공격하려면 수주일의 준비가 필요했던 데에 반해, 한반도에서 북한이 남한을 공격하는 것은 중앙지휘부가 결정하면 거의 즉각적으로 전쟁에 돌입할 수 있다는 것이다. 그러므로 군사적 충돌에 대한 사전경보는 조기경보(early warning)가 불가능한 영점경보(zero warning)상태에 있으며 그만큼 북한 재래식 군사력은 위험하게 평가된다고 한다.

따라서 일본은 2001년 6월 이후 미국 부시 행정부가 들고 나온 북한의 재래식 군사력 감축과 후진배치 요구에 동조하고 있다. 다만 부시 정부의 요구와 관련해서 일본이 구체적으로 어떤 역할을 해야 할 것인가에 대해서는 쟁점의 성격상 일본에서 표면적으로는 논의되고 있지 않다. 한반도 재래식 군사력 문제와 관련하여 일본의 역할을 상정한다는 것은 바로 일본 군사력의 한반도문제 개입이란 우려를 불러일으킬 수 있기 때문이다. 또한 일본이 북한의 재래식 군사력을 위협으로 간주한다고 해도 이는 일본을 직접 공격할 수 있는 위협은 아니기 때문이다.

### 3) 한·미·일 공조에 대한 일본의 입장

1999년 9월 「페리 보고서」에서는 북한에 대한 전략적 대처를 위해 한·미·일이 공동으로 연대하여 안전보장, 인권 및 기타 제 문제에 대처하는 '포괄적이고 동시에 통합적인 접근'에 바탕을 둔 대북포용정책을 제안하였다. 포용정책의 목표는 한·미·일과 북한이 서로 상대방에 대해 인식하고 있는 '위협'을 상호이해와 협력을 통해 해소하는 것이다. 반면, 만약 북한이 도발적 행동을 취할 경우 한·미·일은 공동대처하여 강제적으로 억제한다. 이와 같은 정책에 대해 일본은 동의하였다. 한반도문제의 해결과정에서 소외되거나 배제되기를 원하지 않는 일본은 한·미·일 공조를 미국 이상으로 강조하고 있다. 중국은 포함되었으나 일본은 배제되어 있는 4자회담을 비판적으로 보는 만큼 한·미·일 공조를 긍정적으로 보는 것이다.

일본은 정전협정의 평화체제로의 전환 등을 논의하는 4자회담에 대한 대항카드로 대북정책협력조정그룹(TCOG: Trilateral Coordination and Oversight Group)을 중요하게 생각하는 것으로 판단된다. 이런 관점에서 일본은 지금까지 대북정책을 둘러싼 한·미·일 정책공조가 비교적 순탄하게 진행된 것으로 평가하면서, 한·미·일 공조 테이블에 북한을 참여시키는 방식의 '신4자회담'도 염두에 두고 있는 것으로 알려지고 있다. 그러나 '신4자회담'은 한반도문제 해결을 위해 나름대로의 구상이나 설계가 있다기보다는 일본이 북한문제 해결과정에서 배제되지 않겠다는 경계 표시에 더 가깝다. 다시 말하면 한반도문제 해결을 위한 새로운 제도로서 '신4자회담'을 적극 주장하는 것은 아니다. 오히려 향후 제기될지도 모르는 남한, 북한 그리고 미국이 대등한 자격으로 참가하는 3자회담 구상을 약화시키기 위한 것으로 추측된다.

### 4) 북일수교 문제: 2002년 9월 17일 고이즈미-김정일 정상회담 이전까지

북한은 북일수교가 성사되지도 않은 시점에 북한 위협을 구실로 안보 역할을 강화하려는 일본의 각종 대외정책에 대해 매우 강도 높은 비난을 계속해왔다. 하지만 일본과의 수교를 통해 얻어질 경제적 보상은 북한이 수교협상에 적극적으로 나서게 하는 가장 중요한 동인이다. 북일수교가 실현되면 북한은 일본으로부터 과거사 사죄에 대한 막대한 보상자금을 기대할 수 있다. 이는 북한 경제 재건에 더할 나위 없는 자금원이 될 것이다. 북일경제협력은 북한 체제의 변화에 기폭제로 작용할 수도 있다. 사실 1990년대 북한은 북일관계 개선을 절실히 원해왔다. 그동안 수교교섭과정에서 북한측은 과거사에 대한 보상과 사죄를 철저하게 요구했지만 이미 이 부분에서는 상당히 타협할 의사를 내비쳐왔다. 특히 북한은 수교협상과정에서 일본의 과거사 문제에 대해 '선 수교, 후 쟁점타결'을 내세우며 양보하는 자세까지 취한 바 있다. 1973년 중국과 일본이 수교협상을 진행할 때 과거사 문제 등은 수교 이후 타결하려 했던 전례를 따르겠다는 것이다. 이렇듯 북·일 간에 최대의 쟁점으로 보였던 식민지 지배에 대한 사죄와 보상 문제에서는 상호타협의 여지가 생겼다. 특히 1998년 김대중 대통령과 오부치 총리 사이에 발표된「한·일 파트너십 공동선언」에서 일본은 한국에게 과거 식민지 지배에 대해 사죄 표명을 하고 한국은 이에 대하여 미래지향적 관점에서 과거사 청산에 합의하였다. 남한에 대한 사죄 표명을 북한에 대해서도 적용할 수 있게 됨에 따라 북일수교에 임하는 일본 정부의 입지가 넓어진 것이다. 그러나 수교교섭 초기에는 큰 쟁점이 아니던 일본인 납치사건이 일본 내에서 너무 확대되어 일본 정부에게 큰 정치적 부담으로 작용해왔었다. 이로 인해 반북여론이 거세졌고 이를 해결하지 않고서는 수교교섭을 할 수 없을 정도가 되었다. 그리하여 일본 정부는 이 문제 해결을 북일수교협상의 전제조건으로 삼기에 이르렀다.

2000년 6월 남북정상회담 이후 한반도에서의 화해·협력 분위기를 지켜본 모리 총리는[73] 2001년 초 북일정상회담을 추진하려 하였다. 이 시도는 고도의 정치적 타결이란 방식을 통하지 않고서는 납치의혹 문제를 해결하기 어렵다는 현실적 인식에 의거한 것이었다. 그러나 부시 정부 등장으로 북미관계가 전면 중단되고 북한이 남북대화마저 거부함으로써 북일정상회담 문제는 뒤로 밀리고 말았다.

모리 총리에 뒤이어 등장한 고이즈미 총리는 북한에 대한 기존의 부정적 인식에 더하여 미국 부시 행정부의 강경정책을 의식하여 북일수교를 위한 적극성을 보이지 못했다. 그는 일본인 납치의혹을 인권

---

73) '북미공동코뮈니케' 발표 직후 모리 총리는 다음과 같은 내용의 성명을 발표했다. "……일본정부는 이 같은 흐름에 같이할 의사가 있으며 미국, 한국과 긴밀히 협조하여 북일수교협상에서 큰 진전을 보기 위해 일관된 노력을 경주할 것이다"(Comment by Mr. Yoshiro Mori, Prime Minister of Japan, on the Joint Communiqué issued by the U.S. and North Korea, October 19, 2000), [http://www.mofa.go.jp/announce/announce/ 2000/10/1019-3.html].

문제로 규정함으로써 미국의 대북압박정책에 적극 동조하였다. 이 문제를 인권 문제로 규정한 데는 납치의혹을 대북경제지원과 연계시키겠다는 의도도 숨어 있었다. 따라서 인도적 차원에서 이뤄지던 일본의 대북식량지원도 일정 기간 중단될 수 있다는 발언을 간헐적으로 반복하면서 일본 정부가 납치의혹 문제를 얼마나 심각하게 생각하는지를 분명히 드러냈다. 2002년 북한은 100～150만 톤의 식량이 부족할 것으로 전망되는 가운데 WFP(World Food Program)의 식량지원 목표량 61만 톤 중 25% 정도만 확보된 상태라는 점을 감안할 때 일본으로서는 경제협력 가능성을 납치 문제 해결을 위한 대북협상수단으로 활용할 의사를 감추지 않았다.

나아가 2001년 12월 발생한 괴선박 침몰사건은 어려운 북일관계를 더욱 곤란하게 만들었다. 일본은 납치의혹 등, 북·일 양국간 현안의 해결과 북미관계와 남북관계의 개선이 없는 한, 북일수교협상을 서두를 생각이 없는 듯 소극적 자세로 일관해왔다. 북한이 미국과 협상을 통해 핵과 미사일 등 대량파괴무기 문제를 해결하고, 미국의 경제제재 해제 및 경제지원 등을 얻어내는 것과 궤를 같이해야 일본도 대북수교에 적극적으로 나서겠다는 입장이었다.

한편 미국이 북한에 대해 군사적 수단을 동원하려고 할 경우 일본은 이에 대해 찬성하지 않겠다는 입장이다. 미국의 이라크에 대한 군사적 제재 혹은 중동의 테러국가들에 대한 군사적 제재에는 어느 정도 협력할 수 있지만 한반도에서의 군사적 해결에는 반대하는 입장을 명확히 하고 있다. 달리 말하면 한반도문제와 중동지역에서의 반테러 지원 문제를 구분해서 대응한다는 것이다.

## 5) 한반도 평화체제 구축

일본은 기본적으로 한반도 휴전체제가 평화체제로 전환되어야 한다는 입장을 지지하고 있다. 그러나 한반도 평화체제 구축과 관련하여 4자회담에 대해 비판적이며 동시에 그것이 단기간내에 현실화될 가능성도 없다고 본다. 일본은 한반도 평화체제 수립과 관련해서는 일본이 배제된 4자회담보다는 일본 및 러시아도 참가하는 6자회담을 선호하고 있다. 그러나 러시아와는 북방 영토 문제도 해결의 실마리를 찾지 못하는 상태이고, 북일수교도 타결 전망이 간단하지 않았던 만큼 6자회담 성사를 위해 일본 나름의 적극적인 외교적 노력은 결실을 맺기 어려운 형국이었다.

한반도 평화체제 수립과 관련해서 일본이 가장 민감하게 반응하는 사안은 바로 주한미군 주둔 문제이다. 한반도에 평화가 정착하여 주한미군의 위상과 역할에 변화가 온다면 이는 바로 주일미군의 지위에 영향을 미칠 것으로 보기 때문이다. 일본 해역에 머무는 미 해군이나 오키나와에 주둔하는 미 해병대 및 공군은 유사시 한반도 출격에 대비하는 군사력이다. 따라서 남북한 사이에 군사적 긴장이 완화되고 신뢰가 구축된다면 이는 주한미군뿐만 아니라 일본에 주둔하는 미군과도 직접적인 관련을 가지게 되는 것이다.

주일미군과 관련해서는 오키나와 주둔 미군병사에 의한 일본 소녀 강간 사건이 엄청난 사회적 파장을 일으키며 미군기지 이전을 요구하는 일본 국민의 여론을 고조시킨 바 있다. 미·일 간의 협의에 의해 일부 기지 이전이 합의되었으나 그 실행에서는 일정한 차질이 생기고 있다. 주일미군의 기지 문제는 주민들의 반발이 심한 한국 내 미군기지 문제에도 상당한 영향을 준 바 있다. 이렇듯 주일미군과 주한미군이 각각 안고 있는 기지 문제도 일본으로서는 주요한 관심사가 되고 있다.

또한 일본은 미군이 갖고 있는 유엔군 사령부란 공식성에 대해서도 주목하고 있다. 일본 내에도 한국전쟁 이래 유엔군 사령부에 속하는 일부 시설이 유지되고 있으며 유엔군을 매개로 한미동맹과 미일동맹이 연계를 갖는 상태가 지속되고 있다. 따라서 주한미군의 변화에 따른 유엔군 사령부 해체 문제도 일본과 일정한 관련이 있다.


## 3. 북한 경제위기에 대한 일본의 태도

2000년 6·15 남북정상회담 이전까지 일본은 북한이 심각한 경제난으로 붕괴하거나 군사적 모험주의 노선을 택할 가능성을 배제할 수 없다는 입장이었다. 전자의 경우, 대량으로 북한 난민이 유입될 것으로 보았다. 그리고 후자의 입장은 어떤 형태로든 제2의 한국전쟁에 일본도 말려들 수밖에 없다는 것이다. 어느 경우든 일본은 국익에 바람직하지 않기 때문에 인도적 차원의 식량지원을 해왔다.

남북정상회담 이후 모리 내각은 남북협력이 급속히 전개되고 2000년 10월에는 '북미공동코뮈니케'가 나올 정도로 관계가 급진전한 것을 목격하면서 일본도 그 흐름에서 소외되어선 안되겠다는 입장을 가지게 되었다. 2001년 초 모리 수상의 평양방문 의사타진은 그 결과였다. 부시 정권 출범 이후 모리 내각은 고이즈미 내각으로 교체되었다. 고이즈미 내각은 북한이 심각한 경제난에 직면해 있으면서도 여전히 군사부문에 자원을 중점적으로 배분하고 있으며, 대량파괴무기는 일본에 직접적인 위협이 된다고 생각한다.

일본의 『방위백서 2001』은 북한 경제난의 원인을 일차적으로 사회주의 계획경제의 취약성에서 찾았다. 그리고 냉전 종식에 따른 구소련과 동구권 붕괴 이후 이들 국가와의 경제협력 축소로 경제부진과 에너지 및 식량난이 계속되있고, 최근에는 약간의 회복 경향도 없지는 않지만 기본적으로 여전히 가혹한 상황 속에 있다고 보았다. 특히 식량사정과 관련해서는 만성적인 부족 상태에 빠져 있기 때문에 외부의 식량원조에 의존할 수밖에 없는 상황이라는 점을 지적하고 있었다. 또한 북한이 경제위기를 극복하기 위한 본격적인 자활조치를 취하지 않고 있다고 보았다. 현재의 통치체제에 영향을 줄 수 있는 구조적 개혁을 취하지 않고 계획경제의 사고방식을 그대로 유지하고 있을 뿐, 한정적인 개선책 도입이나 일부 경제관리 시스템의 변경만을 시도하고 있다는 것이다.

하지만 9·11 사태 이후 미국이 테러집단을 보호하거나 활동을 묵인하고 있는 국가들도 반테러전쟁의 대상으로 간주하겠다는 선언을 한 이후, 일본 정부는 경제난에 빠진 북한을 강력히 압박하는 조치를 취했다. 바로 조총련계 신용협동조합들의 금융스캔들을 계기로 행해진 이들 금융기관에 대한 수사가 그 조치이다. 이 사건을 둘러싸고 조총련 본부까지 수색한 것은 조총련계 재일동포들의 자금이 북한으로 유입되는 것을 차단하겠다는 의도가 깔린 것으로 해석된다. 금강산관광 대금지불이 2001년 사실상 동결상태에 빠지는 등 외부로부터의 자금유입이 감소한 상태에서 북한은 경제적으로 상당히 어려워하고 있는 것으로 알려졌다. 북한 정부는 금융부정에 관련된 여타 일본 금융기관들에 대한 수사와 비교하여 형평성에 어긋난다는 이유로 강력히 항의하였지만 일본 정부의 조총련계 금융기관 수색을 막지는 못했다. 이미 악화될 대로 악화된 일본 국민들의 대북감정이 2001년 12월 발생한 괴선박사건으로 최악에 달해 있었기 때문에 고이즈미 정권은 가차없이 조총련계 금융기관을 폐쇄할 수 있었다.

일본 내에서 북일수교로 얻어질 경제적 메리트나 인센티브를 긍정적으로 평가하는 경제집단은 별로 없었다. 일본은 국제기구의 대대적 지원과 원조가 없는 한 대북경제협력을 위하여 먼저 돈을 내놓지는 않겠다는 입장이었다. 특히 일본경제의 장기침체는 북일수교 시 사죄에 따른 과거사 보상으로 50억 달러 이상의 자금을 북한에 안겨줄 수 있으리라는 전망을 뒤흔들고 있었다. 이는 경제상황이 곤란한 상태에서 TMD 공동연구예산을 마련하는 것도 쉽지 않을 것이라는 관측이 나오고 있음을 고려한다면 짐작할 수 있는 것이었다.[74]

수교협상과 분리된 방식으로 북일경제협력을 앞당기는 것이 북일관계를 타개하는 방안이 될 수 있으나 지금까지 일본 경제가 직면한 곤란 상태에서는 매우 어려운 실정이었다. 여기에는 북한이 1970년대 공장 플랜트를 건설하기 위하여 일본으로부터 도입한 차관대금을 지불정지한 상태에서 갚지 못하고 있는 사정도 작용하고 있었다.

## 4. 2002년 9월 북일정상회담 이후 일본의 한반도정책

북한과 일본은 수교교섭과정에서 10여 차례에 달하는 회담을 가짐으로써 양국은 서로의 입장을 확실히 알고 있다. 핵심 현안은 납치 문

---

74) 물론 그 배경에는 TMD와 NMD가 MD로 통합되면서 일본이 MD의 실질적인 효과를 전혀 누리지 못할 가능성이 대두되었기 때문이다. "Japan rethinking missile defense cooperation — As a result of Navy Theater Wide(NTW)'s incorporation into the new Sea-Based Midcourse Missile Defense System(SMD), Japan is rethinking the utility of cooperating on missile defense programs with the United States. NTW was being designed to protect theaters of war and would have been well-suited to bullwark Japan's national security, but the new SMD is shifting focus to protecting the continental United States from missile attacks. Wondered a Japanese defense industry expert, 'Is the cooperative research and development just to aid the United States?'"(*Defense News*, Feb. 25-Mar. 3, 2002).

제이며, 보다 본질적으로는 양국간 적대성의 해소를 위해 북한은 핵과 미사일 등 대량살상무기 문제 해결에 전향적인 자세를 보이고, 일본은 과거사 문제를 해결할 필요가 있다. 양측은 상대방의 관심사에 대해 충분히 이해하고 있으며 수교 의사가 있었음에도 불구하고 2001년부터 2002년 초반까지 긴장과 갈등 양상을 보였다. 일본은 미국 부시 행정부의 공세적 대외정책을 배경으로 자국의 안보 역할 증대와 클린턴 집권 말기 흔들렸던 미일동맹 강화에 시간을 보냈다. 북한도 2000년 10월 미국과 최초로 '북미공동코뮈니케'에 합의, 공표하는 데 성공했지만 곧이어 등장한 부시 행정부의 불량국가, 독트린, 강경해진 대화 조건, 9·11 테러사태 이후 테러지원국가와 불량국가를 동일시하며 2002년 1월 '악의 축' 발언으로 이어지는 갈등 국면에서 공개적으로 일본과 수교협상에 나서기 힘들었다. 하지만 2002년 6월 미국과 러시아가 전략적 파트너십 관계로 돌아가고 남북관계도 6·29 서해교전 이후 오히려 급속히 회복되었으며 중국과 러시아가 북한을 포함한 한반도문제에 적극성을 띠자 일본은 태도를 바꾸기 시작하였다. 그리고 북·일 양국은 2002년 8월 말 고이즈미-김정일 정상회담이 9월 17일 평양에서 개최된다고 전격 발표하였다. 2002년 7월 1일 북한으로서는 경제개혁 조치를 실시하는 마당에 외자유입은 사활적으로 중요하게 되었다. 그렇기 때문에 미일동맹 강화와 방위관련법제 개편을 마무리한 일본과 외자유입이 사활적인 북한에게 수교협상 재개가 매우 중요한 외교정책의 우선순위로 부상한 것이다.

그다지 부각되지 않았지만 일본의 국내 경제 사정도 고이즈미 평양방문에 큰 변수로 작용하였다. 일본이 북일수교를 결단하게 된 데에는 일본 경제의 내부 구조개혁을 위한 돌파구로 삼고자 하려는 의도가 개재된 것으로 보인다. 우선 일본의 전통적 경기부양책이었던 공공사업예산을 축소하는 것이 구조개혁의 핵심이 되어 있다. 여기서 상당수 기업이 도산할 운명에 처한 건설·토목업의 이해관계를 북한 진출로 보장하려는 것이다. 보다 거시적으로는 디플레 압력에 직면하여 새로운 수요 창출에 성공하지 못한 일본 경제가 동북아시아 지역 차원의 뉴딜에서 출구를 찾으려 한다는 분석도 있다. 더욱이 부시 정부의 이라크전쟁 계획으로 인한 세계 경제의 불안정은 계속적인 주가 폭락을 야기함으로써 일본 경제의 최대 취약점인 은행 부실채권 문제를 더욱 악화시키고 있다. 일본 경제의 위기는 대북정책에서 부시 정부의 강경정책과는 보조를 같이하기 어려운 상태에 와 있다. 일본이 가장 취약점으로 간주되던 미국의 대북정책 변수를 뛰어넘어 북일수교교섭을 단행하기에 이른 데에는 나름대로 다급한 경제 사정이 있었던 것이다. 고이즈미의 전격적 방북은 일본의 구조개혁이 북한 경제 개혁과 맞물려 돌아간다는 것을 상징하는 것으로 해석할 수 있다.

그리고 마침내 2002년 9월 17일 고이즈미 총리와 김정일 위원장은 4개 항의 「북일평양선언」에 서명하였다. 제1항 국교정상화의 조기실현, 제2항 일본의 식민지 지배 사과와 그에 따른 경협방식의 보상, 제3항 납치 문제와 제4항 동북아지역 평화와 안정의 유지·강화에의 협력 등이 주요 내용이다. 그뿐만 아니라 핵 문제 해결을 위해 국제적 합의를 준수하며 핵 문제와 미사일 문제를 포함한 안전보장 문제에 관해 관계국사이의 대화를 촉진하고 나아가 북한이 미사일 시험발사 유예를 2003년 이후로 연장할 의향이 있다는 내용까지 담고 있다. 각 항은 모두 한반도 정세에 직접적인 영향을 미치는 극히 중대한 사항으로 예전 같으면 단 한 가지도 합의하기 어려워 보이던 사안들이다.

제1항과 제2항은 북한이 국제사회에 진출함으로써 확보할 수 있는 최대의 경제적 효과와 직결되어 있다. 경제위기에 빠진 북한에게 생명줄과도 같은 외화와 물자가 대대적으로 유입될 수 있는 커다란 계기가 마련된 것이다. 제1항의 연속선상에서 제2항이 실현된다면 '북

한의 경제위기→체제위기→대남불안요인 증대→한반도 긴장→한미
안보협력강화→북한의 반발→북한의 고립→경제위기심화→체제위기
가중'이라는 악순환의 고리가 끊어질 수 있을 것이다. 악순환의 고리
가 끊어진다는 것은 곧 선순환의 시작으로 전환될 수 있음을 의미하
기 때문에 제1항과 제2항의 의미는 매우 크다. 예정대로 북일수교가
이루어지고, 일본의 대북경제협력이 진행된다면 북일수교는 순수한
경제적 효과에 더하여 한반도의 평화공존과 긴장완화라는 안보효과는
물론, 그리고 한반도를 중심으로 한 동북아경제권 형성효과까지 기여
할 수 있을 것이다.

　문제는 제3항이다. 제3항 납치 문제는 일본 정부의 대북수교에 가
장 큰 제약요인이었다. 긍정적인 측면은 북일수교의 가장 큰 장애물
을 제거하기 위해 김정일 위원장이 매우 적극적인 태도로 임했다는
점이다. 납치의 목적이 과거 대남침투공작을 위한 것이었으며, '망동
주의'와 '영웅주의'에 사로잡힌 특수기관이 개입하고 5명이 생존해
있다는 소식은 일본인 피해자 가족들을 비탄과 분노로 몰아가고 있다.
이는 앞으로 북일수교협상의 진전에 제약으로 작용할 수도 있다. 그
러므로 북한측의 성의 있는 추가조치와 일본 정부의 차분한 상황관리
가 유기적으로 결합되어야 한다. 그렇지 않으면 북일수교협상의 전망
이 불투명해질 수 있는 중대문제로 또다시 비화될 정도의 폭발성을
안고 있다. 북한은 이제 납치 사실을 인정한 이상 계속해서 일본 국민
의 여론을 달래기 위한 추가조치를 취해야 한다. 일본도 과거 식민지
시대에 저질렀던 조선인 강제연행이나 정신대 문제에서 가해자였음을
잊어서는 안된다. 만약 북한과 일본 양국 지도부가 제3항의 장애물을
무사히 넘고 제4항을 합의한 대로 실천한다면 2002년 일시적으로 대
두되었던 '한반도 안보위기론'은 근거를 상실할 수도 있다. 핵 문제에
관한 국제적 합의를 준수하며 미사일 시험발사 유예를 연장할 수 있

다는 것은 한반도 안보위기의 가장 큰 이유였던 북한의 미사일 시험발사 재개나 흑연감속로 재가동 같은 일이 가까운 장래에 발생하지 않을 것이라는 기대를 높여주기 때문이다. 물론 국교정상화가 이루어지고 북한과 일본이 대사급 외교관을 상대국에 파견하는 데는 시간이 걸릴지 모르겠지만, 적어도 양측은 수교협상과 이후 대사급 관계 격상을 위해 연락사무소를 설치하는 데는 조만간 합의할 것으로 보인다.

# 4장

러시아의 입장


## 1. 탈냉전기 러시아의 대한반도정책

탈냉전기를 거치면서 소련(소비에트연합)이 해체된 후(1991년 12월), 러시아는 소련의 정통성을 실질적으로 계승하고 구소련이 해체되기 직전까지 취해왔던 대서방 친선외교정책을 그대로 이어받았다. 대한반도정책에서도 러시아는 구소련이 1990년 9월 외교관계를 수립했던 남한을 중시하고, 동맹국이었던 북한을 경시하는 편중된 외교정책을 펴왔다. 남한에 편향된 러시아의 태도는 1993년 초부터 북한과의 관계를 회복하는 방향으로 나아가기 시작했으나, 김영삼 대통령의 러시아 방문(1994년 6월)을 통해 두 정상간에 이른바 우인(友人)관계가 형성되자 여전히 남한을 중시하는 모습을 보였다. 이에 따라 러시아는 북한의 핵 문제가 국제적 사안이 되었을 때에도 남한의 입장을 지지하였다.

러시아의 대한반도정책은 북한 핵위기가 경수로건설 지원방식으로 해결되는 과정에서 자국이 소외되고(KEDO사업 참여 배제) 또한 남한이 미국과 중국을 주요 행위자로 포함하는 4자회담을 제의(1996년

4월)하면서 중대한 변화를 맞는다. 이 시기는 러시아 내부에서 1995년 말 총선을 계기로 공산주의와 민족주의가 득세하면서, 서방편향적인 외교정책에 대한 비판이 일어나던 때였다.[75] 특히 북한 핵위기 이후 한반도에 대한 미국의 영향력이 강화되면서 자국의 영향력이 약화되자, 러시아는 남한에 대해 다소 냉담한 태도를 보이면서 1997년 1월 북한과 관계를 회복하기 위해 새로운 조약의 체결을 위한 협상에 나선다. 아울러 남한과 러시아 사이에는 외교관계가 냉각되고, 불편한 외교 문제(양국간 정보외교관 추방사건, 1998년 여름)조차 발생하였다.

이처럼 러시아의 대한반도정책은 북한과 관계가 멀어지면서 남한을 중시하던 시기(1995년 이전)와 남한과 관계가 소원해지면서 북한과 관계정상화를 추구하던 시기(1996~1998년)를 거쳐, 1999년에 이르면 남북한에 대한 균형외교를 추구하는 시기로 접어든다. 1999년 이후 러시아는 남북한 각각에 대해 적극적인 외교정책을 펴왔으며, 남북한 역시 러시아에 대한 외교정책에서 적극성을 보여왔다. 러시아의 대한반도 균형외교정책은 1999년 이후 러시아와 남북한 사이에 추진되었던 두 차례 한러정상회담, 조·러의 신조약 체결[76], 두 차례의 조러정상회담 등을 통해 나타난다.

---

75) 1996년 1월 옐친은 외무장관을 코지레프에서 프리마코프로 교체했다. 코지레프는 시장경제와 민주주의를 추구하는 러시아와 전체주의를 고수하는 북한 사이에는 넘을 수 없는 이념적 장벽이 있다는 판단하에 남한편향적인 대한반도정책을 폈다. 반면 프리마코프는 유라시아주의자로서 러시아의 국익추구를 외교의 최우선목표로 설정하고, 한반도에서도 미국을 견제하는 외교정책이 필요하다는 입장을 취하였다.

76) 북한과 러시아 사이에는 1961년 7월 '조·소 우호협조 및 호상원조에 관한 조약'이 체결되었다. 이 조약은 1995년 8월 러시아측의 '사문화' 선언으로 1996년 9월 공식적으로 폐기되었다. 1999년 3월에 가조인한 신조약의 공식 명칭은 '조·러 친선·선린 및 협조에 관한 조약'이다.

<표 2> 러시아와 남북한 사이의 외교일지

| | 남한 | 북한 |
|---|---|---|
| 1999년 | • 5월: 남한 김대중 대통령의 러시아 국빈 방문－건설적이고 상호 보완적인 동반자관계의 강화를 포함한 공동성명 발표<br>• 9월: 러시아 세르게예프 국방장관의 서울 방문－북한의 미사일 발사 억제에 대한 협력 약속 및 군사협력관계 발전 협의 | • 3월: 북한의 이인규 외무성 부상과 러시아의 카라신 외무차관의 '신조약' 가조인(평양)<br>• 5월: 두만강 하구 도서 공동 실사작업<br>• 11월: '북·중·러 두만강국경수역경계 선결정협정' 체결 |
| 2000년 | • 3월: 러시아 총리실의 자원협력 협정안 승인<br>• 4월: 한·러 합동해상훈련<br>• 10월: 남한 이한동 총리의 방러<br>• 12월: 러시아 철도부 대표단의 방한 및 합의문 서명 | • 2월: 러시아 이바노프 외무장관과 북한 백남순 외무상의 '신조약' 정식 서명<br>• 7월: 러시아 푸틴 대통령의 북한 방문 및 정상회담 |
| 2001년 | • 2월: 러시아 푸틴 대통령의 방한 | • 4월: '조·러 방위산업 및 군사장비분야 협력협정' 및 '2001년 군사협력협정' 체결<br>• 7～8월: 북한 김정일 국방위원장의 러시아 방문 및 정상회담 |

러시아가 1990년대 중·후반 이후 취하고 있는 대한반도 균형외교 정책의 기조는 2000년 7월에 발표된 「러시아연방 외교정책개념」에 잘 나타나 있다. 이 문건에서 러시아는 미국이 주도하는 단극세계가 국제질서를 불안하게 만들고 있다는 점을 강조하면서, 유엔의 역할이 강화되고 미국을 견제할 수 있는 다극국제질서가 구축되어야 한다고 주장하고 있다. 아울러 한반도와 관련해서는, 이 지역이 주변국들의 지정학적 야심, 군비경쟁, 긴장과 갈등의 소지 등이 얽힌 곳임을 지적하고, 러시아가 한반도문제 해결과정에서 온전하고 동등한 참여를 보장받을 수 있도록 노력하면서 남북한에 대해 균형관계를 유지할 것임을 밝히고 있다.[77] 아울러 2000년 11월 브루나이 정상회담 참석 직전

---

77) "kontseptsiya vneshnei politiki Rossiiskoi Federatsii"(2000년 7월 10일 공포,

발표한 「러시아: 새로운 동방의 전망」이라는 글에서 푸틴 대통령은 남북한이 민족화해와 평화적이고 자주적인 통일로 나아가는 것을 지원하겠다고 천명함으로써, 러시아가 한반도문제에 국외자로 남지 않을 것임을 다시 한번 분명하게 했다.[78] 이는 러시아가 지역적 영향력이라는 관점에서 한반도의 가치를 새롭게 평가하고 있음을 보여준다.

현재의 시점에서 포괄적으로 볼 때, 러시아의 한반도에 대한 외교적 관심은 경제적 관점과 세력균형적 관점에서 유지되고 있다. 러시아와 남북한 사이의 관계발전과 한반도의 안정은 21세기 러시아의 국가발전전략, 특히 극동지역의 경제발전에 매우 중요하다. 당연히 일차적으로 러시아는 남북한의 화해와 남한의 대북포용정책을 지지하고 있다. 동시에 한반도는 동북아지역의 세력균형, 나아가 세계적 차원의 세력균형이라는 관점에서도 매우 중요한 지역이다. 이런 점에서 러시아는 1990년대 말부터 미국이 주도하는 단일패권체제가 지속될 경우 동북아에서 자국의 지위가 위축될 것으로 판단하여, 중국 및 북한과 관계를 강화하는 태도를 보였다. 부시 대통령 취임 이후 미국의 미사일방어계획이 추진되면서, 미국에 대항한 러시아-중국-북한의 관계가 복원되는 경향을 보이는 것도 러시아의 이러한 판단과 무관하지 않다. 다만 9·11 테러 이후 미국 중심의 반테러전쟁이 시작되자, 러시아는 미국과의 관계를 일정 정도 유지할 필요를 느끼고 있기 때문에, 러·중·북의 관계가 집단안보체제로까지 발전하지는 않을 것이다.

결국 당분간 러시아의 대한반도정책은 '경제적 실익의 추구'와 '미국의 단일패권에 대응한 지역적 균형질서의 형성'이라는 두 가지 목

---

http://www.nns.ru); 정은숙 편, 『미·중·일·러의 대북정책─주변 4강 2000』, 세종연구소, 2001, 113-114쪽에서 재인용.

78) 이종석·백학순·진창수·홍현익, 『남북정상회담 이후 주변 4강의 대북정책 변화와 우리의 대응방향』, 세종연구소, 2001, 90쪽.

표에 따라 결정될 것이다. 이 두 가지 목표의 중요도는 실제 운용에서 시안별로 기복을 보이겠지만, 2002년 현재를 기준으로 볼 때 '미국의 단일패권에 대응한 지역적 균형질서 형성'보다는 러시아의 지위가 훼손되지 않은 조건에서 '경제적 실익의 추구'가 더 주요한 목표이다. 현 시점에서 적극적인 대미균형전략이 가장 중요한 요인은 아닌 것이다. 북한 역시 러시아의 전략적 가치와 경제협력의 필요성을 인식하고 있지만, 그것이 특정 국가와의 관계를 대체하거나 희생시키면서까지 러시아와의 관계 개선을 추진하겠다는 의미는 아니라고 판단된다.

## 2. 군사적 문제에 대한 러시아의 입장

러시아는 북한을 불량국가로 보지 않고 선린우방으로 보기 때문에 한반도의 군사적 문제에 대한 인식과 접근이 미국 및 일본과 매우 다르다. 더욱이 북한의 핵·미사일 문제는 미국의 MD 계획과 연관되어 있으므로, 러시아는 이 문제에 대해 매우 신중한 태도를 취하고 있다.

### 1) 북한의 핵·미사일 문제

러시아는 기본적으로 한반도 비핵화 원칙을 고수하고 있지만, 제네바 '북미기본합의'의 당사자가 아닐 뿐만 아니라 KEDO 회원국도 아니므로 북한의 핵 문제에 직접 개입하지 않는 태도를 보이고 있다. 반면, 북러관계가 개선된 이후 제기되기 시작한 북한의 미사일 문제와 관련해서는 북한의 미사일 발사가 갖는 파급효과를 우려하여, 러시아는 이를 억제하려는 태도를 보였으며 남한과 일본 등 관련국에도 이러한 방침을 전달하였다.[79]

하지만 러시아는 미국이 북한 등 소위 불량국가를 빌미로 삼아 미사일 방어체제를 구축하려고 하지 않는가 하는 의심도 품고 있었다. 따라서 러시아의 푸틴 대통령은 2000년 7월 오키나와에서 개최된 G8 정상회담에 참가하러 가는 길에 북한에 들러 '조러정상회담'을 갖고, 북한의 미사일 프로그램이 순수평화적 성격을 띠고 있으며 따라서 미국의 탄도탄요격미사일(ABM: Anti-Ballistic Missile)제한조약 수정 요구의 이유가 될 수 없음을 천명하였다. 또한 북한의 위성을 다른 국가가 띄워 줄 경우 북한이 미사일 프로그램을 중단할 것이라는 조건부 약속을 김정일 국방위원장으로부터 받아냄으로써, 푸틴 대통령은 북한에 대한 외교적 영향력을 과시하였다.[80) 2001년 8월에는 김정일 국방위원장이 러시아를 방문하여 푸틴 대통령과 정상회담을 가졌으며, 양국 정상은 '조·러 모스크바 선언'을 통해 2000년 7월 양국 공동선언에서 밝힌 미사일 문제와 관련된 입장을 재확인하였다.

그러나 2001년 초 미국의 공화당 정권이 수립된 이후, 미사일 문제와 관련된 여러 상황에 대한 러시아의 인식에는 다소 변화가 나타나고 있다고 판단된다. 부시 대통령은 MD가 러시아의 대미핵억지력을 손상시키거나 러시아의 국제적 지위를 약화시키지 않음을 강조하면서, MD 계획의 추진을 공식화하고 ABM 조약 폐기를 기정사실화했다. 미국은 기본적으로 미·러 양자간 전략핵 감축과 그에 따른 검증 및 일부 금전보상 문제 등을 철저히 양자테이블로 해결하려 한다. 사실 ABM 조약 자체가 양자 간 조약이기도 하다. 더욱이 최근 미국은 러시아에 대해 자체 MD 계획을 가지라고 권유하고 있으며, 러시아도

---

79) 1999년 8월 러시아를 방문한 일본의 방위청장관(노로타 호세이)과 러시아 국방장관대행(이고르 세르게예프)의 회담, 1999년 9월 남한을 방문한 러시아 국방장관(이고르 세르게예프)과 남한의 국방장관(조성태)의 회담에서 이러한 러시아의 입장이 양국에 전달된 것으로 확인되었다.

80) 정은숙, 앞의 책, 2001, 121쪽.

미국의 ABM 조약 폐기 자체를 뒤집는 데에는 그다지 관심이 없다. 러시아는 최근 '스커드 3'의 개발로 최근 3,500km 내에 들어오는 적의 미사일을 요격할 능력을 갖추었다. 러시아로서는 미국의 MD를 용인하면서 다른 국가들에 대해서는 핵탄두를 장착한 장거리 미사일에서 압도적인 우위에 있기 때문에 미국 다음의 지위에 머물러 있는 것이 좋은지, 아니면 지역 국가들과 연대하여 미국의 MD에 대해 반대하는 것이 나은지를 선택해야 하는 입장에 처해 있다. 러시아는 현재 첫번째 대안을 선택한 것처럼 판단된다.

MD 및 ABM 문제와 별도로, 2002년 현재 러시아의 북한 미사일 문제에 대한 태도는 미국의 대북공격과 일본의 재무장을 고려하여 결정되었을 것으로 판단된다. 우선 미국의 대북공격 가능성을 고려해서, 러시아는 북한의 미사일 문제가 평화적으로 해결되어야 한다는 태도를 취하고 있는 것으로 보인다. 2000년 2월 정식 조인된 신조약에 따르면, 북한이 미국의 공격을 받을 경우, 러시아가 개입할 의무는 없다. 하지만, '안보위협 발생시 협의'한다는 조항이 포함되어 있기 때문에, 그리고 2000년 7월 '조·러 공동선언' 2항에서 이 조항이 재확인되었기 때문에, 러시아도 북한에 대한 미국의 공격에 대해 분명한 태도를 취할 것으로 판단된다.[81] 다른 한편으로 북한의 미사일 개발이 일본의 재무장을 야기할 수도 있다는 가능성을 고려하여, 1999년 하반기부터 북한에게 더이상의 미사일 시험발사를 하지 말 것을 요구하고 있다고 분석된다.

---

81) 또한, '조·러 모스크바 선언'의 1항은 국제적 분쟁 문제가 평화적으로 해결되어야 하며, 국제테러와 호전적 분립주의 위협에 공동으로 대처한다고 되어 있다.

## 2) 북한의 재래식 군사력 문제

러시아는 북한의 재래식 군사력[82] 문제와 관련해서 북한의 입장에 동조하는 태도를 보이고 있지만, 미국을 직접 비난하고 있지도 않다. 미국의 대북압력이 높아진다거나 실질적인 재래식 군사력 감축협상의 제로 발전하는 경우 러시아의 태도는 좀더 분명해질 것이다. 미국의 대북압력이 높아지면 북한의 입장을 지지하면서, 동북아지역의 전반적인 군축이 필요하다는 입장을 보일 것이다. 북·미 간 군축이 본격적인 협상테이블에 오를 경우 러시아도 동북아 전체의 군비감축과 긴장완화를 위한 새로운 제안을 내놓을 가능성이 있다.

## 3) 한반도 평화체제 구축

정전체제의 평화체제로의 전환은 4자회담의 주요 의제로 상정되어 있기 때문에 러시아가 직접 개입할 여지는 적은 편이다. 따라서 러시아는 정전체제의 급격한 법률적 변화보다는 남북화해협력과 평화공존이 유지되는 것 자체에 관심이 높으며, 정전협정의 평화협정으로의 전환에 대해서는 특별한 적극성을 보이지 않고 있다. 한편, 김대중 대통령은 러시아 국빈방문(1999년 5월) 시 '러시아를 포함하는 동북아 6자 간 다자안보협력대화 창설을 환영한다'고 선언하여, 러시아가 한반도를 둘러싼 동북아지역의 안보 및 평화 문제에서 주요한 당사자임을 확인하였다. 더욱이 남한 정부가 러시아를 배제한 4자회담을 제의한 것이 한러관계의 악화에 주요한 계기가 되었으며 또한 최근 북·중·러의

---

82) 북한의 재래식 군사력은 대부분 구소련제 무기로 구성되어 있지만, 1990년대 초 북러관계가 악화되면서 1992년 이후부터는 공식적으로 어떠한 실질적인 군사협력과 무기판매도 없는 상태라고 알려져 있다.

관계가 강화되고 있다는 사실을 고려할 때, 장차 러시아가 한반도의
평화체제 성립과 관련하여 적절한 역할을 하게 될 것이라는 점을 부인
할 수 없다.


### 3. 북한의 경제위기와 지역경제협력에 대한 러시아의 입장

북한의 대외경제관계는 1990년대 초 이전에는 구소련에 전적으로
의존하는 양상을 보였다. 이에 따라 구소련이 해체되고 경제관계가
사라지자, 북한의 대외무역은 직접적인 타격을 입었다. 1990년대 초
반부터 시작된 북한 경제의 위기는 상당 정도 이에 기인한다고 보아
도 무방하다. 북한과 러시아는 1996년 이후 관계회복을 추진하면서,
경제분야에서의 협력을 도모하는 데 힘을 쏟았다. 북한과 러시아는
1996년 1차, 1997년 2차, 2000년 3차에 걸친 '북·러 무역경제과학기
술위원회'를 개최하였다. 또한 양국은 2000년과 2001년의 정상회담
에서 양국간의 무역, 경제, 과학기술 연계를 적극 발전시키기로 합의
하였지만, 실질적인 경제협력은 양국의 경제침체와 러시아가 이어받
은 북한의 대러채무관계 문제의 미해결로 활발히 추진되지 못하고 있
는 상태이다. 최근 러시아의 대북경제지원은 구소련의 지원으로 건설
된 북한 공장과 발전소의 재가동 및 정상가동을 지원하는 데 집중되
고 있는 것으로 알려졌으며,[83] 이는 북한과의 경제협력의 준비단계로
러시아가 북한의 경제회복에 관심을 가지고 있음을 뜻한다.

---

83) 2000년 7월의 '조·러 공동선언' 10항에서 양국은 "공동으로 건설한 기업소
들을 재건하는 데 특별한 관심을 두기로 하였다"고 합의하였다. 2001년 8월의
'조·러 모스크바 선언' 5항에서도 양국은 공동 건설된 기업소, 특히 전력부문
기업의 재건을 우선 실현하기로 약속하였으며, 러시아는 외부 재원을 들여오는
데 협력하겠다는 의향을 밝혔다.

러시아와 북한이 경제분야 협력과 관련하여 특별히 관심을 보이고 있는 분야는 TKR·TSR(Trans Korea Railroad, Trans Siberian Railroad) 연결이다.[84] 2000년 이후 러시아는 TSR에 적극적 관심을 보이고 있으며, TSR의 경제성을 높이기 위해 TSR과 TKR의 연결사업을 추진하려고 노력하고 있다. 경제침체를 체제위협의 가장 큰 요인으로 보고 있는 푸틴은 TKR·TSR 연결이 극동지역은 물론 러시아 경제 전체의 활성화에 도움이 될 것으로 판단하고 있는 것이다. 현재의 추정에 따르면, TKR과 TSR이 연결될 경우 러시아는 연간 5억 달러, 북한은 1억 달러에 이르는 경제이득(통과운송료)을 얻을 뿐만 아니라, 러시아는 운송분야에서 아시아와 유럽을 연결하는 중심이 될 것이다. 하지만 이 문제 역시 북한의 체제개방과 투자자원의 확보와 관련하여 어려움을 겪고 있는 형편이다.

---

84) '북·러 철도연결 협력의정서' 체결(2000년 11월); 러 철도부장관 방북, 북·러 철도장관회담 개최, TKR·TSR 연결사업 지원 문제 협의, '철도운수분야에서 협조를 강화할 데 대한 합의서' 채택(2001년 3월); 북 철도성 대표단 방러, TKR·TSR 연결 문제 협의(2001년 7월); '북러철도협력협정' 체결(2001년 8월); 러 철도실무대표단 1진 방북, TKR·TSR 연결 관련한 북한 철도기반시설 조사(2001년 9월).

# 5장
## 유럽연합의 입장


## 1. 탈냉전기 유럽연합(EU)의 대한반도정책

EU는 회원국 중 일부가 한국전쟁에 참가하였으나[85], 분단이 고착화된 이후에는 미국과 소련의 절대적 영향력하에 놓이게 된 한반도에서 실질적인 행위자로 등장하지 못했다. 1970년대에 스웨덴(1973), 핀란드(1973), 덴마크(1973), 오스트리아(1974), 포르투갈(1975)이 북한과 수교를 맺었으나, 덴마크를 제외하고 이들 국가들은 당시 EU의 전신인 유럽공동체의 회원국이 아니었다. 또한 이 시기는 북한이 서방 자본주의국가들로부터 차관을 들여와 경제발전을 추구하려고 했던 때였지만, 이러한 북한의 개방정책이 실패로 돌아감에 따라 북한과 유럽 국가들의 접촉은 실패로 끝나고 말았다.

---

85) EU 회원국(15개국): 네덜란드(1951), 독일(1951), 룩셈부르크(1951), 벨기에(1951), 이탈리아(1951), 프랑스(1951), 1단계 6개국; 아일랜드(1973), 영국(1973), 덴마크(1973), 2단계 3개국(총 9개국); 그리스(1981), 3단계 1개국(총 10개국); 스페인(1986), 포르투갈(1986), 4단계 2개국(총 12개국); 오스트리아(1995), 스웨덴(1995), 핀란드(1995), 5단계 3개국(총 15개국). 그중 그리스, 네덜란드, 룩셈부르크, 벨기에, 영국, 프랑스는 한국전쟁에 연합군으로 참여하였다.

EU 국가들과 북한 사이의 새로운 관계는 1995년 중반 북한이 홍수피해를 극복하기 위해 국제사회에 지원을 공식적으로 요청하고, EU가 이에 호응하여 식량원조를 포함한 인도적 지원사업을 시작함으로써 재개되었다.[86] 그후 EU는 KEDO(1995년 설립) 집행이사회의 일원으로 참가하면서, 1997년부터 2000년까지 총 7,500만 유로를 출연했다. EU의 KEDO 참여는 동아시아의 안보와 핵비확산에 참여한다는 명분 위에 추진되었다.

김대중 정부가 1998년부터 대북포용정책을 추진함에 따라, EU의 한반도에 대한 개입은 더욱 증가되기 시작하였다. 이는 북한이 EU 및 EU 회원국과 관계 개선을 위해 적극적인 외교공세에 나섬에 따라 더욱 분명해졌다. 1999년 9월 북한의 백남순 외무상은 UN에서 유럽국가들을 상대로 적극적인 수교작업을 벌였으며, 그 결과 2000년 1월 G7 국가들 중 최초로 이탈리아와 외교관계를 맺었다. 한편 남한의 김대중 대통령은 2000년 6월 남북정상회담의 성과를 바탕으로 10월 서울에서 개최된 제3차 ASEM회의에서 한반도 화해와 협력에 대한 지지를 요청하였고, 그 결과 ASEM총회는 '한반도 평화에 관한 서울 선언'을 채택하였다. 북한 역시 2000년 3월부터 9월에 이르기까지 EU 국가들에 대해 적극적인 외교접촉을 벌였을 뿐만 아니라,[87] 미국과의

---

86) EU는 식량원조로 1997년 이후 약 1억 6,800만 유로를 지원하였다. "The EC-Democratic People's Republic of Korea(DPRK): Country Strategy Paper 2001-2004," p.13 [http://europa.eu.int/comm/external_relations/north_korea/csp/01_04_en.pdf]. EU 집행위원회 인도지원국(ECHO, European Commission's Humanitarian Aid Office)이 다양한 사업으로 지원한 금액은 1995년 10월에서 2001년 10월까지 약 4,000만 유로에 달한다. http://europa.eu.int/comm/echo/en/index_en.html 내의 통계자료 이용[http://194.78.116.101/hope?datestart=01%2F01%2F1995&benef=PRK&dateend=31%2F03%2F2002&Soumettre2=%3E+Submit].

87) 구갑우, 「탈냉전 시대, 북한과 유럽연합의 관계: 한반도 평화의 국제정치경제」, 《평화논총》, 아태평화재단, 2001년 가을·겨울, 133쪽.

관계도 개선하는 데 주력하였다. 마침내 북한은 2000년 12월 영국을 시작으로 네덜란드(2001년 1월), 벨기에(2001년 1월), 스페인(2001년 2월), 독일(2001년 3월), 룩셈부르크(2001년 3월), 그리스(2001년 3월)와 수교를 하였다. 이로써 북한은 EU 15개 회원국 중 프랑스와 아일랜드를 제외한 13개국과 수교를 완료하였다. 이후 EU 대표 3인(의장 요한 페르손 스웨덴 총리, 대외안보정책담당 대표 하베르 솔라나, 대외관계담당 집행위원 크리스토퍼 패튼)의 평양 및 서울 방문(2001년 5월 2~4일)을 통해 EU와 북한의 관계는 더욱 발전하였고, EU와 북한은 2001년 5월 14일 브뤼셀에서 수교에 합의하였다['외교관계 수립 공동합의문' 서명(2001년 7월 25일); 공식 수교일(2001년 5월 14일)].

한편 EU 대표단은 평양과 서울을 동시에 방문하는 기회를 빌어 양자간의 관계 이외에도 남북관계, 미사일 문제, 인권 문제를 북한과 논의함으로써, 북한이 악화된 미국과의 관계를 개선하고 남한과의 대화를 재개할 수 있도록 중재자 역할을 하였다.[88] EU의 분석에 따르면, EU 고위인사 3인의 남북한 방문은 한반도에서 평화, 안보, 자유를 증진시키기 위한 노력의 일환이었다. 한편 EU와 북한은 2001년 6월 13일 벨기에 브뤼셀에서 인권에 관한 기본원칙, 유엔인권기구의 기능과 역할, 유엔인권기구와의 협력 등을 의제로 한 인권대화를 가졌다. 이는 페르손 스웨덴 총리가 북한을 방문하였을 때 합의한 바에 따라 이루어진 것이다. 북한이 최근 인권 문제와 관련하여 국제사회, 특히 미국으로부터 비난을 받고 있다는 사실에 비추어볼 때, EU와 북한의 인권대화는 북한이 국제사회로부터 인권 문제와 관련하여 수세적인 입장에서 벗어나기 위한 계기를 마련하려고 노력하고 있다는 사실을 보

---

88) 김정일 국방위원장은 2003년까지 미사일 재발사 유예조치를 언급하였으며, 제2차 남북정상회담 개최를 희망하는 구두메시지를 남측에 전달해줄 것을 요청한 것으로 알려졌다.

여준다.

북한과의 수교 이후 EU는 한반도의 평화건설과정에 적극적인 협력
자로서 지위를 확보해가고 있다. EU의 역할은 2001년 부시 대통령 등
장 이후 북미관계가 악화되고 남북관계가 정체함에 따라 그 비중이 점
점 더 높아지고 있다. 사실 한반도에서 냉전체제가 여전히 유지되고 동
북아지역의 안보에 부정적인 요인으로 작용하고 있는 상황에서, 긴장을
해소하고 평화를 정착시키기 위해서는 남북한과 주변 강대국들만의 노
력만으로는 부족하다. 주변 4강은 자국의 이익을 최대한 관철시키기 위
해, 그리고 최소한 자국의 이익에 적대적이거나 부정적인 결과가 발생
하는 것은 저지하려고 하기 때문에, 반드시 주변 4강 이외에 선의의 협
력자가 필요한 것이다. EU는 현재 이러한 역할을, 다시 말해 한반도 긴
장완화를 위한 일종의 안전장치로서 기능을 적극적으로 담당하고 있는
것이다. 더욱이 EU는 '건설적 포용(constructive engagement)'과 국제기
구를 통한 '다자간 협력(multilateral cooperation)'이라는 외교원칙에 입
각하여[89] 한반도에서 자신들의 역할을 확대하기 위해 2002년 2월 북한
과 관련된 「국가전략보고서(Country Strategy Paper)」를 내고 북한과의
관계를 더욱 확대하기 위한 실질적인 준비작업에 들어갔다.[90]

---

89) 두 원칙에 대해서는 EU 대외관계담당 집행위원 패튼의 연설문 참조. Ch.
Patten, "What Does Europe's Common Foreign and Security Policy Mean for
Asia,"[http://europa.eu.int/comm/external_relations/news/patten/speech_00
_276.htm].

90) "The EC-Democratic People's Republic of Korea (DPRK): Country Strategy
Paper 2001-2004"[http://europa.eu.int/comm/external_relations/north_korea/csp/
01_04_en.pdf].

## 2. 군사적 문제에 대한 EU의 입장

EU는 북한과 1998년 12월, 1999년 11월, 2000년 12월, 2001년 10월 등 모두 4차례에 걸쳐 공식적인 정치대화를 가졌다. 정치대화에서는 남북관계, 북미관계, 테러관련 문제, 비확산 문제, 미사일 문제, 북한·EU 수교 후속조치 등이 논의되었을 것으로 추측된다. 다시 말해서 EU와 북한은 거의 모든 의제에 관해 진지하게 의견을 교환함으로써, 북한이 국제사회에 참여하는 데에 장애요인으로 작용할 수도 있는 문제를 해결해나가려 하는 것이다.

### 1) 북한의 핵·미사일 문제

EU는 자신들이 동북아 안보 문제와 관련하여 주도적 행위자는 아니지만 보조적 행위자로서 역할을 다할 것이라고 스스로 판단하고 있다.[91] 북한의 핵·미사일 문제에 대한 EU의 기본적인 태도는 2000년 11월 20일 EU 각료회의에서 발표된 행동방침에 잘 나타나 있다. EU는 한반도문제의 평화적 해결을 위한 남북한의 직접 대화를 지지하면서, 핵 및 탄도미사일 비확산, 포괄적 핵실험금지조약(CTBT) 비준, 미사일 및 미사일 기술의 수출 중단, 유엔 인권협약 존중 등을 북한에 요구했다.[92] 그러나 EU는 미국의 부시 대통령이 북한을 '악의 축'의 하나로 보면서 강압적 방법으로 북한의 핵·미사일 문제를 해결하는

---

91) "While its vocation is to play a supporting role, nor a leading one, on North-East Asian security matters, the EU is contributing to international efforts to promote peace and stability on the Peninsula." in "The EU's relations with The Republic of Korea, EU-Korea Relations towards the 21 Century," July 2001; Latest update: 12/2001[http://europa.eu.int/comm/external_relations/south_ korea/intro/eu_korea_relat.htm].

92) 구갑우, 앞의 글, 2001, 134쪽.

것에 대해서는 부정적인 반응을 보이면서 건설적 포용정책을 통해 이 문제를 평화적으로 해결할 것을 강조하고 있다.

실질적으로 EU는 1997년 9월부터 북한 핵 문제를 해결하는 데 중추적인 역할을 하고 있는 KEDO의 집행이사국으로서, 동북아지역에서의 핵확산방지에 일익을 담당하고 있다고 해도 과언이 아니다. 현재 한국은 KEDO의 전체분담금 중 70%를 부담하기로 되어 있다. 그러나 한·미·일 3개국 대표들로 집행이사국이 구성되었을 경우 한국이 비록 합리적인 주장을 할지라도 미국과 일본의 입장과 배치될 경우 상대방을 설득하는 것은 결코 용이하지 않다. 이런 점에서 한반도 문제의 평화적 해결을 강조하는 EU는 KEDO 내에서 한국의 입지를 상당히 자유롭게 해주는 효과가 있다. 더욱이 만약 미국과 일본이 '북미기본합의'의 '개선된 이행(improved implementation)'을 내세워 '북미기본합의' 자체를 폐기하려 한다면 EU의 집행이사국 역할은 더욱더 중요한 정치적 의미를 가지게 될 것이다.

미사일 문제와 관련해서도 EU는 북한과의 접촉을 통해 문제의 평화적 해결을 위한 노력을 기울이고 있다. 2001년 5월 EU 대표단이 북한을 방문하여 김정일 국방위원장과 회담하였을 때, 김정일은 2003년까지 미사일 재발사 유예조치를 언급하고 제2차 남북정상회담 개최를 희망하는 구두메시지를 남측에 전달해줄 것을 요청한 것으로 알려졌다. 이것은 한반도 평화와 안정을 위해 EU가 고유한 기능을 담당할 수 있는 여지를 확인해준 것이었다.

앞으로 핵 문제를 둘러싸고 '북미기본합의' 준수와 사찰 문제가 대두된다든지, 아니면 북한의 중장거리 미사일에 대한 검증이 필요한 경우, EU는 IAEA, UN 등과 협력하여 미국과 북한 사이에서 공정한 역할, 혹은 제3자로서 사찰과 검증을 점검 또는 감시하는 역할도 할 수 있을 것으로 판단된다.

2) 북한의 재래식 군사력 문제

EU는 미국이 북한에 요구하고 있는 재래식 군사력 감축과 후진배치에 대해 아직 공식적인 입장을 발표하지 않고 있다. 그러나 EU 회원국 중 가장 영향력이 큰 독일은 북한과 수교할 때 ① 북한에서 활동하는 독일 외교관과 원조기관의 자유로운 활동 보장, ② 원조기관이 원조사업의 진행상황을 직접 지켜볼 자유, ③ 북한 내 독일기자의 활동 편의제공 및 원칙적으로 독일기자의 입국허용, ④ 북한측과 인권, 지역안보, 군비축소, 대량파괴무기 및 미사일 기술 비확산 문제를 망라한 군비관리 논의 등 네 가지 조건을 북한측에 제시한 바 있다. 북한이 독일의 요구를 수용함으로써 2001년 2월 26일 시작된 수교협상이 3월 1일 최종합의를 도출하게 되었다. 독일—비록 EU의 대표성을 법률적으로 가지고 있다고 말할 수는 없지만—이 요구한 네 가지 수교조건을 북한이 받아들인 것은 EU를 옵서버(observer) 수준 이상의 지위를 가진 군사안보 문제 대화상대로 인정했다는 의미를 갖는다. 이런 점에서 장차 EU가 북한의 재래식 군사력 문제와 관련하여 중재자로서 역할을 할 가능성을 배제할 수 없다.


3. 북한의 경제발전에 대한 EU의 입장

현재 EU와 북한의 경제관계는 미미하지만, 수교 접촉이 본격화된 2000년도부터 교역량뿐만 아니라 일반적인 경제교류도 증가하고 있다. EU 국가들 중 독일(6위)과 프랑스(10위)가 북한의 10대 교역상대국에 포함되어 있으며, 2000년도 교역액 증가율은 독일이 38.5%, 프랑스가 112.8%이다. 그렇지만 EU 회원국 전체의 대북한 교역액은 여

전혀 3억 달러에도 미치지 못하고 있다.[93] 2001년도에 EU 회원국과 북한 사이에 이루어진 정부 차원의 경제교류는 다음과 같다.

- **2001년 EU 및 EU 회원국 경제대표단 북한 방문 동향**
  (2001년 10월 5일 현재)
  - 2월 EU 경제협력대표단(반데본 주한 EU 대표부 참사관), 대북경제기술협력을 위한 실태조사
  - 3~4월 네덜란드 경제대표단(바우든 수출진흥청장), 발전설비 수출 등 경협문제 논의
  - 5월 독일 바이에른 주 경제장관, 북·바이에른 주 간 경제공동위 구성 협의
  - 7월 오스트리아 경제노동부대표단, 투자환경 조사

- **2001년 북한 경제대표단의 EU 회원국 방문 동향**
  (2001년 10월 5일 현재)
  - 2~3월 이탈리아 경제무역대표단(금속기계공업상 전승훈), 제철·섬유 부문 투자협의
  - 6월 스페인·벨기에·독일 경제사절단(무역성부상 김영재), 기계설비 도입 및 투자유치 협의
  - 9월 독일 경제사절단(무역성부상 김영재), 바이에른 주에서 북한투자설명회 개최

EU가 개발도상국과 개발협력을 추진할 때 일반적으로 추구하는 목표는 빈곤의 축소를 가능하게 할 지속적인 발전과 세계경제로의 편입이다. 또한 EU는 개발협력과정에서 단순히 경제적 발전뿐만 아니라 정치·사회·환경·제도적 차원에서의 발전도 이루어져야 할 것으로 판단하고 있다. 따라서 위기에 처한 북한 경제의 전반적인 발전을 위해, EU는 기술과 무역 차원의 협력, 식량구호를 포함한 인도적 지원 및 지속적 정치대화가 잘 결합되어야 한다고 믿는다. 다시 말해, EU는

---

93) 2000년도 북한의 총교역액은 19억 7천만 달러로 추정된다. 대한무역진흥공사, 「2000년도 북한의 대외무역동향」, 2001[http://www.kotra.or.kr/main/info/nk/trade/trend/nktrade00.pdf].

민주적 원리 및 인권에 대한 존중과 지역 평화 및 안정에 대한 전망을 바탕으로, 북한에 대한 경제적 차원의 협력을 해나갈 것이다. EU의 북한과 관련된 「국가전략보고서」는 이러한 원칙에 기초하여 2004년까지 EU가 추진할 대북협력의 기본전략을 이미 제시한 바 있다.[94] 이러한 EU의 건설적 개입정책은 아직도 위기상황을 완전히 벗어나지 못한 북한 경제에 새로운 발전의 돌파구가 될 것으로 판단된다.

## 4. 한반도 평화체제 및 북한 인권 문제에 대한 EU의 입장

EU는 남북한과의 정치대화에서 한반도 냉전체제를 핵심의제로 다루어왔다. 이는 EU가 평화를 주요한 가치의 하나로 추구한다는 사실과 잘 부합한다. 한반도 관련 외교에서 주요 행위자는 남북한과 주변국(중, 일, 러) 및 미국이지만, EU는 한반도의 평화증진과 안정유지를 위한 국제적 노력을 지원하는 다양한 활동을 펼쳐왔으며 앞으로도 펼칠 것이다. 2001년 2월 23~24일 스톡홀름에서 개최된 EU 집행위원회는 한반도 내 평화, 안보, 자유를 지지하는 EU의 역할을 증대하는 데에 동의했다. 그것은 한반도에서 평화, 안보, 자유를 증진시키기 위한 노력의 일환이었다.[95] 네 차례 이상의 정치대화, 독일의 적극적인 평시 대화의제제시와 북한의 수락은 불안한 정전체제에서 평화체제로 전환하는 데 EU가 유의미한 외곽 보증인으로서 역할을 할 수 있는 바탕을 마련한 것이다.

---

94) "The EC-Democratic People's Republic of Korea(DPRK): Country Strategy Paper 2001-2004"[http://europa.eu.int/comm/external_relations/north_korea/csp/01_04_en.pdf].

95) http://europa.eu.int/comm/external_relations/south_korea/intro/polit_relat.htm.

북한은 최근 인권 문제와 관련하여 국제사회, 특히 미국으로부터 비난을 받고 있으며, 장차 인권 문제는 북미협상을 비롯하여 북한의 국제사회 진입과정에서 상당한 장애요인으로 작용할 가능성이 많다. EU는 세계적으로 인권 문제와 관련하여 도덕적 권위를 가지고 있을 뿐만 아니라 동·서유럽 간에 인권 문제와 관련한 국제협력의 경험을 가지고 있다. 이런 점에서 북한이 EU와 인권 문제를 주제로 협의를 하는 것은 북한에게 인권 문제와 관련하여 국제사회에서 수세적인 입장에서 벗어날 수 있도록 해주는 좋은 기회라고 할 수 있다. 이미 EU와 북한은 2001년 6월 13일 벨기에 브뤼셀에서 인권에 관한 기본 원칙, 유엔인권기구의 기능과 역할, 유엔인권기구와의 협력 등을 의제로 한 인권대화를 가졌다. 앞으로 EU는 북한에 대해 인권 문제와 관련한 선의의 조언자로서 중요한 역할을 할 것으로 기대된다.

# 3부
# 한반도문제 해결을 위한 정책대안

한반도는 지난 10년 사이에 북·미 간의 갈등으로 최소 두 차례의 전쟁위기를 경험하였다. 북한의 핵문제로 북·미 간의 긴장이 고조된 1994년 봄, 미국은 북한의 핵시설 등 몇 가지 주요 지점에 대해 국부폭격을 고려하였다. 국부폭격론은 1998년 후반기 북한의 미사일위기가 발생했을 때에도 다시 등장하였다. 다행스럽게도 두 번의 위기는 북한과 미국이 '북미기본합의'와 '페리 프로세스' 등 대화를 통해 북한의 핵·미사일 문제를 해결하기로 합의함에 따라 전쟁에 이르지 않았다. 위기 이후 남·북과 북·미는 대화와 협력으로 2000년 6월 '남북공동선언'과 2000년 10월 '북미공동코뮤니케'를 이끌어냈으며, 이는 긴장완화와 신뢰증진의 기초가 되었다.

그러나 2001년 봄부터 한반도에서는 또다시 '2003년 한반도 군사위기론'이 대두되고 있다. 미국과 북한이 북한의 핵·미사일 문제를 둘러싸고 심각한 갈등상태에 들어가 있는 것이다. 정말로 한반도에는 탈냉전기 제3의 전쟁위기 사이클이 오고 있는가? 과연 이를 극복하고 미국과 한국, 북한은 물론 동북아 관련 당사국 전체에게 이익이 되는 방향으로 위기를 극복할 수 있는 길은 없는가? 3부에서는 먼저 한반도문제 해결의 기본 원칙을 제시한 후, 단계적 정책대안을 제시하고자 한다.

# 1장
## 기본 원칙

## 1. 군사적 수단이 아닌 대화를 통한 문제 해결

전세계적인 냉전해체의 거대한 조류에도 불구하고 한반도에서는 냉전의 구조가 해소되지 않고 있으며, 간헐적으로 전쟁의 위험이 한민족의 생명과 주변국들의 안위를 위협하고 있다. 더군다나 여전히 전쟁유발요인들은 곳곳에 도사리고 있다. 앞서 언급한 대로 지난 몇 년간 한반도에서 전쟁발발 직전까지 위기가 고조된 것만도 두 차례에 이른다. 1994년 북·미 간에 조성된 한반도 핵위기 시 미국은 북한에 대해 국부폭격 등 군사력 동원을 심각하게 고려한 적이 있다. 미국의 페리(William Perry) 전 국방장관이 수 차례 증언한 바와 같이, 미국은 국부폭격을 염두에 두고 남한에 본토로부터의 증원군을 파병하려 했던 것이다. 이 경우 북한으로서는 전쟁의 가능성이 높아진 이상 미국의 증원군이 도착하기 전에 전격적으로 남한을 침공하지 않을 수 없는 상황에 몰려버렸을 것이다. 1998년 8월 북한의 대포동 1호 미사일 시험발사가 야기한 '미사일위기' 시에도 미국 일각에서는 대북국부폭격론이 재차 제기되었다. 남·북 간에도 1998년 연평해전 등 군사적 충

돌이 일어났으며, 이 사태 역시 '평화재(平和財, peace-making goods)'
인 금강산관광사업과 양측의 효과적인 위기관리 덕분에 전쟁으로 비화
하지 않았다. 하지만 미래에 발생할지도 모를 북한과 미국, 남한과 북
한 사이의 군사적 분쟁이 전쟁으로 확대되지 않을 것이라고는 어느 누
구도 장담할 수 없다.

한반도문제 해결과정에서 군사력이 사용된다면 이는 한반도의 전면
전쟁으로 비화할 가능성이 높다. 북한은 자신의 여러 능력 가운데 군
사력에서만 비교우위(comparative advantage)를 확보하고 있으며, 최
근에는 북한 내에서 미국에 대한 적개심이 고조되어 있는 상황이다.
이러한 때에 군사력이 사용된다면, 이는 곧바로 전쟁으로 나아갈 가
능성이 높다.

전쟁이 일어나게 되면 한미연합군은 결국 승리할 것이지만, 승리
자체는 전쟁의 피해를 보상해주지 못한다. 첨단화력이나 군수능력 그
리고 전쟁수행능력의 핵심적 요소인 $C^4I$[Command(지휘), Control(통
제), Communication(통신), Computer(컴퓨터), Intelligence(정보)] 체계
에서의 절대적 우위는 승리를 확실하게 해주는 요소들이다. 그러나
북한의 군사능력이나 군사적 내구성은 이미 알려진 대로 이라크나 세
르비아 수준을 크게 상회하고 있다. 따라서 한미연합군의 승리보다도
더 확실한 사실은 전쟁이 막대한 인적·물적 희생을 초래할 것이라는
사실이다. 미의회 청문회에 제출된 한 보고서의 추산에 따르면, 최악
의 경우 앞으로 발생할지도 모르는 한반도전쟁은 100만 명이 넘는 민
군의 희생과 약 1천억 달러 이상의 비용을 발생시킬 것이다. 또한, 재
산 파괴와 경제활동 중단으로 관련 당사국들과 주변국가들이 지불해
야 할 돈은 1조 달러에 달할 것이다.[96] 더욱 심각한 문제는 북한 운명

---

96) Defense Secretary William Perry and General Gary Luck, "Testimony before
the Armed Services Committee," The U.S. Senate, January 16, 1995.

과 법리적·지정학적으로 긴밀히 연계되어 있는 중국이 한반도 무력충돌에 개입할 것이라는 사실이며, 이럴 경우 동북아지역에 상상하기 힘들 정도의 참화와 피해가 예상된다.

한반도에서 북한에 대한 군사력 사용 자체가 전면전쟁을 일으킬 수 있는 상황에서, 국부폭격을 포함한 어떠한 형태의 군사력 사용이라도 이는 철저하게 배제되어야 한다. 어느 국가의 이익도 어느 누구의 개인적·정권적 이익도 적게는 수백만 많게는 수천만의 생명을 앗아갈 수 있는 전쟁을 일으킬 정당한 이유가 되지 못한다. 심지어 한반도문제 해결을 위한 모든 평화적 수단을 사용한 후에라도, 북한으로부터 전쟁의 실질적 위협이 없다면 군사력의 사용은 배제되어야 한다.

## 2. 남북한이 주도하는 접근

인간이 개인으로서 기본적 인권을 가지듯 민족이라는 인간의 공동체도 민족자결권이라는 집단으로서의 기본적 권리를 가진다. 이 보편적 원리는 '국제연합헌장'과 '미국독립선언문'에도 명시되어 있고, 국제법상으로도 확고한 원칙으로 자리잡고 있다.97) 따라서 한반도문제

---

97) "WE THE PEOPLES OF THE UNITED NATIONS DETERMINED……
to reaffirm faith in fundamental human rights, in the dignity and worth of the human person, in the equal rights of men and women and of nations large and small……(accent added)" in PREAMBLE of The Charter of the United Nations(1945). "……in the Course of human events, it becomes necessary for one people …… to assume among the powers of the earth, the separate and equal station to which the Laws of Nature and of Nature's God entitle them …… We hold these truths to be self-evident, that all men are created equal, that they are endowed by their Creator with certain unalienable Rights, that among these are Life, Liberty and the pursuit of Happiness(accent added)." in *The Declaration of Independence of USA*(U.S. CONGRESS, July 4, 1776).

해결의 과정에서 당사자인 한민족이 주도적 역할을 한다는 생각은 지극히 당연하다. 오히려 한민족이 그러한 역할을 거부하거나 방관자적 자세를 취한다면 그것이야말로 무책임한 일이 될 것이다. 남북한 외에 어느 특정 국가가 한반도문제 해결에 지배적인 역할을 자처하거나, 한민족의 의지와 선호가 배제된 결과를 산출하는 데 적극적으로 개입한다면, 이는 국제법의 정신에 어긋날 뿐만 아니라, 궁극적으로는 인간의 기본권을 침해하는 행동으로 규정될 수도 있다.

그렇지만 '남북주도론(南北主導論)'이 한반도문제의 해결을 위한 국제협력의 중요성을 부정하는 것은 아니다. 남북문제는 원초적으로 국제적 성격을 지니고 있으며 또한 이해당사자들의 득실구조 및 그에 따른 안보전략에 긴밀히 연결되어 있다. 남북한은 이 사실을 무시할 수도 그럴 필요도 없다. 남북한 주도의 한반도 평화진전은 세계적 차원에서의 평화정착과 궤를 같이해야 한다. 그런 점에서 대량파괴무기를 해결하지 않은 채 남·북 간의 피상적인 관계 개선만을 기도하는 것은 바람직하지도 있을 수도 없다. 아울러 한반도 평화체제를 국제적으로 보장하는 역할은 미국, 중국 등 주변 강대국들의 몫이다. 따라서 이들의 이해와 협력을 남·북이 능동적으로 확보해나가야 한다.

중요한 것은 남·북 간에 해결되어야 할, 그리고 이미 '남북기본합의서', '6·15 남북공동선언' 등을 통해 이정표가 마련된 화해, 불가침, 교류협력에 관한 사안에 대해서는 그간의 왜곡된 과거를 청산하고 남과 북이 자주적으로 풀어나가야 한다는 것이다. '남과 북이 먼저 일을 진척시키면서 외국의 협조를 구한다'는 자세로 임해야 한다.

## 3. 협력안보개념에 기초한 다자주의 지향

동북아지역의 다자간 안보협력은 한반도의 평화, 안정, 통일을 위해 반드시 필요하다. 만일 중국과 일본이 군비경쟁에 빠져든다면, 남북한도 독자적으로 안보능력을 강화하지 않을 수 없다. 그렇게 되면 한반도에서의 평화정착과 통일 그리고 평화배당금(peace dividend)이 기여할 경제발전은 기대하기 어렵게 된다. 또한 남북한의 군비증강 지속은 긴장을 심화하여 남북한 사이의 화해·협력을 방해할 것이다. 따라서 한반도 군축의 분위기를 조성·유지하는 중요한 촉진제로서 동북아지역의 다자간 안보협력은 한반도의 이익과 부합한다.

유럽 국가들은 제2차세계대전 이후 1970년대에 이르러 봉쇄와 억지를 통한 안보전략이 안보위협요인에 대한 본원적인 해결이 아님을 깨닫고, 적극적인 의미에서 위협을 '해소'하려는 노력을 기울여왔다. 이들은 국가생존과 그를 위협하는 원인들을 지역국가 모두의 공동의 문제로 인식하고 군사적 투명성 제고, 신뢰구축, 이해증진을 통해 불안정과 불확실성의 요인을 감소시키거나 제거해나가고자 하였다. 1975년 발족한 유럽안보협력회의(CSCE, Conference on Security and Cooperation in Europe)가 그 결과물 중 하나이다.

다자간 안보협력과 관련된 유럽의 실험과 성과는 21세기 지구적 리더십에 중요한 일익을 담당하면서, 다자적 제도를 결여하고 있는 동북아에 많은 시사점을 제공한다. 동북아질서는 소련의 붕괴 이후 안정적인 신질서의 미형성, 식민지배와 냉전 역사의 미청산에 따른 증오와 경계, 북한의 체제적 불안감과 그에 따른 공격적 행태, 일본의 우익화 경향 등으로 매우 유동적이며 불안정하다. 더욱이 러시아의 핵폐기물 해상 투기(投棄), 중국의 현대화에 따른 다양한 환경위협, 마약·인권 문제와 같은 비군사적 안보위협도 증대되어가고 있다. 이와 같이 '공동의 이익과 혐오(common interests or aversions)'[98]의 범주가 확대되어가면서 동북아에는 다자간 협력의 필요성이 증대되고 있을 뿐만 아니라, 그를 위한 강력한 유인(誘引)이 발생하고 있다.

강대국들이 밀집해 있는 동북아에서의 권력정치(power politics)는 한반도의 평화와 통일에 악영향을 미칠 뿐만 아니라 남북한의 정치·외교적 자율성의 범주를 좁게 만드는 역할을 한다. 분단국인 남북한은 힘 겨루기의 권력정치에서 첫번째 희생양이 될 수밖에 없기 때문이다. 남북한은 그러한 체제하에서는 동북아 4대강국 중 누구와도 군사적으로 경쟁할 수 있는 처지에 있지 않다. 당연히 남과 북은 억지를 넘어선 새로운 안보개념에 기초한 다자주의적 협력의 원리에 기초해 한반도문제에 접근해야 한다. 그리고 이러한 접근은 궁극적으로 동북아지역의 관련국 모두의 이익을 제고하는 유일한 길이기도 하다.


## 4. 공존공영 및 교류협력 지향

이분법적 진영간 대결에 기초한 냉전이 종식된 오늘날 남북한 관계는 물론이고 동북아 국제체계에서도 어느 특정 국가의 희생을 전제로 한 배타적 이익추구는 시대정신이 아니다. 소모적인 대결과 대립은 더 이상 존립할 근거를 잃고 있으며 공존과 공영이야말로 모든 국가 관계를 관통하는 기본정신이다.

한반도에서는 민주주의와 시장경제를 지향하는 남한과 국가사회주의에서 벗어나 새로운 방향을 모색해야 할 북한이 상호이질적인 두 체제를 유지하고 있다. 그 주변에도 세계 초강대국이며 자본주의를

---

98) Arthur A. Stein, *Why Nations Cooperate: Circumstance and Choice in International Relations,* Ithaca and London: Cornell University Press, 1990, chapter 2.

주도하는 미국, 전후 고도성장을 이룩했지만 경제침체와 사회불안을 겪고 있는 일본, 공산당 일당제하에서 개방·개혁을 성공적으로 수행하고 '사회주의적 시장경제'를 유지하면서 국력의 급신장을 도모하고 있는 중국, 시장경제로의 체제전환을 이룩하고 새로운 도약을 꾀하는 러시아 등 서로 다른 성격의 정체(政體)와 체제가 공존하고 있다.

따라서 이 지역에서 평화와 안정 속에 공영을 함께 지향하기 위해서는 현실을 인정하고 우선 동질성의 확대보다는 이질성의 공존을 확립해야 할 필요가 있다. 더욱이 북한은 아직 시장경제로의 전환을 수행해야 할 과제를 남겨두고 있다. 이 지역의 국가들은 대부분 역동적인 변화를 겪고 있으며, 역사적인 관점에서 볼 때 그 변화는 어떤 하나의 틀로 포괄하기 어려운 성격을 지니고 있다. 식민지배, 태평양전쟁, 한국전쟁, 베트남전쟁 등 이 지역 내 과거사 청산도 여전히 미완의 과제로 남아 있다. 과거사에 대한 청산을 꾸준히 진전시키면서 이를 극복해가기 위한 미래지향적 협력의 확대도 소홀히 할 수 없다.

특히 남북한 사이에 평화공존과 교류협력을 통해 영구적인 평화를 정착시키는 것이 동북아지역 전체의 공동번영에 초석이 됨은 두말할 필요가 없다. 요지부동한 것처럼 보이던 남·북 간의 적대관계가 화해협력관계로 바뀐다면, 이 지역 전체에서 불가능해 보이던 지역차원의 교류협력에 대한 희망이 점차 지역협력과 관련한 비관주의를 대체해 나갈 것이다.

# 2장
## 군사적 갈등 해소를 위한 정책대안


## 1. 미국 부시 정부는 대북메시지를 명확하게 제시하라

부시 대통령의 안보팀 내에서는 북한 핵 문제와 관련 1994년 '북미기본합의'를 수정 또는 폐기해야 한다는 인사들이 적지 않게 있으며, 그들은 간헐적으로 그러한 견해를 표명하거나 그렇게 이해될 수 있는 발언을 하기도 하였다. 최근 들어서는 국방부의 「핵무기태세평가보고서(Nuclear Posture Review)」가 북한 등을 잠재적 핵공격의 대상으로 명기함으로써, 1993년 '북미공동코뮈니케' 및 1994년 '북미기본합의'에 따라 미국이 제공하기로 한 대북 '소극적 안전보장(negative security assurance)'이 사실상 폐기되는 것은 아닌가 하는 의문을 자아내고 있다. 그리고 이는 2003년 경수로 완공 약속을 지키지 못한 상태에서 북한이 전력 문제 해결을 위해 독자적인 원자력 에너지 개발에 다시 돌입할 경우 미국이 핵을 포함한 군사 대응을 할지도 모른다는 우려로 이어지고 있다.

실제로 부시 정부는 그동안에 추진되었던 북미협상을 원점에서 재검토한다고 천명함으로써 2000년 10월 채택된 '북미공동코뮈니케'도 인정하지 않는 듯한 인상을 주고 있으며, 또한 이때 논의된 북·미 간 미사일협상도 사실상 결렬된 것으로 간주하고 있는 듯한 해석을 자아내고 있다. 이에 머무르지 않고 부시 정부는, 전임 정부와는 달리, 북한의 재래식 군사력 후진배치 문제를 거론하고 나섰으며, 최근에는 북한의 생화학무기 및 인권 문제에 대한 공론화를 시도하고 있는 것으로 판단된다. 부시 대통령은 2002년 연두교서에서 이란, 이라크와 함께 북한을 '악의 축' 가운데 하나로 지목하면서 '대북공격설'의 근거를 제공하기도 했다.

더욱이 2002년 2월 서울을 방문한 부시 대통령은 '도라산역 연설'에서 북한 주민과 정권을 구별하여 대처할 것이라는 요지의 발언을 하였다. 이러한 발언은 북한이 수령-당-대중이 일체라는 정치철학을 고수하고 있다는 점을 고려할 때, 미국이 대북대화를 하지 않겠다는 의사표시로 해석될 여지도 있다. 북한의 입장에서는 설령 미국이 자신들을 직접 무력으로 공격하지 않는다고 해도 자신과 대화할 의지가 없는 것만은 분명하며 상당 기간 압박하면서 긴장을 유지하려는 의도를 가진 것으로 파악할 수 있다.

최근 미국의 대북정책이 지닌 모호성이 다소 완화되었다. 부시 대통령은 2002년 2월 방한 시 대북협상과 관련하여 전제조건이 없음을 명백히 하였다. 즉 그는 방한 직전 요르단 국왕과의 공동기자회견에서 "북한이 재래식 군사력을 후진배치하고 미사일 수출을 중단하면 대북대화에 적극적으로 임하겠다"고 조건을 달았지만, 그 직후 아시아지역 언론과의 회견에서 "휴전선에서 한국을 겨냥하고 있는 무기를 후방으로 재배치하라는 것은 대화를 시작하게 되면 강조하고 싶은 부분이다"라며 그것이 전제조건이 아님을 분명히 밝혔다. 따라서 이 부분과 관련해서는 모호성이 어느 정도 가셨다고 평가할 수 있다.[99]

그러나 부시 정부의 대북제의는 더욱 명료해져야 한다. 부시 대통령은 앞서 언급한 아시아지역 언론과의 회견에서 "북한이 대량파괴무기 확산을 포기하고 투명하게 검증절차를 밟는다면 미국은 당장 경제교류를 할 것이고, 북한이 국제사회의 가족이 되고 무역·상거래·교류 등을 얻도록 돕겠다"고 천명했다. 그러나 그는 한국 방문 시 기자회견에서 그러한 북한의 행동에 대한 '구체적인 반대급부'에 관해 언급하길 피했다.

부시 정부는 협상전략의 차원에서 북한에 대해 전략적 모호성을 유지하려 할 수 있다. 이런 점에서 협상의 재개와 진전을 위해 미국뿐만 아니라 북한도 협상과 관련한 메시지를 명확하게 제시해야 한다. 다만 선후의 문제가 제기된다면 미국이 먼저 자신의 제안을 명확히 할 필요가 있다. 북미협상을 중단했던 측이 미국이므로 협상재개의 의지를 밝힌 이상 전임 정부와의 핵심적 차별성은 어떤 것이며, 협상타결 시 기대되는 북한의 이익이 구체적으로 무엇인지를 분명히 함으로써 미국의 의지가 진실되고 확고하다는 점을 북한에 인식시켜야 할 것이다.


## 2. 대북전력지원 문제를 전향적으로 검토하라

미국과 북한이 진심으로 대화를 할 의사가 있다고 전제할 때, 북한의 핵과 미사일 개발 문제를 제외하고 현재 북미대화와 남북대화를 가로막고 있는 가장 직접적인 원인 중의 하나는 대북전력지원 문제이다. <그림 1>에서 보듯, 관련국들은 대북전력지원으로 시작하여 난마처럼 얽힌 문제의 실타래를 풀어갈 수 있다고 판단된다.

주지하듯, 냉전종식 후 몰락하던 북한의 경제는 1990년대 중반 유

---

99) 북한의 입장에서도 이제 대화 자체를 거부할 수 있는 명분은 없어졌다. 북한도 자신이 선호하는 바를 대미협상중 강조하면 될 것이다.

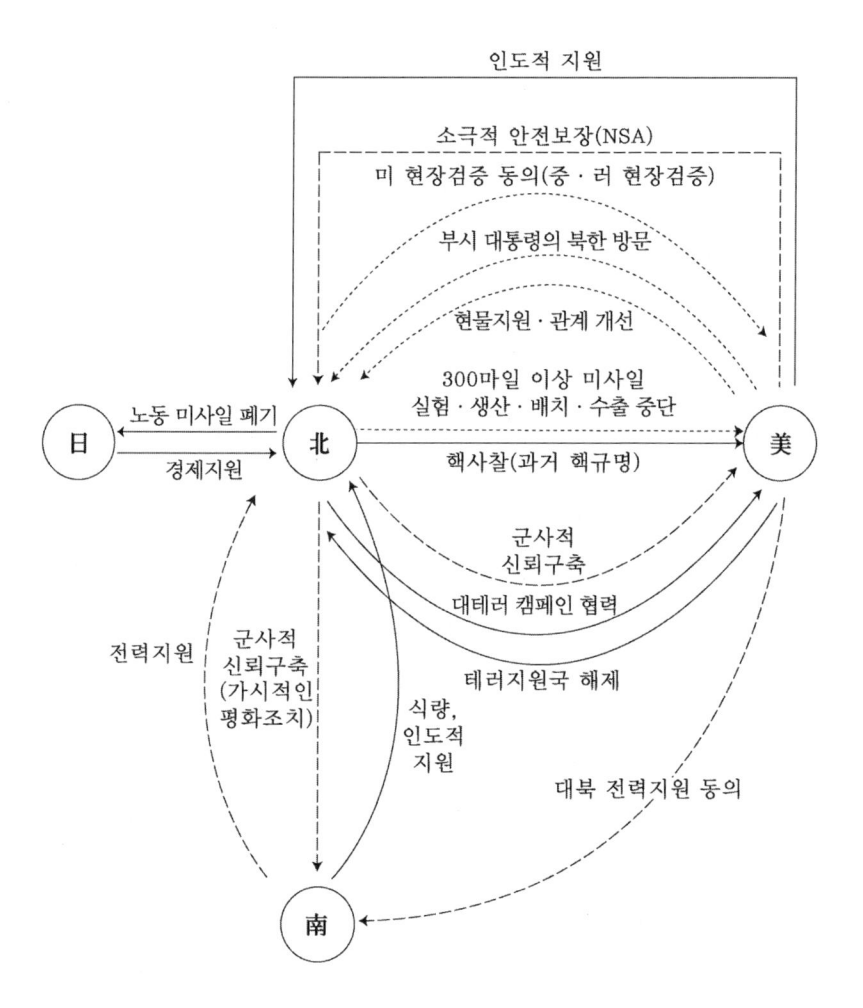

인도적 지원

소극적 안전보장(NSA)

미 현장검증 동의(중·러 현장검증)

부시 대통령의 북한 방문

현물지원·관계 개선

300마일 이상 미사일
실험·생산·배치·수출 중단

노동 미사일 폐기

경제지원

핵사찰(과거 핵규명)

군사적
신뢰구축

대테러 캠페인 협력

테러지원국 해제

전력지원

군사적
신뢰구축
(가시적인
평화조치)

식량,
인도적
지원

대북 전력지원 동의

日   北   美

南

례가 없는 자연재해로 인해 극심한 위기에 빠졌다. 특히 자력갱생의
원칙에 입각해 주탄종유(主炭從油) 에너지정책을 추구해오던 북한은
홍수의 여파로 대부분의 탄광이 진토에 막히고 물이 차 작업불능상태
에 빠지면서, 공업생산활동에서 막대한 차질을 빚고 있다. 따라서 북

한은 경제를 수렁에서 건져내기 위해 외부로부터의 에너지원 도입을 절실히 필요로 한다.

남한은 2000년 3월 베를린선언을 통해 북한의 도로, 항만, 철도, 전력, 통신 등 사회간접자본의 확충을 위해 정부가 지원할 수 있음을 명백히 했다. 북한은 이를 받아들였고, 남북정상회담이 개최되었다. 그러나 곧 대북전력지원은 암초에 부딪혔다. 남한 경제의 일시적 침체로 김대중 정부에 대한 국내여론이 악화되고 북한이 한반도 평화진전에 유보적인 자세를 취하는 가운데, 미국이 북한의 과거 핵 투명성 확보를 위한 자국의 입장에 배치된다면서 남한의 대북전력지원정책에 제동을 건 것이다.

전력 문제는 또 다른 차원에서 문제의 핵심에 놓여 있다. 북한의 독자적 원자력에너지 개발을 포기하는 대신 한·미·일이 KEDO를 통해 군사적 전용이 어려운 경수로 2기를 건설해주겠다는 약속이 일정대로 이행되지 않고 있는 것이다. 북한은 '북미기본합의'를 지적하면서 2003년 이후 경수로 건설 지연에 따른 전력보상을 요구하고 있으며, 이것이 이루어지지 않을 경우 흑연감속로를 재가동할 수도 있음을 내비치고 있다. 만약 북한이 흑연감속로를 재가동한다면 한반도 정세는 급속히 위기국면으로 접어들게 될 것이다. 한편 2002년 7월 1일 북한이 '경제관리개선조치'를 취한 이후 신의주를 특별행정구로 지정했으며, 개성도 경제특구로 지정될 가능성이 높다. 이는 남북경제의 교류와 통합을 획기적으로 높이는 계기가 될 것이다. 남한이 개성공단에 제한된 수준의 전력을 지원한다면 한국기업의 진출이 용이해져 북한 내에 한국공단을 조성할 수 있는 효과를 거둘 수 있다.

## 1) 남한은 대북전력지원을 단계적으로 실행에 옮겨야 한다

대북전력지원은 남한의 평화공존을 위한 지렛대 역할을 수행하게 될 것이다. 북한이 전력을 남한에 의존하게 되고, 그 의존도가 높아간다는 것은 그만큼 북한의 안보가 취약해지고 있음을 의미한다. 또한 대북전력지원 결정에 앞서 선결돼야 하는 전력시설 시찰 문제를 통해 당국간 대화가 뒤따르는 효과도 기대된다. 그리고 대북전력지원은 북한 내 온건파의 입지축소를 해소하는 측면도 있다. 대북전력지원의 양은 미국과 남한의 국내 정치·경제의 입장을 고려하고, 북한의 평화를 위한 협력 정도를 감안하여 합리적으로 결정해야 할 것이다.

## 2) 미국은 남한의 대북전력지원과 관련한 대북이니셔티브에 협력해야 한다

대북전력지원은 '북미기본합의'를 유지할 수 있는 좋은 조건을 만들어내는 일이다. '북미기본합의'는 엄청난 위기를 극복해낸 결과이며 수년간의 협상과 수많은 개별 합의내용이 축적되어 이루어진 것이다. 이를 유지하고 북미관계와 남북관계의 진전을 모색하기 위해, 대북전력지원을 넘어 북한의 에너지난 해소에 결정적으로 기여할 경수로 건설이 더 이상 지체되지 않도록 노력해야 한다. 또한 이러한 일을 추진해가는 과정에서도, 남한과 미국은 북한에 대한 인도적 지원을 계속해야 하며, 미국은 중유 제공 등 '북미기본합의'에 따른 의무를 성실히 이행해야 한다. 당연히 북한은 그에 상응한 의무를 철저히 준수해야 한다.

## 3. 미국과 북한은 기존 합의를 존중하면서 관계를 발전시켜 나가라

### 1) 미국은 기존의 합의에서 약속한 대북 '소극적 안전보장'을 완료형태로 명백히 해야 한다

미국은 「핵무기태세평가보고서」와 관련한 논란을 잠재우기 위해서라도 '북미기본합의'에 명기된 바, 북한에 제공하기로 되어 있는 '소극적 안전보장'을 '완료형태'로 명백히 할 필요가 있다. 다시 말하면 북·미 간 '기본합의서'에서 북한에 대해 약속한 소극적 안전보장을 좀더 분명한 형태로 재확인해주어야 한다. 구체적으로는 합의서의 문구인 "**We will provide** a negative security assurance. It would pledge us not to use nuclear weapons against North Korea as long as it remains a member in good standing of the NPT regime. (We have provided similar assurances to other signatories of the NPT.)"에서 'We will provide'를 'We provide' 또는 'We have provided'로 바꾸어야 한다.

### 2) 북한은 과거 핵 투명성을 보장하기 위한 사찰일정과 관련하여, '북미기본합의'에 따라 IAEA와 진지한 협의에 조속히 들어가야 한다

북한은 NPT 회원국이고, 모든 회원국은 핵안전조치협정을 IAEA와 체결하고 사찰을 받아야 한다. 더구나 이미 한반도 남측에 미국의 전술핵무기가 철수되었고, 앞으로 미국의 완료적인 소극적 안전보장이 제공되며 전력이 지원되고 경수로 핵심부품이 인도될 상황하에서 북한은 핵사찰을 거부할 어떠한 명분도 가지지 못한다.

북한이 핵사찰에 불응하거나 협력하지 않는 경우 미국 등은 경수로 핵심부품의 인도를 거부할 수 있다. 그리고 북한의 핵보유를 원하지 않는 중국과 러시아가 참여하는 다자주의적 대북압박정책 등이 제시될 수 있고, 전력지원을 중단할 수도 있다.

3) 북한은 남한의 전력지원에 대한 대가로 획기적인 긴장완화조치를 취해야 한다

예를 들어, DMZ 내 남·북의 경계초소(GP: Guard Post)를 DMZ 밖으로 단계적으로 재배치하는 사안이 제시될 수 있다. 이와 같은 실질적 평화조치가 이루어지면 남한의 대북경제교류협력이 추진력을 받을 수 있을 뿐만 아니라, 부시 정부가 강조하는 재래식 군사력과 관련한 요구도 일부 충족되는 효과도 가진다. 한편 북한 경제 문제를 위해서도 북한은 군비부담을 줄여야 하므로 현재 120만 명으로 추산되는 병력의 부분 감축과 같은 조치는 매우 긴요하다. 남한 병력이 70만 명 규모이므로 북한이 5~10만 명 정도의 병력을 별도의 조건 없이 일방적으로 감축한다고 해도 남북한간 군사력 균형에 심각한 불이익이 초래되진 않을 것이다.

4) 부시 정부는 기존의 북·미 미사일협상에서 미완으로 남겨진 부분을 채워넣어야 한다

국가안보의 문제는 오로지 국가이익의 차원에서 접근되어야 할 뿐 정권적 수준에서 다루어질 수는 없는 문제이다. 미국의 초당적 협력 및 관련국들의 합의와 면밀한 연구·조사에 기초하여 도출된 '페리 프로세스'는, 앞에서 서술한 바와 같이, 북한 미사일 문제와 관련해 중

대한 돌파구를 눈앞에 두고 있었다. 북한은 그 연장선상에서 일정한 보상을 전제로 협상을 재개하자는 제안을 내놓고 있다. 300마일 이상의 사거리를 가진 탄도미사일의 실험·생산·배치 뿐만 아니라, 미사일 및 부품·기술의 수출 또한 중단하겠다고 한 것이다. 또한 국가기술수단(national technical means)에 의한 검증도 허용한다고 했다. 나아가 북한은 2003년까지로 정해진 미사일 시험발사 유예 약속을 현재까지 지키고 있다.

부시 정부는 북한의 이러한 제안을 긍정적으로 평가하고, 북한이 미사일 포기에 대한 반대급부로 요구하고 있는 현물을 제공하는 등 적극적인 관계개선정책으로 북한을 포용하는 것이 바람직하다. 검증은 우선 국가기술수단에 의존하면서 개선책을 추가적으로 강구하는 것이 필요하다. 검증이란 정치적 신뢰가 없기 때문에 요구되는 문제이다. 정치적 신뢰의 수준에 따라 검증의 방식과 수준도 결정된다. 이러한 맥락에서 부시 대통령의 평양방문 등, 북·미 간 정치적 신뢰 구축은 검증을 포함하는 미사일 문제의 해소를 가져올 수 있는 유력한 대안이 될 수 있다. 미국이 실시할 국가기술수단에 의한 검증과 현장검증 사이의 단계에서, 필요하다면 북한의 대량파괴무기 보유에 대해 반대의사를 분명히 하고 있는 중국 또는 러시아가 주도하는 현장검증도 고려할 수 있는 대안이다. 한편 미사일협상에서는 이미 100여 기 가량이 실전배치되어 일본을 겨냥하고 있다고 알려진 중거리 미사일 (로동)의 폐기와 검증은 일본의 대북경제지원과 교환하는 조건으로 해결되는 것이 고려될 수 있다.

5) 북한의 재래식 군사력 후진배치 문제는 북·미 간, 남·북 간 신뢰구축과 병행하여 한반도 군비통제의 차원에서 단계적으로 해결해야 할 문제이다

남한과 미국이 북한에 대해 재래식 군사력의 후진배치를 요구할 경우 북한은 주한미군 철수와 한국군의 후진배치로 맞설 것이다. 남한과 미국은 이를 수용할 수 있는 입장에 있지 않다. 주한미군의 후진배치로 북한의 상응한 조치를 요구할 수 있다는 견해가 존재할 수 있으나, 주한미군이 첨단 공군력과 기동성 있는 기계화부대를 보유하고 있는 현실과 그에 따라 설정된 북한의 전격전 전략을 고려할 때 양측이 합의에 도달할 개연성은 높지 않다. 따라서 부시 정부의 북한에 대한 재래식 군사력 후진배치 요구는 남한과 미국의 안보전략상 바람직하지 않을 뿐더러, 경우에 따라서는 부시 정부가 대북대화에 대한 의지가 없음을 보여주는 것으로 해석될 수 있으므로 북미협상의 의제에서 제외하는 것이 바람직하다.

북한에 대한 재래식 군사력 후진배치 요구는 또한 현실성을 결여하고 있다. 북한의 경제력이 부대이동비용을 감당할 수 없는 것이다. 작년 북한의 총생산은 170억 달러 정도이다. 남한 내 용산미군기지 이전비용이 100억 달러까지 상정되는 현실을 감안할 때 미국이 대규모 재정경제적 지원을 제공하지 않는 한 북한의 재래식 군사력 후진배치는 상상하기 어려운 대안이다.

물론 휴전선 근방에 전진배치되어 있는 방사포 등 장사정포와 전차부대 등의 무력은 서울을 사정거리 내에 두고 있을 뿐만 아니라, 북한의 기습공격을 가능하게 하는 것이기 때문에 위협적이다. 그러나 주한미군이 보유하고 있는 방사포역추적체계(counter-artillery)와 그 기술은 장사정포의 위력을 무력화할 수 있으며, 전반적인 한미연합방위력은 북한을 성공적으로 억지해왔다는 점이 지적되어야 한다.

북한의 재래식 군사력 위협 문제는 주한미군 등을 포괄하는 한반도 차원에서의 군비통제와 맥을 같이하며 접근되어야 한다. 남과 북은 이와 관련하여 이미 1991년 '남북기본합의서'에서 남북군사공동위원회를 통해 이 문제를 해결해나가기로 합의했고, 이를 가동한 바도 있다. 북한의 재래식 군사력 위협 문제 해결은 이러한 기제를 재작동시키는 데 역점을 두는 것이 합리적이다. 사실 남북군사공동위원회는, 대량파괴무기는 미국이, 재래식 군사력은 남한이 관리하기로 한·미 간에 합의가 있었기에 가능했던 것이다. 한·미 간 역할분담에 변화가 있다면 남측의 대북요구사항인 '남북기본합의서' 이행도 수정이 불가피해진다. 즉 남북한이 주도적으로 풀어가되 미국이 실무선에서 한국과 협의하는 방식으로 바뀔 수 있다.

### 6) 미국은 북한을 테러지원국 명단에서 제외하고, 북한은 미국의 반테러 캠페인에 협력하라

2001년 10월 24일 프리처드 한반도평화회담 특사는 북한이 대미관계를 진정으로 개선하고자 한다면 반테러 캠페인을 수행하는 미국에 행동으로 협력하라고 촉구했다. 중동과 아프리카의 테러지원국과 거래했던 내용과 관련 군사정보를 넘기라는 것이다. 그러나 북한의 입장에서 보면, 미국이 자신을 테러지원국으로 낙인찍고 있으면서 반테러 캠페인에 협력하라고 촉구하는 것은 모순이다. 만일 부시 정부가 북한은 테러지원국이지만 이번 기회에 미국에 협력하여 그러한 악명을 벗으라는 소위 십자군적 정신으로 접근한다면 대등한 입장에서의 협상을 주장하고 있는 북한의 호응을 기대하기 어렵다.

프리처드는 클린턴 행정부 말기인 2000년 10월 북·미 간 합의했던 '반테러신인'을 상기시키면서 미국의 반테러전쟁에 북한이 협력할 것을 촉구했지만 기실 2000년 북미합의정신으로 되돌아가자고 하는 측은 북한이다. 부시 정부가 '북미합의'를 인정하지 않으면서 당장의 필요에 따라 합의 일부만을 강조하는 것은 북한을 진지한 협상 상대로 간주하지 않는 듯한 인상을 준다. 주지하듯, 북한은 지난 십수 년간 테러를 자행하지 않았고, 테러지원의 증거도 발견되지 않았다. 나아가 북한은 국제테러와 관련해 2000년 10월 발표한 미국과의 '공동코뮈니케'에서 "테러를 반대하는 국제적 노력을 지지 고무한다"고 선언했고, 9·11 테러 이후에는 몇 개의 반테러국제협약에 가입한 바 있다. 부시 정부는 북한을 테러지원국 명단에서 제외하고 북한을 국제사회로 인도함으로써 한반도와 지역적 안정에 기여할 수 있다. 더욱이 효과적인 반테러 캠페인을 위해 필요한 북한의 협력을 확보함으로써 미국 국민의 최대관심사이자 지고의 가치인, 테러에 대한 안전보장의 수준을 크게 제고할 수 있을 것으로 기대된다.

7) 미국은 '생물무기금지협약의정서' 초안을 받아들이고, 북한은 협약의무를 이행하는 동시에 '화학무기금지협약'에 가입해야 한다

이 문제는 9·11 테러 이후 부각된 의제로, 미국은 북한이 생화학무기의 개발능력을 갖추고 있다고 주장하며 압박하고 있다. 그렇기 때문에 문제 해결을 위해서는 북한의 '생물무기금지협약(BWC: Biological Weapons Convention)' 의무이행 및 '화학무기금지협약(CWC: Chemical Weapons Convention)' 가입 등이 쟁점이 된다. 생물무기 문제는 미국이 BWC의 검증기제(verification mechanism)를 제도화하는 노력에 동참한다면 실마리를 풀 수 있을 것이다. 미국이 '생물무기금지협약' 이행을 강화하기 위한 의정서 초안을 거부하는 이유는 자신의 생물학무기 방어프로그램이 외부에 노출되어, 위협적인 국가들이 미국의 생물학무기

전반에 대해 알게 되는 걸 원하지 않기 때문이다. 난제 중의 하나이지만 미국의 의정서 초안 수용 여부가 관건 중의 하나이다.


## 4. 북한의 인권을 개선할 수 있는 효과적인 방법을 모색하라

북한의 인권상황이 극히 열악하다는 사실은 탈북자들이나 관련 민간단체의 증언이 없더라도 북한 내 산재해 있는 정치범 수용소의 숫자만으로도 충분히 짐작할 수 있다. 인권은 어떠한 다른 가치와도 비교될 수 없는 천부의 가치로서 북한 인권상황의 개선은 결코 미뤄질 수 있는 사안이 아니다. 문제는 북한 주민들의 인권을 신장하기 위해 어떠한 방법이 가장 효과적인가 하는 것이다. 하나의 방안으로서 남한 정부를 비롯한 국제사회가 북한을 비판하고 인권 문제에 적극적으로 개입하는 방법이 있다. 그러나 이와 같은 방안은 그것이 가지는 명분의 우월성에도 불구하고 북한의 인권상황을 실질적으로 개선하지 못하고 한반도의 평화와 안정 그리고 평화적 통일에 부정적으로 작용할 수 있으므로 신중을 기해야 한다.

북한에는 정치체제의 특성상 어떤 종류의 비제도권 정치조직도 존재하지 않는다. 이런 조건에서 북한을 인권 문제로 압박하는 것은 형성될 수 있을지도 모를 북한 내 반체제진영을 간접적으로 육성 또는 지원하는 효과보다는 체제단속과 통제기제의 강화를 낳을 뿐이다. 1970년대 말 미국이 남한의 독재정권을 압박하기 위해 인권정책을 구사할 수 있었던 것은 남한 내에 야당과 교회세력 그리고 강력한 재야세력이 존재했기 때문에 가능한 것이었다. 또한 인권압력이 외교적 지렛대가 되기 위해선 일정 정도의 관계 개선이 필요하다. 미국도 닉슨 행정부 시절 1971년 키신저의 북경방문과 1972년 '상하이 코뮈니케'를 채택할 당시 중국의 인권 문제에 대해 공개적으로 언급하지 않았다. 인권외교로 유명한 카터 행정부도 1979년 미중수교 시 중국의 인권 문제를 건드리지 않았으며, 시장경제가 널리 파급되면 중국의 인권은 저절로 개선될 것이라는 입장으로 일관하였다. 부시 정부도 겉으로는 중국의 인권 문제를 강하게 비판하는 것 같지만 실제로는 극히 조심스런 태도를 보이고 있다. 이처럼 상대국의 인권 문제를 외교현안으로 다루는 것은 일정 수준 이상의 관계 개선을 전제로 하며, 그 경우조차도 직접적으로 언급하거나 압력을 행사하는 일은 쉬운 일이 아니다.

일부 민간단체들은 탈북자 문제를 인권 차원에서 적극적으로 다뤄야 한다고 주장하고 있다. 북한 사정이 변하지 않는 한 탈북사태는 계속될 전망이고 중국과 북한 등 제1차 당사자들이 이 문제에 전향적인 방향으로 입장을 정리할 가능성이 없는 상황하에서 정부가 침묵을 지키는 것은 결국 이들의 인권 문제에 눈을 감는 것과 같다는 것이다. 그러나 정부가 적극적으로 이 문제에 개입하여 중국에 대해 외교적 압력을 가한다면 북한을 전략적 협력국가로 인식하고 있는 중국과의 관계에 부정적 영향을 끼치게 될 것이다. 중국 정부는 탈북자 문제를 인권 차원에서 접근할 경우 협력관계에 심각한 문제를 초래할 수 있을 뿐만 아니라, 북한의 붕괴와 그에 따른 남한의 부담 증가는 한반도 안정 저해라는 부작용이 크게 나타날 수 있다는 우려를 하고 있다. 그렇기 때문에 중국은 2002년 3월 18일 탈북자 25명을 필리핀으로 추방한 뒤, 외교경로를 통해 중국 내 탈북 관련 NGO를 단속하겠다는 입장을 남한측에 전달해왔다. 이같이 공개적인 인권정책은 중국 내 수많은 탈북자들이 남한으로 이주할 수 있는 기회를 봉쇄할 가능성이 많다. 또한 인권 문제에 대한 공개적이고 공격적인 접근은 남한의 대북화해협력정책과 관련 정치적으로 악용될 소지를 가지고 있다.

남한과 UN 등 국제사회가 실체를 인정하고 대화상대로 간주하고 있는 북한에 대해 '아킬레스건'인 인권 문제를 남한 정부가 공개적으로 비판하고 개입한다면 대화와 관계의 진전은 기대하기 어렵다. 결국 일방적이고 강제적인 압박과 흡수통일의 대안만이 남게 된다. 따라서 북한 인권에 대한 공격적인 접근은 남북관계의 진전과 한반도 냉전구조 타파와 다른 이해관계를 가진 국내외 세력에게 남한의 대북 화해협력정책을 저지하는 데 더없이 좋은 논리적 자산을 제공하게 된다. 북한 인권 문제를 근본적으로 해소하기 위해서는 민간단체가 '조용한 접근(quiet approach)'을 구사하는 가운데 남한과 국제사회가 북한을 포용하여 북한이 허용할 수 있는 속도로 인권을 개선하도록 유도해야 할 것이다.

# 3장
## 한반도 평화체제 구축과 동북아 안보협력

## 1. 평화체제 구축을 위한 기본 방안

한반도 평화체제란 현재 한반도를 규정하고 있는 휴전체제를 전쟁의 위협이 없는 항구적인 평화상태로 바꾸어 놓는 것을 의미한다. 이를 위해서는 우선 평화협정이 체결되어야 하고 이것이 구체적으로 보장될 수 있는 조치가 뒤따라야 한다. 정전협정 제62항에 의하면 이 협정은 정치적 수준에서 평화적 해결을 위한 적절한 협정에 의해 교체될 때까지 계속 유효하다고 되어 있다. 따라서 현재 한반도에서 유지되고 있는 정전상태를 평화상태로 전환시키는 법적 조치로서 '적절한 협정'을 체결할 필요가 있는 것이다. 이 적절한 협정은 다름아닌 평화협정을 의미한다.

### 1) 평화협정 체결의 참여자 문제: 남북한이 주도, 국제사회가 보장

평화협정 체결과 관련해서는 그동안 협정의 당사자 문제가 제기되어왔다. 이와 관련하여 이미 1991년 남·북이 체결한 '남북기본합의서'에서 중요한 진전이 이루어졌다. 합의서 5조에서는 "남과 북이 현 정전상태를 남·북 사이의 공고한 평화상태로 전환"시키는 조치를 취 하기로 되어 있다. 이는 평화협정 체결과 한반도 평화의 국제적 보장 을 순차적으로 연계시키는 방식을 함축하고 있다. 여기에서는 2+2, 2+4, 2+2+UN 등의 다양한 방식을 고려해볼 수 있다. 역사적, 현실 적으로 볼 때 남·북은 한반도 군사대치의 가장 직접적 당사자이며 전 쟁의 최대 피해자이다. 따라서 남·북이 주도하여 평화협정을 체결하 고 이를 국제적으로 보장하는 것이 가장 바람직한 방법이다.

제1차 남북정상회담과 '6·15 남북공동선언'에는 구체적으로 평화 문제에 관한 언급이 되어 있지 않지만 그 자체로 한반도 평화를 위한 일대 진전이었다. 이후 남북국방장관회담이 열려 비록 제한적이지만 경의선 연결구간을 둘러싸고 군사적 긴장완화와 신뢰구축에 관한 조 치가 합의되었다. 이러한 조치가 금강산육로관광으로 확대될 수 있다 면 한반도 평화는 더 크게 증진되는 것이다. 또한 국방장관회담이 정 례화된다면 실질적으로 '기본합의서'에서 규정한 남북군사공동위원회 의 개최로 나아갈 수도 있게 된다.

다음으로 남북한과 관련국이 대등한 당사자로 참여하여 한반도 평 화체제를 수립하고 동시에 이를 국제적으로 보장하는 방식도 강구해 볼 수 있다. 이와 관련해서는 한반도 평화를 위한 4자회담, 또는 6자 회담 등 방식이 있을 수 있지만 이미 1999년까지 9차례에 걸쳐 남북 한, 미, 중이 참가하는 4자회담이 개최된 바 있다. '6·15 남북공동선 언'에서는 평화체제 수립과 관련해서 구체적인 명기가 되어 있지 않 지만 남북이 상호대등한 국가적 실체를 인정함으로써 이 문제의 진전 에 일정한 발판을 준비하였다. 특히 비공식적이지만 김정일 위원장이 주한미군 주둔에 대해 양해하는 태도를 보임으로써 큰 전기가 마련되 었다. 비록 부시 정부 등장 이후 북측이 주한미군 철수를 다시 제기하고 있으나 남측에 대해 직접 이를 요구하고 있지는 않다.

2000년 10월 '북미공동코뮈니케'에서는 한반도 평화체제 수립과 관련하여 4자회담 등 여러 가지 방식이 있다는 데에 북·미가 동의하고 있다. 「페리 보고서」에서는 구체적으로 명시되지 않았던 평화체제 수립 문제가 '북미공동코뮈니케'에 포함된 것은 조명록 차수가 올브라이트 국무장관이나 클린턴 대통령에게 주한미군 주둔 양해에 대하여 발언했기 때문일 가능성이 크다. 이는 올브라이트 국무장관의 평양방문에서도 확인되었을 것이다. 주한미군 주둔에 대해서 북한측은 1992년부터 비공식적이지만 미국측에 대하여 주한미군 철수를 원하는 것이 아니라는 시사를 해왔다. 이는 북한이 체제 존속을 위해서는 주한미군이 철수하기보다는 남아 있으면서 남·북 사이에 완충자 역할을 하는 것이 유리하다는 평가를 하고 있다는 분석에 입각해 있다. 아직 북한의 공식 입장 표명이 없지만, 클린턴 정부하에서 북미관계가 순조롭게 진전되던 동안에 북한은 주한미군 철수를 일체 주장하지 않았다.

물론 북·미 사이에 평화협정 체결 문제가 본격적인 협상의제가 된 것은 남북정상회담 이후 경의선 연결에 합의하고 국방장관 회담이 열려 이 구간에서 휴전선의 현상 변경이 진행되었기 때문이기도 할 것이다. 나아가 서부전선에서 개성공단, 중부전선에서 경의선, 동부전선에서 금강산육로관광이 실현된다면 이는 휴전체제의 전반적인 변화를 의미하게 된다. 미국으로서도 이 문제와 관련하여 「페리 보고서」의 소극적인 자세에서 벗어나 이니셔티브를 취할 필요성을 느꼈을 수 있다.

어쨌든 남북정상회담과 '북미공동코뮈니케'로 한반도 평화체제로 향하는 큰 진전이 이루어지고 있었음을 부정할 수 없다. 종래 평화체제 수립과 관련해서 남측은 남·북이 평화협정 체결을 주도하고 미, 중이 이를 보증하는 2+2방식을 선호해왔다. 이에 대해 북측은 북미

평화협정 체결을 일관되게 요구해왔다. 물론 동시에 주한미군 철수가 의제가 되어야 함을 주장해왔다. 남측과 미국측은 원칙적으로 주한미군은 한·미 간의 협의대상이며 북측과의 협의대상이 아님을 분명히 해왔다. 남·북의 이러한 주장이 평행선을 달리면서 4자회담은 조금도 진전을 볼 수 없었던 것이다.

그러나 주한미군 주둔에 양해가 이루어진 만큼 4자회담의 주된 장애 하나가 일단 해결 실마리를 잡은 셈이다. 나아가 남·북 간이 서로를 대등한 국가적 실체로 인정한 이상, 북측이 '남조선 괴뢰'라는 구실로 남북평화협정을 거부할 이유는 없어진다. 남측도 들러리를 선다는 우려가 없어지는 만큼 북미평화협정을 거부할 이유는 없다. 주한미군 주둔에 양해가 이루어지려면 북·미 간의 일정한 약속도 필요하다. 따라서 이 4자회담의 틀 속에서 남·북, 북·미 평화협정을 모두 수용할 수 있는 교차협정을 체결하는 등 다양한 타협책이 강구될 수 있다. 또한 중국과 남한, 미·중 사이에서도 유사한 협정이 체결될 수 있다.

다만 주한미군 주둔이 양해된다고 해도 그 성격 변화를 어떻게 해야 하는지에 대한 과제가 남는다. 북·미 간에 적대관계가 변화한다면 북한 군사위협에 대한 억지력으로서 주한미군의 지위와 성격 변화가 불가피해지는 것이다. 이 점과 관련해서는 동북아지역의 평화유지자 내지 안정자로서의 성격 등 다양한 구상이 제안되고 있다. 이 문제는 일차적으로 한·미 간에 결정해야 할 사안이지만 관련국들도 무관심할 수 없을 것이다. 특히 주한미군의 역할이 한반도 내 국지적 역할에서 지역적 역할로 확대될 때 가장 민감하게 반응할 국가는 중국일 것이다. 더욱이 이는 한미동맹관계의 변화를 함축할 수 있으며 또한 주일미군의 위상에도 영향을 미칠 수 있는 만큼 신중히 결정되어야 할 사안이다. 이와 관련해서 명백한 성격규정이 어려울 경우 상당기간 전략적 모호성을 유지하는 상태가 지속될 수도 있다. 장기적으로는 동북아 다자간 안보협력이 가시화되면서 좀더 분명한 규정이 가능해질지도 모른다.

### 2) 평화협정의 내용: 전쟁의 종식을 넘어, 평화보장의 방안을 담아야

평화협정은 단순히 전쟁의 종식을 선언만 하는 것이 아니라 전쟁재발을 막고 평화를 관리하는 구체적 조치를 포함하는 것이 되어야 한다. 이는 현재의 남·북과 미국 사이의 군사적 대치상태를 관리하는 정전체제를 대체하고 새로운 체제를 마련하는 것을 뜻한다. 여기에는 비무장지대의 처리방안, 군사적 적대행위를 방지하는 조치, 남·북 간의 군축 내지 군비통제와 관련된 조치, 군사정전위원회와 중립국감시위원회의 대체방안 등이 망라될 수 있다. 또한 국제적인 평화보장조치도 추가될 수 있을 것이다.

이미 남·북은 '기본합의서'에서 무력불사용, 불가침, 분쟁의 평화적 해결 등을 약속하였다. 비무장지대를 평화적으로 이용하고 군사력을 단계적으로 감축하는 문제도 원칙적으로 합의하였다. 평화협정에 담겨야 할 내용의 핵심이 이미 '기본합의서'에 포함되었다고 볼 수 있는 것이다. 다만 정전위원회를 대체하고 평화를 관리해 갈 직접적인 주체로서 남북군사공동위원회를 상정하고 있으나 이 문제는 좀더 신축적으로 접근할 수도 있을 것이다.

정전협정에 따른 군사정전위원회 체제에 대하여 북한측은 일정한 변경을 가해오고 있으며 이에 따라 유엔군과 북한 인민군의 장성급회담이 개최되고 있다. 그런데 이는 사실상 남북한과 미군의 3자 군사회담의 성격을 가지고 있다. 원래 남북한의 불가침과 군축 등의 문제와 관련한 '남북기본합의서'의 내용은, 재래식 군사력 문제는 한국이, 대량파괴무기 문제는 미국이 담당한다는 한·미 간의 역할분담이 묵시적으로 상정됨으로써 논의되고 합의될 수 있었다. 하지만 부시 정부가 출범하면서 미국은 재래식 군사위협 문제를 북미협상의 의제로 한다는 방침을 밝히고 있다. 한·미 간에는 이를 둘러싸고 협의가 진행되어왔으며 한국은 일단 미국도 이 문제에 관여한다는 것에 대해 양해를 한 것으로 알려지고 있다. 따라서 이 문제는 3자 군사회담의 가동으로 나아갈 수도 있다. 다만 휴전선 방위는 거의 한국군이 담당하고 있으며 만일 주한미군의 후방배치가 이루어지면 휴전체제의 실질적인 당사자는 남·북이 된다. 일정한 시간이 걸리겠지만 전시작전지휘권 환수 문제가 한·미 간에 타결된다면 휴전선 이남의 방위는 완전히 한국이 주도하게 될 것이다. 이미 경의선 연결구간을 둘러싸고 먼저 남북국방장관회담과 군사실무회담이 열려 이를 남·북의 관리 구역으로 한다는 데 합의하고 나서 다시 유엔군과 북한군의 회담에서 그 관할권 문제를 확인하는 절차를 밟은 바 있다. 재래식 군사력 문제에 미국이 관여한다 하더라도 남·북이 주도한다는 원칙은 확립되는 것이 바람직할 것이다.

### 3) 평화협정 체결의 시기: 평화선언 이후, 화해협력단계에 맞춰

평화협정은 가급적 빨리 체결되는 것이 좋지만, 현실적으로 남·북 간 화해협력뿐만 아니라 북·미 간 신뢰가 일정하게 진전되면서 실현될 수 있을 것이다. 부시 정부 출범 이후 악화되고 있는 북미관계를 감안할 때 아직 평화협정 체결은 시기상조로 보인다. 부시 정부의 대북정책이 전향적인 방향으로 나아간다고 해도 대량파괴무기 문제가 타결되고 경제제재 조치가 해제된 이후 재래식 군사 문제도 협상의제에 오르면서 북미관계는 정상화될 수 있을 것이다. 또한 남·북 사이의 화해협력도 현재와 같은 남북대화의 소강상태를 타개하고 성딩한 진척이 이루어져야 평화협정 체결을 위한 여건이 조성될 것으로 보인다. 다만 북미관계가 쉽게 개선되지 못할 수도 있음을 고려하여 남북정상회담 이후 추진된 바 있는 '남북평화선언'을 우선 시도해볼 수 있을 것이다. 이는 북미관계 개선을 위한 중요한 지렛대 역할을 할 것이다.


## 2. 평화체제를 위한 군사적 과제

### 1) 한반도 군축과 군비수입선다변화 노력

한반도에서 군축을 지향하고 그를 담보하기 위해서는 군비수입선다변화를 추진해야 한다. 평화협정은 정치적 상징성의 측면에서 보면 다대한 의미를 지니나, 한반도 평화정착의 측면에서 보면 실질적인 담보와 조약당사자 간의 평화의지가 없을 때는 휴지조각에 불과한 것이다. 즉 평화를 실질적으로 보장하는 군축조치가 필수적인 것이다.

한반도 군사 문제에 중대한 이해관계를 투영하고 있는 미국의 공식 입장은 한반도의 긴장완화를 위해 군축은 필수적이라는 것이다. 아울러 과거에 남·북 군축의 문제는 주한미군의 군사력 감축 또는 철수 문제를 야기했었지만, 최근 북한이 미군의 남한 주둔을 양해하는 입장을 취하기 시작하여,100) 군비통제 문제가 상대적으로 용이하게 접

---

100) 북한은 1987년 7월 23일에 발표된 '단계적 무력감축제안'에서 주한미군의 단계적 철수를 제의하였고, 1990년 '조선반도의 평화를 위한 군축'안에서도 남북한 군축 진전에 부응한 단계적 철수를 주장하면서 변화의 기미를 보였다. 또한 1990년 5월 24일 김일성은 최고인민회의에서 "미국이 남한에서 한꺼번에 모든 군대를 철수할 수 없다면 점진적으로 철수할 수도 있을 것"이라는 중요한 의미가 담긴 연설을 하였다. Don Oberdorfer, *The Two Koreas: A Contemporary History*, MA: Addison-Wesley, 1997, p.144. 1992년 3월 김용순 북한노동당 국제담당비서는 캔터(Arnold Kantor) 미 국무부차관에게 보낸 서한에서 양국관계 개선을 요구하며 주한미군 철수 문제를 더 이상 제기하지 않겠다고 밝힌 바

근될 수 있는 환경이 조성되었다고 볼 수도 있다.

하지만 미국은 내심 한반도에서의 '조속한' 군축이 반드시 바람직하다고 보지 않을 수도 있다. 미국은 기존 군사동맹국들과의 군사협력관계를 유지·발전시키고자 한다. 미국의 안보전략은 남한과 일본에 주둔하고 있는 미군을 철수하지 않고 미국의 이해를 보장하는 첨병으로 계속 활용하겠다는 의지를 내포하고 있다. 이렇게 본다면 한반도에서의 조속한 군축은 동북아에 전진배치된 미군의 효용성과 정당성에 대한 주변국들의 의구심을 불러일으켜 미국의 세계전략에 차질을 빚게 될 수 있는 것이다.

한반도 군축에 있어 또 하나의 걸림돌은 군축에 사활적 이해관계를 갖고 있는 미국 내 군산복합체의 방해이다. 군축은 전투인원뿐만 아니라 현재 보유하고 있는 군사장비의 감축을 의미한다. 만약 한반도에서 군축이 실현된다면, 매년 10억 달러 내외의 무기 및 부품을 남한에 판매하고 있는 미국 군산복합체에게는 주요 시장 하나를 상실하는 것을 의미한다.[101] 더구나 탈냉전으로 군산복합체의 경영이 불량

---

있다. 북일수교회담의 북한측 책임자인 이삼로도 "통일 전에 남북한이 외국과 체결한 모든 조약은 통일 후에도 존중되지 않으면 안된다"고 말하고 "필요하다면 주한미군의 계속 주둔을 인정"한다는 내용의 발언을 했다. 최근 김영남 북한 외교부장과 면담한 해리슨(Selig Harrison)도 이러한 북한의 입장을 확인하였다. *The Washington Post*, Septmeber 28, 1995; Selig Harrison, "Promoting a Soft Landing in Korea," *Foreign Policy*, No.106, Spring 1997, p.213.

101) 스톡홀름국제평화연구소(SIPRI)에 의하면, 남한은 1994년 6억 달러, 1995년 20여 억 달러, 1996년 17여 억 달러 상당의 무기를 외국으로부터 수입하였다. 미국 무기에 대한 의존 정도를 고려할 때 남한 시장이 미국의 재래식 무기 수출에서 차지하는 비중은 1990~1994년 평균 4.4%, 1994년만으로는 5.13% 정도로 판단된다. 특히 1995년에는 미국의 총수출액 130억 달러 중 남한이 20억 달러를 차지하여 약 6.7%를 기록하였다. Stockholm International Peace Research Institute, *SIPRI Yearbook 1996: World Armaments and Disarmament*, London: Oxford University Press, 1996, pp.493-494. 그러나 실제는 이 수치보다 더 많을 수 있다. 왜냐하면 한국 정부가 원화로 구매하는 모든 조달계약을 국내구입으로 분류하기 때문에, 국내업체들이 해외에 지불하는 부품, 반제품 및 로열티 대금도 모두 국내구입으로 치부되기 때문이다. 함택영, 『국가안

한 상태에서 미국 정부가 상당 규모의 독점시장을 포기하기는 쉽지 않을 것이다. 미국 군수산업집단이 세계 무기시장에서 확보하고 있는 압도적 우위는 미국의 세계적인 개입 능력을 공고히 해줄 것을 감안할 때 더욱 그러하다. 그러므로 한반도에서 설사 남·북 간 정치군사적 신뢰가 구축된다고 해도 미국으로서는 군축을 가능한 한 지연하려고 할 가능성이 있다.

군축과 이해관계를 달리하는 무기자본의 대한반도 영향력을 통제하고, 축소지향적 군축을 추진하기 위해서는 군비수입선이 다변화되어야 한다. 미국은 유사시 부품공급의 필요성 등 무기체계의 상호운용성(interoperability)[102]을 강조하고 있지만, 여러 무기체제를 혼용하고 있는 NATO 회원국들 및 대만, 이스라엘 등과 같은 나라가 작전의 수립·실행에 문제를 보이지 않고 있다는 사실은 무기체계 상호운용성의 중요성이 과장되어 있는 측면이 있음을 말해준다. 미국은 한국의 무기도입시장을 90% 이상 장악하고 있다. 미국 시장을 유지, 보전하기 위해 한국 정부의 군축 의지와 노력을 반대할 수밖에 없는 것이다. 이제 한국 정부는 군비수입선을 다변화하여 공급자인 미국에 대한 의존도를 낮추고 수요자 입장에서 군비운용의 자율성을 높임으로써 군

---

보의 정치경제학: 남북한의 경제력·국가역량·군사력』, 법문사, 1998, 338쪽. 최근에는 30여 억 달러 상당의 공중경계경보통제기(AWACS) 4기를 미국 보잉사로부터 도입할 것이라고 한국 국방부 관계자가 말한 것으로 보도된 바 있다(≪조선일보≫, 1997년 6월 25일자). 미국 국방부는 지난 5년 간 35억 달러어치의 무기를 남한에 수출하였다고 보고하고 있다(The US Department of Defense, 1995).

102) 한국과 미국은 1993년 11월 제25차 SCM에서 "전투력 극대화를 위한 수단으로써 무기체계간 상호운용성(interoperability)의 중요성을 강조"하였다(Joint Communique of ROK-U.S. SCM, 5항). 보다 최근에는 1997년 4월 한국을 방문한 미 국방장관 코언이 상호운용성을 재강조하면서 값이 상대적으로 저렴하고 TMD 능력을 갖고 있는 러시아제 S-300V 공중방어 시스템 대신 미제 패트리어트 시스템을 구매하도록 요구한 바 있다. 이와 같이 한국 무기시장에 대한 점유율의 감축 또는 상실은 미국으로서는 상상하기 어려운 대안이다.

축을 실현할 수 있는 역량을 높일 필요가 있다.

## 2) 전시작전통제권 환수

대북협상력을 제고하고 한반도의 평화와 통일을 군사적으로 담보할 수 있는 능력을 갖추기 위해서는 전시작전통제권이 환수되어야 한다. 냉전종식 후 이념 차이에 기초한 진영간 대결이 포괄적 국가이익에 기초한 개별국가간 보편경쟁(normal competition)으로 회귀하고 있는 국제관계의 동학에 능동적으로 적응하여 우리의 국익을 제고하기 위해서는 자주방위력의 보유가 필수적이다. 이는 단순한 투입(input) 증대에 따른 군사력의 총량을 증가시킨다는 의미로 이해되어서는 안된다. 독립국가인 한국의 군사적 조건에 가장 적합한 군사구조의 구축과 효율적인 관리능력의 배양에 초점이 맞춰져야 할 것이다. 특히 냉전기 미·소 군사대결의 유제(遺制)인 우리 군사력의 지상군 위주의 기형적 구조는 자주적 작전권의 확립을 통해서만 해소될 수 있다.

작전통제권의 환수는 한국군이 나태하고 부패할 수 있는 가능성을 줄여주고 경쟁력을 제고시켜 줄 것이다. 미군의 작전통제체제하에서는 한국 정부가 자국의 실정에 맞는 독자적인 한반도 방위작전계획 수립이 어려울 수밖에 없다. 그리고 그러한 구조에서 '혁신과 창조'는 지체되고 '표준화된 업무처리절차(SOP: Standard Operating Procedure)'에 따른 '지시의 수행'이 있을 뿐이며, 나아가 미국과 이해를 같이하는 군부 내 기득권세력이 자리를 보존하게 될 뿐이다. 작전통제권을 환수해야 한국군에도 시장경제의 원리가 적용되어 '국제경쟁력'을 확보할 수 있다. 진정한 의미에서의 한미안보협력도 한국군의 자립으로부터 시작할 수 있을 것이다.

또한 작전통제권 환수는 대북협상역량을 제고할 수 있다. 대북관계에 있어서도 작전통제권을 완전히 환수해야 북한이 남한의 자주성과 정치·군사적 권위를 인정하고, 대남협상자세를 바꿀 것이다. 이는 자연히 우리의 대북협상역량의 강화로 연결된다. 작전통제권을 미군이 보유하고 있는 한, 북한은 계속 '배후 실세'인 미국에 대한 접근에만 치중하고 남한을 배제하려는 태도를 버리지 않을 것이다.[103] 북한이 미국과의 평화협정으로 정전협정을 대체하자는 주장도 남한이 작전통제권을 환수하게 되면 논리적 근거의 핵심을 잃어버리게 될 것이다.

한편 작전통제권의 환수는 한미양국이 합의할 경우에만 가능하다. 1954년의 '한미합의의사록'에 따르면 한미 "양국의 상호적 및 개별적 이익이 '작전통제권 행사 권리의' 변경에 의하여 가장 잘 성취될 것이라고 협의 후 합의되는 경우에는 이를 변경할 수 있다"고 적시되어 있기 때문이다. 즉 작전통제권에 관한 규정을 변경하고자 할 때는 어느 일방에 의해 이루어지는 것이 아니고, 상호협의를 거쳐 합의에 이를 때만 가능토록 되어 있다. 따라서 한국은 남·북 평화공존을 최우선으로 하는 대북정책을 선언하고 이행함으로써 한국군의 독자적인 군사행위로 인한 전쟁발발 가능성에 대한 미국의 우려를 불식시키는 등 작전통제권 환수를 위한 환경을 적극적으로 조성할 필요가 있다.[104] 동시에 한국은 자신을 위한 방위비를 자체부담할 뿐만 아니라, 주한미군 주둔비용의 1/3 이상을 부담하고 있다는 점과 이것이 일본, 독일 등과 비교해 높은 수준이므로, 이에 상응한 권리의 회복을 미국에 요구할 필요가 있다.

---

103) 예를 들어 북한 외교부 부부장 최수헌은 1995년 10월 UN 총회 기조연설에서 "남조선 군에 대한 통수권이 미국에 있음으로 미국과 평화협정을 협상해야 한다"고 주장하였다(≪조선일보≫, 1995년 10월 11일자).

104) 미국 상원은 한미상호방위조약을 인준할 때 '양해사항'을 추가했는데, 이는 외부로부터의 침공이 한국을 대상으로 할 때만 동 조약이 적용된다고 제시하고 있다. 미 상원은 이 양해사항을 통해 남한이 북한을 침공하는 경우에는 조약이 효과를 발생하지 않는다는 것을 담보하려 했다.

작전통제권 환수와 관련 우려를 표하는 견해도 있다. 첫째, 한반도에서의 완전한 전쟁억지력은 주한미군이라기보다는 미국의 전시작전통제권이므로 작전통제권의 환수는 대북전쟁억지력의 상실을 의미한다는 것이다.[105] 그러나 한반도에서 전쟁억지력은 미국의 작전통제권에서 나오는 것이 아니라 미군의 한반도 주둔 그 자체에 있다. 작전통제권 환수가 곧 주한미군의 철수를 의미하지 않는다. 오히려 대등한 관계에서의 작전수행이 보장된다는 것은 미군의 한반도 주둔 명분을 강화시켜주는 측면이 있다. 둘째, 미군은 역사적으로 타국군의 지휘하에 들어간 적이 없으므로 작전통제권 포기 시 남한으로부터 철수할지도 모른다는 것이다. 그러나 이 역시 기우(杞憂)에 지나지 않는다. 그 이유는 무엇보다도 작전통제권 환수는 한국군이 미군을 작전통제함을 의미하는 것이 아니라는 데 있다. 한미연합전력구조(combined forces structure)를 일본에서처럼 두 나라의 분리된 작전기구가 서로 협력하는 합동전력구조(joint forces structure)로 전환하면 되는 것이다. 아울러 주한미군의 철수는 미국의 세계안보전략에 큰 차질을 가져오게 됨으로 상상키 어려운 대안이다. 따라서 작전통제권 이양이 주한미군 철수를 초래할 수 있다는 주장은 남한의 군사전략상의 취약성을 과대하게 반영하는 것이자, 오랜 대미 군사적 의존과 그에 따른 관성적 사고에 기인한 심리적 불안을 단적으로 표출한 것으로 생각된다.

물론 한국군은 이 과정에서 전략정보수집 및 분석 능력, 전장감시 기능과 조기경보 역량, 해·공군력을 조기에 증대시키고, 전쟁기획 및 C⁴I체제를 구비해야 한다.[106] 특히 한국군이 주한미군으로부터 가장

---

105) 지만원, 「군작전권 환수 감당할 고급 두뇌진 길러야」, ≪말≫, 1998년 3월, 134-137쪽.
106) 한국국방연구원, 『미국의 전략태세 변화와 한미군사관계 발전방향』, 1992, 211-223쪽.

많이 도움을 받은 부분 중의 하나가 작전계획수립이라 할 때 미국제 무기운용법의 숙지,[107] 워게임 등 시뮬레이션 기술전수를 이루어나가야 한다.[108]

이러한 과제들을 한국군이 충분한 시간을 갖고 달성해갈 수 있도록 작전통제권 환수를 위한 일정과 관련하여 미국과 긴밀한 협의를 거쳐야 한다. 이와 동시에 전쟁발발 시에는 작전효율을 높이기 위해 다시 연합작전기구로 전환할 수 있도록 면밀한 유사시 계획을 함께 마련해야 할 것이다.

## 3. 한반도 평화체제 수립과 동북아 다자간 안보협력

한반도 내 군축을 촉진할 뿐만 아니라 그 자체로 한반도 평화체제를 보장할 수 있는 국제적 제도로서 동북아 다자간 안보협력이라는 기제를 생각해볼 수 있다. 동북아 안보의 불안정으로 인해 이 지역 국가들이 군비증강과 군 현대화작업을 지속한다면 남북한만의 군축은 통일된 한반도의 안보를 위해 바람직하지 않고, 현실적으로 가능하지도 않다. 그렇기 때문에 다자간 안보협력은 한반도 군축의 분위기를 조성·유지하는 중요한 촉진제가 된다. 따라서 남한은 다자간 안보협

---

107) 예를 들어 아파치 헬기를 언제, 어떻게 활용해야 하는 것인지를 몰라 미군의 도움이 불가피했던 적이 있었다(≪조선일보≫, 1995년 9월 24일자).

108) 한국 정부는 평시작전통제권 환수 후 처음으로 한국군 단독의 합참지휘소훈련(CPX)을 1995년 실시했다. 이 훈련은 한미연합군이 연례적으로 실시해오던 을지-포커스렌즈훈련과 흡사한 것으로, 전시작전통제권을 미국으로부터 환수해오는 데 필수적인 작전·기획 및 시행능력을 배양하고 전시 부대통제 및 운용능력을 평가하는 데 목적이 있다. 이 훈련은 2군을 제외한 모든 전선(戰線)을 대상으로 JTLS란 전쟁게임모델을 이용, 2개로 나뉘어진 한국군이 컴퓨터로 모의전쟁을 하며 전쟁의 과정마다 핵심 지휘관이 참여, 전쟁수행능력과 전쟁상황을 분석하였다(≪중앙일보≫, 1995년 6월 4일자).

력을 제도화시키는 데 적극적인 노력을 기울일 필요가 있다.

그러한 노력을 기울여야 하는 또 다른 이유는 동북아에서 군비경쟁과 세력균형 정치가 자리잡게 되면 첫번째 희생양이 남한이 될 수밖에 없기 때문이다. 남한은 그러한 체제하에서는 동북아 4대강국 중 누구와도 경쟁할 수 있는 처지에 있지 않다. 따라서 효율화된 자주국방 능력을 우선적으로 도모하면서 다른 한편 억지를 넘어선 공동안보에 기초한 다자간 안보협력의 형성을 추진해야 할 것이다.

한반도 긴장완화와 평화체제 구축을 위해 4자회담이 개최되었으나 현재는 중단된 상태에 있다. 남북문제가 의제에서 분리되어 남·북이 직접 협상하게 될 것이라는 전제하에, 남한은 4자회담을 고리로 하여 일본, 러시아 등이 참여하는 동북아 다자간 안보협력체를 조기에 이루어나갈 수 있도록 주변국 특히 중국과 북한을 설득할 수 있는 논리와 방안을 지속적인 대화와 교류협력을 통해 적극적으로 강구해나가야 할 것이다.109) 따라서 4자회담을 재가동시키고 이를 바탕으로 일본, 러시아 등이 참여하는 동북아 다자간 안보협력체를 조기에 이루어나갈 수 있도록 노력해야 한다. 물론 4자회담은 한반도 평화체제를 위한 논의의 장이었지만, 러시아와 일본이 한반도 평화체제에 관심을 표명하고 있는 상황에서 4자회담을 변형시켜 나가는 문제도 고려해보아야 한다. 현재는 중단되어 있는 4자회담을 남한과 중국이 적극적으로 나서서 미국과 북한을 설득하여 재개하는 것이 일차적 과제이다.

한국은 노태우 대통령 시기 동북아 안보협의체를 제안한 바 있으나,

---

109) 물론 남과 북은 각각 한미동맹, 조중동맹을 유지하면서 다자간안보협력체에 참가하게 되겠지만, 동맹의 내용이 군사적인 요소를 최대한 배제하고 정치적·상징적 내용을 주로 담은 것으로 상정된다고 할 때 양자는 충돌하지 않을 것이다. 물론 역사적 영역(historical domain)이 다르긴 하지만, 유럽의 NATO 회원국들이 군사동맹을 유지하면서도 다자간안보협력체인 OSCE(Organization for Security and Cooperation in Europe)에 참여하는 것은 동북아 국가들에게 시사하는 바가 크다.

이와 관련하여 별다른 진척을 보지 못하고 제2트랙에서의 만남만을 지속시키고 있을 뿐이다. 현재 동북아지역의 안보협의체로서는 광역 안보대화채널로서 아세안지역포럼(ARF: ASEAN Regional Forum)이 있고, 여기에 북한이 참여하고 있다. 김대중 대통령이 1990년대 말부터 동북아지역의 다자간 안보협력에 대해 논의를 활성화함으로써, 다자간 안보협력과 관련한 논의에서 최근 일정한 진전이 있으나 그 성과는 아직도 미미하다. 하지만 동북아지역 안보협력도 북·미, 북·일 관계의 개선이 이루어진다면 그 실현을 위한 여건도 크게 진전될 것이다.

# 4장
## 북한 경제위기의 극복을 위한 정책대안

## 1. 인도적 지원은 조건없이, 민간경협은 수익성 원칙에 따라

한반도문제 해결의 관건 중 하나는 북한이 경제위기로 인한 체제의 불안정성을 벗어나도록 하는 일이다. 이를 위해서는 우선 북한에 대한 경제지원을 시작으로 북한의 대외경제교류협력을 확대시켜 나가야 한다. 대북경제지원과 경제교류협력은 몇 가지 범주로 나누어, 각각 상이한 기준을 설정해야 한다.

첫번째 범주인 식량, 의약품, 비료 등 인도적 지원은 다른 사안과 연계시키지 말아야 한다. 현재 북한 아동, 청소년의 영양은 극도의 결핍상태에 있다. 이들은 1980년대 후반 이래 만성적인 영양부족에 빠져 있다. 북한을 직접 방문하여 청소년들을 만나보았다면 그 왜소함에 충격을 느끼지 않을 사람이 없을 것이다. 이제 머지않아 남·북의 주민 사이에는 인종적 차이에 가까운 신체적 구별이 생길 것이다. 장래 남북한 주민이 함께 살게 될 통일이 서로의 차이를 확인하는 민족적 비극이 되지 말라는 보장이 없다. 2002년 한국의 유력 일간지가 정부예산 1%를 대북지원에 사용하자는 캠페인을 시작한 것은 이런 맥락에서 획기적인 의의를 지닌다. 인도적 지원을 상호주의적으로 다른 사안에 연계시키는 것은 인도적 지원 자체의 의미를 퇴색시킬 뿐이다. 나아가 인도적 지원이 지속될 때, 북한도 이산가족 문제 등 남·북 간의 다양한 인도적 사안에 대해 성의를 보이지 않을 수 없게 된다. 다만 남측은 이산가족 문제가 북한에 체제위협으로 작용하는 정치적 사안이 될 수 있음을 고려하여 상호이해와 인내를 가지고 추진해야 할 것이다.

두번째 범주인 민간기업이 주체가 되는 경제협력은 수익성에 입각한 경제논리에 따라 이루어져야 한다. 다만 기업들의 경제진출에도 사회간접자본 건설 등에는 정부의 공적 자원이 투입되지 않을 수 없다. 이는 남한의 공단 개발, 정보통신사업 개척 등 산업정책의 예를 들지 않아도 이해할 수 있다. 개성공단사업이 개시된다면 당연히 삼성, 현대 등 기업 외에 정부의 토지공사가 기초작업을 담당하게 된다.

세번째 범주인 도로, 항만, 공항, 발전소 등 순수 사회간접자본 지원은 프로젝트 합의 베이스로 현금지불이 아닌 개발차관 형식으로 추진되는 것이 바람직하다. 이는 일본 등 선진자본주의 국가들의 정부개발원조(ODA: Official Development Assistance) 제공을 참고로 하면 좋을 것이다.

한편, 기업의 진출을 포함하여 대규모 경제지원이 실시되려면 투자효과가 기대될 수 있는 북측의 제도적 보장이 선행되어야 한다. 이미 북측은 내부 개방을 외부의 경제적 지원과 결부시키는 정책을 취하고 있다. 남한과 개성공단, 금강산 개발, 중국과 신의주공단, 러시아와 시베리아 철도연결 등의 관계가 그것이다.

## 2. 금강산관광사업을 평화사업으로 전환하고, 정부가 주도하라

남북화해와 교류의 물꼬를 트고, 연평해전이 비화하지 않도록 하는데 결정적으로 기여하는 등, 평화프로젝트로서 고도의 상징성을 갖는 금강산관광사업은 일반 기업논리에서 벗어나 있는 만큼 그에 상응하는 특별한 지위가 부여되어야 한다. 하나의 대안으로서 정부, 민간단체, 기업 등이 참여하는 국민기업 형태의 별도회사 설립이 제시될 수 있다. 관광공사가 이 사업을 인수하는 방안은 또 하나의 대안이 된다. 요컨대 정부가 사업의 주체로 나서야 한다는 것이다.

북한이 야기하고 있는 군사적 갈등의 이면에는 그러한 동기의 상당 부분을 설명하는 경제적 이유가 있다. 군사 문제는 경제 문제일 수 있다는 말이다. 북한은 강성대국을 표방하며 사상강국, 군사강국, 경제강국을 내세운 바 있다. 그 내용은 북한이 이미 사상강국, 군사강국이므로 경제강국만 달성하면 강성대국이 된다는 논리다. 물론 이는 서방의 관점에서의 '강국'을 의미할 수는 없지만, 북한의 국가전략에서 경제가 그만큼 중요한 자리를 차지하고 있다는 점을 뜻한다고 할 것이다. 잘 알려져 있듯이, 일차산품 외에 국제시장에서 경쟁력을 가진 상품을 제조할 능력이 없는 북한은 미사일 수출로 상당한 외화를 획득하고자 했다. 미국과 미사일협상이 이루어지면서 미사일 수출을 포기하는 대신 그에 상응하는 대가를 요구하기도 했다. 연평해전의 원인도 북한 해군의 '꽃게잡이전투'와 무관하지 않았다. 요컨대 북한 군대는 순전히 안전보장만을 담당하고 있지는 않으며 군수산업과 많은 경제사업을 담당하며 제2경제라고 불리는 독자적인 경제를 유지하고 있다. 군 병력의 상당 부분은 주로 토목공사에 투입되는 건설부대이기도 하다.

이와 같은 시스템의 원조인 중국은 군의 경제적 이익을 보징해주면서 개방·개혁을 시작한 바 있다. 개방·개혁을 천명하면서 당시 등소평은 개방·개혁에 군을 앞세우고 그 이익을 공유하는 방향으로 정책을 편 것이다. 북한의 경우도 개방에 대한 군의 반대를 설득하기 위하여 군에게 경제적 이익을 보장하는 방식을 취하고 있는 것으로 보인다.

이러한 맥락에서 중요한 것은 대북경제지원이 북한의 불안정성을 제거할 뿐만 아니라 한반도의 평화를 증진시키는 이중효과를 낼 수 있다는 점이다. 이미 실증된 것으로서, 금강산관광의 실현은 그 자체로 상호 군사적 신뢰구축에 해당한다. 북측은 군사지역을 개방했고 남측은 관광객을 위험을 무릅쓰고 북한지역에 보내고 있다. 관광 개시 이후 동해안에서 북측의 군사적 움직임은 전혀 나타나지 않았다. 이는 개성공단에도 적용될 수 있다. 개성공단이 완공된다면 경인지역에서 개성으로 이어지는 일대는 사실상 평화지대로 전환될 것이다. 또한 남·북 사이에 군사적 충돌이 빚어졌던 서해 북방한계선 문제도 '남북기본합의서'의 정신에 따라 남·북 사이에 공동어로구역 설치 등이 이뤄진다면 이는 군사 문제를 경제적으로 풀어내는 좋은 선례가 될 수 있다. 무엇보다도 대규모 경제협력이 실현된다면 남·북의 경제적 상호의존이 확대 심화됨으로써 더 이상 군사적 모험에 호소하는 정책을 펴기가 어렵게 될 것이다. 이미 앞에서 언급하였지만 전력지원은 북한 경제의 남한 경제에 대한 의존도를 비약적으로 증대시키는 결과가 된다. 경의선 연결은 남·북을 넘어서 동북아시아지역으로 연계되는 효과를 갖는다. 중국이나 러시아 철도로 연결되고 일본이나 미국의 자본까지 참가하게 되면 이는 동북아시아 철도망을 중심으로 다자간 안보협력의 레짐(regime)으로 발전할 수 있다. 이로써 한반도에서 전쟁이 일어날 가능성은 획기적으로 낮아지게 되는 것이다.

## 3. 대북경제지원을 위한 국제협력을 제도화하라

대북 인도적 지원에서 보듯이 대북지원에서 국제협력은 중요한 역할을 해왔다. 이러한 기존의 대북지원을 위한 국제 컨소시엄은 지속적으로 확대, 발전되어야 한다. 장기적 과제가 되겠지만 북한 경제를 재건하는 데는 막대한 재원 투입이 요구되며 이는 남북경제협력만으로는 감당하기 어려운 규모이다. 따라서 북한 경제재건에 필요한 대규모 재원 확보를 위한 국제협력방안이 다각도로 강구되어왔다.

우선 북일수교에 따르게 될 식민지배의 사죄에 대한 보상자금은 약 50~100억 달러로 추산되는 만큼 북한이 확보할 수 있는 최대 규모의 자금원이 된다. 북·일 간의 제반 현안이 해결되어 북일경제협력이 본격화될 수 있다면 그 규모로 볼 때 북한 체제의 개방·개혁에 박차를 가할 수 있는 계기가 될 것이다. 더욱이 일본 경제의 구조가 북한 경제와 국제분업적인 산업연관을 갖기에는 너무 고도화되어 있는 만큼 일본 자본이 북한에 진출하기 위해서는 남한, 중국을 비롯한 인접국가와의 협력이 불가결하다. 북일경제협력은 동북아시아지역 경제협력을 활성화시키는 촉매제가 되지 않을 수 없다.

다음으로 북한이 세계은행(IBRD), 국제통화기금(IMF), 아시아개발은행(ADB) 등 국제금융기구에 가입할 수 있다면 이들로부터 상당한 규모의 재정지원을 얻을 수 있다. 이미 북한은 이들 기구에 가입을 신청한 바 있으나 미국의 대북제재조치로 그 가입은 봉쇄되고 있다. 북미관계 개선은 북한의 체제안전보장뿐만 아니라 경제재건을 위해서도 해결되어야 하는 과제이다.

기존의 국제기구만으로 북한 경제재건을 위한 효율적 방안을 마련하는 데 부족하다는 인식에서 이를 위한 독자적 지역금융기구로서 '농북아개발은행' 창설이 제안되기도 했다. 이 은행에는 북한뿐만 아니라 두만강지역 등 동북아시아의 새로운 지역개발 수요를 뒷받침하기 위한 기구로서의 목적도 부여되고 있다. 이러한 기구 창설에는 북한 경제재건을 위한 국제적 차원의 동북아시아 '마셜 플랜'이 필요하다는 문제의식이 깔려 있다. 이러한 기구에는 남북한, 일본, 중국, 러시아, 몽골 등 이 지역 내 국가뿐만 아니라 미국과 EU 등도 참여하는 것이 바람직할 것이다.

# 5장
## 마치며

한반도에서 살아가고 있는 7천만 주민들을 전쟁의 위험에 노출시키고 동북아지역과 세계의 평화를 위협하는 한반도문제를 해결하기 위한 정책대안은 관련국들 모두가 수긍할 수 있는 원칙에 기초하여 실현가능한 대안들로 구성되어야 한다. 아래 <표 3>은 우리가 제시하는 정책대안을 간략하게 정리한 것이다.

<표 3> 한반도문제 해결을 위한 정책대안 구성표

| 기본원칙 | 1. 군사적 수단이 아닌 대화를 통한 문제 해결<br>2. 남·북이 주도하는 접근<br>3. 협력안보개념에 기초한 다자주의 지향<br>4. 공존공영 및 교류협력 지향 |
|---|---|
| 군사적<br>갈등 해소 | 1. 미국 부시 정부는 대북메시지를 명확하게 제시하라<br>2. 대북전력지원으로부터 시작하라<br>3. 미국과 북한은 기존 합의를 존중하면서 관계를 발전시켜 나가라<br>4. 북한의 인권을 개선할 수 있는 효과적인 방법을 모색하라 |
| 평화체제<br>구축 | 1. 남·북 주도, 국제사회 보장<br>2. 전쟁의 종식을 넘어, 평화보장의 방안을 담는 평화협정<br>3. 평화협정 체결은 평화선언 이후, 화해협력단계에 맞춰<br>4. 한반도 군축의 추진 및 군비수입선다변화 노력<br>5. 전시작전통제권 환수<br>6. 한반도 평화체제 구축을 동북아 다자간 안보협력과 함께 추진 |
| 북한 경제<br>위기 극복 | 1. 인도적 지원은 조건없이, 민간경협은 수익성 원칙에 따라<br>2. 금강산관광사업을 평화사업으로 전환 후, 정부 주도<br>3. 대북경제지원을 위한 국제협력 제도화 |

한편, 현 단계에서 가장 긴박한 문제인 군사적 문제는 남북한과 미국이 기존의 합의를 바탕으로 적극적인 조치들을 취해나갈 때에 해결될 수 있다. 우리는 남북한과 미국이 취해야 할 조치들과 협상의 예상 진척을 하나의 표로 정리해보았다.

<표 4> 군사적 문제 관련 협상의 예상진척표

| 단계 | 주요행위자 | | | 조치 |
|---|---|---|---|---|
| | 남한 | 북한 | 미국 | |
| 1 | | | ○ | 명확한 대북메시지 전달 |
| 2 | ○ | | | 대북전력지원 시작 |
| 3 | | | ○ | 대북 '소극적 안전보장'의 완료형태 제공 |
| 4 | | ○ | | 과거 핵 투명성 보장을 위한 사찰일정 관련 IAEA와 협의, 남한 전력지원에 호응, 획기적 긴장완화 조치 |
| 5 | | | ○ | 북미미사일협상의 미완부분 완비 |
| 6 | ○ | ○ | ○ | 북한의 재래식 군사력 후진배치와 관련, 한반도 내 신뢰구축 증진 및 군비통제 차원의 논의 |
| 7 | | ○ | ○ | 미－북한을 테러지원국 명단에서 제외<br>북－미국의 반테러 캠페인에 협력 |
| 8 | | ○ | ○ | 미－생물무기금지협약 의정서 초안 수용<br>북－협약의무 이행 및 화학무기금지협약 가입 |

부록
한반도 관련 주요 합의문 및 제안

# UN군 총사령관을 일방으로 하고 조선인민군 최고사령관 및 중국인민지원군사령관을 다른 일방으로 하는 한국 군사정전 에 관한 협정

(1953년 7월 27일: 발췌)

## 서언

UN군 총사령관을 일방으로 하고 조선인민군 최고사령관 및 중국 인민지원군 사령관을 다른 일방으로 하는 하기의 서명자들은 쌍방에 막대한 고통과 유혈을 초래한 한국충돌을 정지시키기 위하여 최후적 인 평화적 해결이 달성될 때까지 한국에서의 적대행위와 일체 무장행 동의 완전한 정지를 보장하는 정전을 확립할 목적으로 하기 조항에 기재된 정전조건과 규정을 접수하며 또 그 제약과 통제를 받는 데 각 자 공동 상호 동의한다. 이 조건과 규정들의 의도는 순전히 군사적 성 질에 속하는 것이며, 이는 오직 한국에서의 교전(交戰) 쌍방(雙方)에 만 적용한다.

## 제1조 군사분계선과 비무장지대

1. 한 개의 군사분계선을 확정하고 쌍방이 이 선(線)으로부터 각기 2Km씩 후퇴함으로써 적대(敵對) 군대간에 한 개의 비무장지대를 설정한다. 한 개의 비무장지대를 설정하여 이를 완충지대로 함으로 써 적대행위의 재발을 초래할 수 있는 사건의 발생을 방지한다.

3. 비무장지대는 첨부한 지면에 표시한 북방 경계선 및 남방 경계선으로써 이를 확정한다.

6. 쌍방은 모두 비무장지대 내에서 또는 비무장지대에 향하여 어떠한 적대행위도 감행하지 못한다.

7. 군사정전위원회의 특정한 허가없이는 어떠한 군인이나 민간인이나 군사분계선을 통과함을 허가하지 않는다.

10. 비무장지대 내의 군사분계선 이남(以南)의 부분에 있어서의 민사행정 및 구제사업은 UN군 총사령관이 책임진다. 비무장지대 내의 군사분계선 이북의 부분에 있어서의 민사행정 및 구제사업은 조선인민군 최고사령관과 중국인민지원군 사령관이 공동으로 책임진다. 민사행정 및 구제사업을 집행하기 위하여 비무장지대에 들어갈 것을 허가받는 군인 또는 민간인의 인원수는 각방 사령관이 각각 이를 결정한다. 단, 어느 일방이 허가한 인원의 총수는 언제나 일천명을 초과하지 못한다. 민사행정, 경찰의 인원수 및 그가 휴대하는 무기는 군사정전위원회가 이를 규정한다. 기타 인원은 군사정전위원회의 특정한 허가 없이는 무기를 휴대하지 못한다.


## 제2조 정화(停火) 및 정전(停戰)의 구체적 조치

### 가. 총칙

12. 적대 쌍방 사령관들은 육해공군의 모든 부대와 인원을 포함한 그들의 통제하에 있는 모든 무력역량(武裝力量)이 한국에 있어서는 일체 적대행위를 완전히 정지할 것을 명령하고 또 이를 보장한다.

본 항의 적대행위의 완전정지는 본 정전협정이 조인된 지 12시간 후부터 효력을 발생한다(본 정전협정의 기타 각항의 규정이 효력을 발생하는 일자와 시간에 대하여서는 본 정전협정 제63항 참조).

## 나. 군사정전위원회

### 1. 구성

20. 군사정전위원회는 10명의 고급장교로 구성하되 그중의 5명은 UN 군 총사령관이 이를 임명하며, 그중의 5명은 조선인민군 최고사령관과 중국인민지원군사령관이 공동으로 이를 임명한다. 위원 10명 중에서 각방의 3명은 대장(大將) 또는 제독급(提督級)에 속하여야 하며 각방의 나머지 2명은 소장, 준장, 대령 혹은 그와 동급인 자로 할 수 있다.

### 2. 책임과 권한

24. 군사정전위원회의 전반적 임무는 본 정전협정의 실시를 감독하며 본 정전협정의 어떠한 위반사건이든지 협의하여 처리하는 것이다.

25. 군사정전위원회는
   ㉠ 본부를 판문점(북위 37도 57분 29초, 동경 126도 0분 00초)부근에 설치한다. 군사정전위원회는 동 위원회의 쌍방 수석위원의 합의를 거쳐 그 본부를 비무장지대 내의 다른 한 지점에 이설(移設)할 수 있다.
   ㉡ 공동기구로서 사업을 진행하며 의장을 두지 않는다.
   ㉢ 그가 수시로 필요하다고 인정하는 절차규정을 채택한다.
   ㉣ 본 정전협정중 비무장지대와 한강하구에 관한 각 규정의 집행을 감독한다.

ⓜ 공동감시소조의 사업을 지도한다.

ⓗ 본 정전협정은 어떠한 위반사건이든지 협의하여 처리한다.

ⓢ 중립국감독위원회로부터 받은 본 정전협정 위반사건에 관한 일체 조사보고 및 일체 기타보고와 회의기록은 즉시로 적대 쌍방 사령관 들에게 이를 전달한다.

ⓞ 하기한 바와 같이 설립한 전쟁포로송환위원회와 실향이민귀향협조 위원회의 사업을 전반적으로 감독하며 지휘한다.

ⓩ 적대 쌍방 사령관간에 통신을 전달하는 중개역할을 담당한다. 단 상기의 규정은 쌍방 사령관들이 사용하고자 하는 어떠한 방법을 사 용하여 상호통신을 전달하는 것을 배제하는 것으로 해석할 수 없다.

ⓧ 그의 공작(工作) 인원과 그의 공동감시소조의 증명, 문건 및 휘장 또 그 임무집행시에 사용하는 일체의 차량, 비행기 및 선박의 식별 표시를 발급한다.

## 3. 총칙

31. 군사정전위원회는 매일 회의를 연다. 쌍방의 수석위원은 합의하여 7일을 넘지 않는 휴회를 할 수 있다. 단 어느 일방의 수석위원이 든지 24시간 전의 통고로써 이 휴회를 끝낼 수 있다.

## 다. 중립국감독위원회

## 1. 구성

37. 중립국감독위원회는 4명의 고급장교로 구성하되, 그중에 2명은 UN군 총사령관이 지명한 중립국, 즉 스웨덴 및 스위스가 이를 임 명하며, 그중의 2명은 조선인민군 최고사령관과 중국인민지원군 사 령관이 공동으로 지명한 중립국, 즉 폴란드 및 체코슬로바키아가 이를 임명한다. 본 정전협정에서 쓴 중립국이라는 용어의 정의는

그 전투부대가 한국에서의 적대행위에 참가하지 않은 국가를 말하는 것이다. 동 위원회에 임명되는 위원은 임명하는 국가의 무장부대로부터 파견될 수 있다. 매개(每個) 위원은 후보위원 1명을 지정하여 그 정위원(正委員)이 어떠한 이유로 출석할 수 없게 되는 회의에 출석하게 한다. 이러한 후보위원은 그 정위원과 동일한 국적에 속한다. 일방이 지명한 중립국 위원의 출석자수와 다른 일방이 지명한 중립국 위원의 출석자수가 같을 때에는 중립국감독위원회는 곧 행동을 취할 수 있다.

## 2. 책임과 권한

41. 중립국감독위원회의 임무는 본 정전협정 제13항 ㄷ목, 제13항 ㄹ목 및 제28항에 규정한 감독, 감시, 시찰 및 조사의 직책을 집행하며 이러한 감독, 감시, 시찰 및 조사의 결과를 군사정전위원회에 보고하는 것이다.

42. 중립국감독위원회는
   ㉠ 본부를 군사정전위원회의 본부 부근에 설치한다.
   ㉡ 그가 수시로 필요하다고 인정하는 절차규정을 채택한다.
   ㉢ 그 전원(戰員) 및 그 중립국감시소조를 통하여 본 정전협정 제13항 ㄷ목, 제13항 ㄹ목에 규정한 감독과 시찰을 진행하며 또 본 정전협정 위반사건이 발생하였다고 보고된 지점에서 본 정전협정 제28항에 규정한 특별감시와 시찰을 진행한다. 작전비행기, 장갑차량, 무기 또는 탄약의 어떠한 비밀설계 또는 특점(特點)을 시찰 또는 검사할 권한을 주는 것으로 해석할 수 없다.
   ㉣ 중립국시찰소조의 사업을 지도하며 감독한다.
   ㉤ UN군 총사령관의 군사통제지역 내에 있는 본 정전협정 제43항에 열거한 출입항에 5개의 중립국시찰소조를 주재시키며 조선인민군 최고사령관과 중국인민지원군 사령관의 군사통제지역 내에 있는 본 정전협정 제43항에 열거한 출입항에 5개의 중립국시찰소조를 주재시킨

다. 처음에는 따로 10개의 중립국이동 시찰소조를 후비(後備)로 설치하되 중립국감독위원회 본부 부근에 주재시킨다. 그 수는 군사정전위원회 쌍방수석위원의 합의를 거쳐 감소할 수 있다. 중립국이동 시찰소조중 군사정전위원회의 어느 일방 수석위원의 요청에 응하여 파견하는 소조는 언제나 그 반수를 초과할 수 없다.

ⓗ 보고된 본 정전협정 위반사건을 전목(前目) 규정의 범위 내에서 지체없이 조사한다. 이에는 군사정전위원회 또는 동 위원회 중의 어느 일방 수석위원이 요청하는 보고된 본 정전협정 위반사건에 대한 조사를 포함한다.

ⓢ 그의 공작인원과 그의 중립국감시소조의 증명문건 및 휘장, 또 그 임무 집행시에 사용하는 일체 차량, 비행기 및 선박의 식별표지를 발급한다.

### 3. 총칙

44. 중립국감독위원회는 매일 회의를 연다. 중립국감독위원회는 합의하여 7일을 넘지 않는 휴회를 할 수 있다. 단 어느 위원이든지 24시간 전의 통고로써 이 휴회를 끝낼 수 있다.


## 제4조 쌍방 관계정부들에의 건의

60. 한국문제의 평화적 해결을 위하여 쌍방 군사령관은 쌍방의 관계 각국 정부에 정전협정이 조인되고 효력을 발생한 후 3개월 내에 각기 대표를 파견하여 쌍방의 한 급 높은 정치 회의를 소집하고 한국으로부터 모든 외국군대의 철수 및 한국문제의 평화적 해결문제들을 협의할 것을 이에 건의한다.

## 제5조 부칙

61. 본 정전협정에 대한 수정과 증보는 반드시 적대(敵對) 쌍방 사령
    관들이 상호 합의를 거쳐야 한다.
62. 본 정전협정의 각 조항은 쌍방이 공동으로 접수하는 수정 및 증보
    또는 쌍방의 정치적 수준에서의 평화적 해결을 위한 적당한 협정
    중의 규정에 의하여 명확히 교체될 때까지는 계속 효력을 가진다.
63. 제12항을 제외한 본 정전협정의 일체 규정은 1953년 7월 27일
    22시부터 효력을 발생한다.


1953년 7월 27일 10시에 한국 판문점에서 영문·한국문 및 중국문
으로써 작성한다. 이 3개 국어에 의한 각 협정의 본문은 동등한 효력
을 가진다.



UN군 총사령관 미 육군대장 마크 W. 클라크
조선인민군 최고사령관, 조선민주주의인민공화국 원수 김일성
중국인민지원군 사령관 팽덕회

# 대한민국과 미합중국 간의 상호방위조약

(1953년 10월 1일)

　본 조약의 당사국은 모든 국민과 모든 정부와 평화적으로 생활하고
자 하는 희망을 재확인하며 또한 태평양지역에 있어서의 평화기구를
공고히 할 것을 희망하고, 당사국 중 어느 일국이 태평양 지역에 있어
서 고립하여 있다는 환각을 어떠한 잠재적 침략자도 가지지 않도록
외부로부터의 무력공격에 대하여 그들 자신을 방위하고자 하는 공동
의 결의를 공공연히 또한 정식으로 선언할 것을 희망하고, 또한 태평
양지역에 있어서 더욱 포괄적이고 효과적인 지역적 안전 보장 조직이
발달될 때까지 평화와 안전을 유지하고자 집단적 방위를 위한 노력을
공고히 할 것을 희망하여 다음과 같이 동의한다.

　제1조　당사국은 관련될지도 모르는 어떠한 국제적 분쟁이라도 국제
　　　적 평화와 안전과 정의를 위태롭게 하지 않는 방법으로 평화적 수
　　　단에 의하여 해결하고 또한 국제관계에 있어서 UN의 목적이나 당
　　　사국이 UN에 대하여 부담한 의무에 배치되는 방법으로 무력의 위
　　　협이나 무력의 행사를 삼갈 것을 약속한다.
　제2조　당사국 중 어느 일국의 정치적 독립 또는 안정이 외부로부터
　　　의 무력공격에 의하여 위협을 받고 있다고 어느 당사국이든지 인
　　　정할 때에는 언제든지 당사국은 서로 협의한다. 당사국은 단독적으
　　　로나 공동으로나 자조와 상호원조에 의하여 무력 공격을 방지하기
　　　위한 적절한 수단을 지속하며 강화시킬 것이며 본 조약을 실행하
　　　고 그 목적을 추진할 적절한 조치를 협의와 합의하에 취할 것이다.
　제3조　각 당사국은 타 낭사국의 행징 지배히에 있는 엉토와 긱 당시

국이 타당사국의 행정 지배하에 합법적으로 들어갔다고 인정하는 금후의 영토에 있어서 타 당사국에 대한 태평양지역에 있어서의 무력 공격을 자국의 평화와 안정을 위태롭게 하는 것이라고 인정하고 공동의 위험에 대처하기 위하여 각자의 헌법상의 수속에 따라 행동할 것을 선언한다.

제4조  상호적 합의에 의하여 미합중국의 육군, 해군과 공군을 대한민국의 영토 내와 그 부근에 배비하는 권리를 대한민국은 이를 허여하고 미합중국은 이를 수락한다.

제5조  본 조약은 대한민국과 미합중국에 의하여 각자의 헌법상의 수속에 따라 비준되어야 하며 그 비준서가 양국에 의하여 워싱턴에서 교환되었을 때에 효력을 발생한다.

제6조  본 조약은 무기한으로 유효하다. 어느 당사국이든지 타 당사국에 통고한 후 1년에 본 조약을 종지시킬 수 있다.

이상의 증거로서 하기 전권 위원은 본 조약에 서명한다.

본 조약은 1953년 10월 1일 워싱턴에서 한국문과 영문으로 두 벌로 작성됨.

대한민국을 위하여 변영태
미합중국을 위하여 존 포스터 덜레스

미합중국의 양해사항(Understanding of the United States)

어떤 체약국도 이 조약의 제3조하에서는 타방국에 대한 외부로부터의 무력공격의 경우를 제외하고는 그를 원조할 의무를 지는 것이 아니다.

또 이 조약의 어떤 규정도 대한민국의 행정적 관리 아래 합법적으로 존치하기로 된 것과 미합중국에 의해 결정된 영역에 대한 무력공격의 경우를 제외하고는 미합중국이 대한민국에 대하여 원조를 공여할 의무를 지우는 것으로 해석되어서는 안된다.

## 한국에 대한 군사 및 경제원조에 관한 대한민국과 미합중국 간의 합의 의사록

(1954년 11월 17일: 부록 생략)

대한민국과 미합중국의 공동이익은 긴밀한 협조를 계속 유지하는데 있는 바 이는 상호유익함을 입증하였으며 자유세계가 공산침략에 대하여 투쟁하며 자유로운 생존을 계속하고자 하는 결의를 위하여 중요한 역할을 한 것이다.

따라서, 대한민국은 다음 사항을 이행할 의도를 가지고 있으며 또한 이를 그의 정책으로 삼는다.

1. 한국은 UN을 통한 가능한 노력을 포함하는 국토통일을 위한 노력에 있어서 미국과 협조한다.
2. UN사령부가 대한민국의 방위를 위한 책임을 부담하는 동안 대한민국 국군을 UN사령부의 작전지휘권하에 둔다. 그러나 양국의 상호적 및 개별적 이익이 변경에 의하여 가장 잘 성취될 것이라고 협의 후 합의되는 경우에는 이를 변경할 수 있다.
3. 경제적 안정에 배치하지 않고 이용할 수 있는 자원 내에서 효과적인 군사계획의 유지를 가능케 하는 부록 B에 규정된 바의 국군병력기준과 원칙을 수락한다.
4. 투자기업의 사유제도를 계속 장려한다.
5. 미국의 법률과 원조계획에 일반적으로 적용되는 관행에 부합하는 미국 정부의 원조자금의 관리를 위한 절차에 협조한다.
6. 부록 A에 표시된 것을 포함하여 경제계획을 유효히 실시함에 필요

한 조치를 취한다.

대한민국이 실현하겠다고 선언한 조건에 기하여 미합중국은 다음 사항의 의도를 가지고 있으며 또한 이를 그의 정책으로 삼는다.

1. 1955년 회계연도에 총액 7억 달러에 달하는 계획적인 경제원조 및 직접적 군사원조로써 대한민국이 정치적, 경제적 및 군사적으로 강화되도록 원조하는 미국의 계획을 단속한다. 이 금액은 1955년 회계연도의 한국에 대한 원조액으로 기왕에 미국이 상상하였던 액보다 1억 달러 이상을 초과하는 것이다. 이 총액 중 한국민간구원계획의 경제원조금액은 약 2억 8천만 달러에 달한다(1955년 회계연도의 실제지출은 약 2억 5천만 달러로 예상되다).
2. 양국정부의 적당한 군사대표들에 의하여 작성된 절차에 따라 부록 B에 약술한 바와 같이 예비군제도를 포함한 증강된 대한민국의 군비를 지원한다.
3. 대한민국의 군비를 지원하기 위한 계획을 실시함에 있어서 대한민국의 적당한 군사대표들과 충분히 결의한다.
4. 대한민국에 대한 도발에 의하지 않는 침공이 있을 경우에는 미국의 헌법절차에 의거하여 침략자에 대하여 그 군사력을 사용한다.
5. 필요한 국회의 승인을 조건으로 하여 한국의 재건을 위한 경제계획을 단속 추진한다.

1954년 11월 17일 대한민국 서울에서
대한민국 외무부 장관 변영태
대한민국주재 미합중국대사 엘리스 O. 브릭스

# 조선민주주의인민공화국과 중화인민공화국 간의
# 우호 협조 및 호상 원조에 관한 조약

(1961년 7월 11일)

조선민주주의인민공화국 최고인민회의의 상임위원회와 중화인민공화국 주석은 마르크스·레닌주의와 프롤레타리아 국제주의의 원칙에 입각하여 또한 국가 주권과 령토 완정(完整)에 대한 호상 존중, 호상 불가침, 내정에 대한 호상 불간섭, 평등과 호혜, 호상 원조 및 지지의 기초 위에서 조선민주주의인민공화국과 중화인민공화국 간의 형제적 우호 협조 및 호상 원조 관계를 가일층 발전시키며 양국 인민의 안전을 공동으로 보장하며 아세아와 세계 평화를 유지, 공고화하기 위하여 모든 노력을 다할 것을 결의한다.

또한 양국간의 우호 협조 및 호상 원조 관계의 강화 발전은 양국 인민의 근본 리익에 부합될 뿐만 아니라 또한 세계 각국 인민의 리익에 부합된다고 확신한다. 이 목적을 위하여 본 조약을 체결하기로 결정하고 조선민주주의인민공화국 최고인민회의 상임위원회는 조선민주주의인민공화국 내각 수상 김일성을, 중화인민공화국 국무원 총리 주은래를 각각 자기의 전권 대표로 임명하였다.

제1조 체약 쌍방은 아세아 및 세계의 평화와 각국 인민의 안전을 수호하기 위하여 계속 모든 노력을 다할 것이다.

제2조 체약 쌍방은 체약 쌍방 중 어느 일방에 대한 어떠한 국가로부터의 침략이라도 이를 방지하기 위하여 모든 조치를 공동으로 취할 의무를 지닌다. 체약 일방이 어떠한 한 개의 국가 또는 몇 개

국가들의 련합으로부터 무력 침공을 당함으로써 전쟁 상태에 처하게 되는 경우에 체약 상대방은 모든 힘을 다하여 지체 없이 군사적 및 기타 원조를 제공한다.

제3조  체약 쌍방은 체약 상대방을 반대하는 어떠한 동맹도 체결하지 않으며 상대방을 반대하는 어떠한 집단과 어떠한 행동 또는 조치에도 참가하지 않는다.

제4조  체약 쌍방은 양국의 공동 리익과 관련되는 일체 중요한 국제 문제들에 대하여 계속 협의한다.

제5조  체약 쌍방은 주권에 대한 호상 존중, 내정에 대한 호상 불간섭, 평등과 호혜의 원칙 및 친선 협조의 정신에 계속 입각하여 양국의 사회주의 건설사업에서 호상 가능한 모든 경제적 및 기술적 원조를 제공하며 양국의 경제, 문화 및 과학 기술적 협조를 계속 공고히 하며 발전시킨다.

제6조  체약 쌍방은 조선의 통일이 반드시 평화적이며 민주주의적인 기초 위에서 실현되어야 하며 그리고 이와 같은 해결이 곧 조선 인민의 민족적 리익과 극동에서의 평화 유지에 부합된다고 인정한다.

## 7·4 남북공동성명

(1972년 7월 4일)

최근 평양과 서울에서 남북관계를 개선하며 갈라진 조국을 통일하는 문제를 협의하기 위한 회담이 있었다. 서울의 이후락 중앙정보부장이 1972년 5월 2일부터 5월 5일까지 평양을 방문하여 평양의 김영주 조직지도부장과 회담을 진행하였으며, 김영주 부장을 대신한 박성철 제2부수상이 1972년 5월 29일부터 6월 1일까지 서울을 방문하여 이후락 부장과 회담을 진행하였다.

이 회담들에서 쌍방은 조국의 평화적 통일을 하루 빨리 가져와야 한다는 공통된 염원을 안고 허심탄회하게 의견을 교환하였으며 서로의 이해를 증진시키는 데 큰 성과를 거두었다. 이 과정에서 쌍방은 오랫동안 서로 만나보지 못한 결과로 생긴 남북사이의 오해와 불신을 풀고 긴장의 고조를 완화시키며 나아가서 조국통일을 촉진시키기 위하여 다음과 같은 문제들에 완전한 견해의 일치를 보였다.

쌍방은 다음과 같은 조국통일원칙들에 합의를 보았다.

첫째, 통일은 외세에 의존하거나 외세의 간섭을 받음이 없이 자주적으로 해결하여야 한다.

둘째, 통일은 서로 상대방을 반대하는 무력행사에 의거하지 않고 평화적 방법으로 실현하여야 한다.

셋째, 사상과 이념, 제도의 차이를 초월하여 우선 하나의 민족으로서 민족적 대단결을 도모하여야 한다.

쌍방은 남북사이의 긴장상태를 완화하고 신뢰의 분위기를 조성하기 위하여 서로 상대방을 중상 비방하지 않으며 크고 작은 것을 막론하고 무장도발을 하지 않으며 불의의 군사적 충돌사건을 방지하기 위한 적극적인 조치를 취하기로 합의하였다.

쌍방은 끊어졌던 민족적 연계를 회복하며 서로의 이해를 증진시키고 자주적 평화통일을 촉진시키기 위하여 남북사이의 다방면적인 제반교류를 실시하기로 합의하였다.

쌍방은 지금 온 민족의 거대한 기대 속에 진행되고 있는 남북적십자회담이 하루 빨리 성사되도록 적극 협조하는 데 협의하였다.

쌍방은 돌발적 군사사고를 방지하고 남북사이에 제기되는 문제들을 직접 신속 정확히 처리하기 위하여 서울과 평양 사이에 상설 직통전화를 놓기로 하였다.

쌍방은 이러한 합의사항을 추진시킴과 함께 남북사이의 제반문제를 개선 해결하며 또 합의된 조국통일원칙에 기초하여 나라의 통일문제를 해결한 목적으로 이후락 부장과 김영주 부장을 공동위원장으로 하는 남북조절위원회를 구성운영하기로 합의하였다.

쌍방은 이상의 합의사항이 조국통일을 일일천추로 갈망하는 온 겨레의 한결같은 염원에 부합된다고 확신하면서 이 합의사항을 성실히 이행할 것을 온 민족 앞에 엄숙히 약속한다.


서로 상부의 뜻을 받들어
이후락 김영주

# 헨리 A. 키신저 美 국무장관의 4자회담 제의

(1976년 7월 22일: 발췌)

…… 세계의 다른 어느 지역도 아시아보다 더 다이나믹하고 다양하고 복잡하지 않다. 즉 지난 세대에 미국은 아시아에서 세 차례의 전쟁을 치루었다. 우리는 미국의 안전과 복지가 태평양지역의 평화에 달려 있다는 것과 그 평화는 우리가 적극적인 역할을 하지 않는 한 유지될 수 없다는 점을 어렵게 체득했다.

미국의 외교정책은 아시아에서 위대한 성과와 쓰라린 좌절을 모두 경험했다. 제2차세계대전 후 우리는 무엇보다도 공산주의의 팽창을 억지하는 길을 찾았다. 우리는 본질적으로 이것에 성공했다. 우리 미국은 민주 일본과 밀접한 연합을 맺었다. 우리 미국과 미국의 동맹국은 침략을 저지하기 위해 한국을 지원했다. 우리는 필리핀에게 완전 독립을 향해 순차적으로 권력을 이양했다. 양차 대전 중에 우리의 동맹국이었던 호주와 뉴질랜드와의 유대를 강화시켰다. 우리는 태평양 지역이 획기적인 경제성장과 활기찬 경제활동의 지대로 발전하도록 지원하였다.

한편으로는 많은 것이 성취된 반면에 아시아는 여전히 혼란과 동요의 가능성이 높은 지역으로 남아 있다. 작년 월남의 붕괴는 아시아로부터 미군의 전면 철수에 대한 관심을 야기시켰다.

다행스럽게도 미국의 정책이 아시아 국가의 내적인 힘과 탄력성을 유지하도록 지주가 되었던 것에 주로 기인하여 그러한 우려는 진정되었고 거기에는 안심할 수 있는 근거가 다소 있다. 아시아에서의 소련의 활동은 증가하고 있다. 남북한은 여전히 치열한 대립상태에 있다. 하노이는 새로운 세력의 중심으로 나타나고 있으며 그 이웃 국가들에 대한 태도는 야심적이며 위협적일 가능성이 있다. 대부분의 발전도상 국가들은 사회적 정치적 긴장에 시달리고 있다. 도시 및 해양자원에 대한 쟁탈전은 장래 가능한 영토분쟁의 망령을 되살리고 있다.

많은 것이 우리 미국의 행동에 달려 있으며 우리의 확고한 태도 안에 있는 아시아 국가의 자신감에 달려 있다. 진실로 미국의 세계정책의 모든 요소는 아시아에서 한 묶음으로 만나고 있다.

아시아의 평화는 세계평화에 핵심적인 것이다. 분쟁을 해결하고 긴장을 완화할 필요성은 여기 아시아에서 더욱 긴박하다. 그리고 국제간의 대화의 새로운 유형을 형성하려는 노력은 세계에서 가장 역동적이고 자신을 신뢰하는 발전도상국이 있는 아시아에서 그 위대한 희망을 걸 수 있다.

미국·일본·중국·소련 서구 제 국가 등 세계의 모든 주요강대국은 아시아에 중요한 이해관계를 갖고 있다. 이 모든 강대국은 이 지역의 분쟁으로부터 직접적인 영향을 받을 것이다. 아직까지도 이들 강대국 중의 어느 나라도 그 안보가 배타적으로 결정되지 않았으며 어떤 경우에는 아시아에서의 사건에 일차적으로 무관한 경우도 있다. 그러므로 어느 나라도 그 나라가 한 대륙에서 다른 대륙으로 분쟁을 비끼게 하면서 그 나라의 안보를 향상할 수 있다고 믿어서는 안된다. 만약 유럽에서 균형이 깨진다면 아시아 국가의 안보가 영향을 받을 것이다. 만약 아시아에서 균형이 위태로워진다면 심각한 반향이 유럽에 미칠 것이다. 유럽에서나 아시아에서나 우리는 다른 나라에게 자신의 운명을 따르라고 지시할 수 없으며, 그 독립이 우리의 관심사인 나라의 운명에 대하여 이래라 저래라 할 수 없는 것이다.

아시아에서의 세력균형 문제는 보다 다중적이고 유동적이다. 동서 대립만이 그 초점이 아니다. 그것은 양대 공산주의 강대국간의 투쟁을 포함하고 있으며 그 위협은 상당히 다양하다.

한국과 같은 지역에서는 기존 전선을 넘어 무장공격을 받을 수 있다는 데 그 주요한 위험성이 있다. 동남아시아 같은 지역에서는 정부 전복을 포함한 즉각적인 위협이 국가 건설의 어려운 과제에 대립하고 있다. 그 대부분의 나라에서는 종교, 인종, 문화적 차이에서 오는 복합적인 사회문제의 짐을 짊어지고 있다. 실제로 모든 나라들이 외부의 지원을 받을 태세가 되어 있는 무장 반정부세력과 싸워야만 하는 형편이다.

우리의 안보 관계는 강대국의 세계적 세력균형에 핵심적인 것이다. 일본은 미국의 최대 무역 상대국이다. 우리 미국과 일본은 각각 한국의 긴장완화를 위해서, 동남아시아의 안정적인 정치발전을 위해서, 모스크바와 북경과의 관계 개선을 모색하고 있다. 미국과 일본은 안정적인 경제성장을 증진하고 민주주의 공업국가간의 유대를 강화하고 발전도상국과 선진공업국가 간에 긍정적인 연대를 형성하기 위해 효과적인 국제적 노력을 발전시키는 데 상호협력하고 있다. 일본과 미국은 민주주의의 원칙에 공동으로 헌신하고 있으며 그렇게 함으로써 핵심적인 지역 문제나 국제 문제에 밀접한 합의는 양국의 정책에 중심이 되고 있다.

미국은 이러한 유대를 강화하기 위해 모든 노력을 다할 것이다. 미국인은 남한의 독립을 보존하기 위해 싸웠고 전사했다. 우리의 경험과 희생은 이렇게 어렵게 획득한 안정을 보존하는 우리의 지지를 규정한다. 즉 상호방위조약의 의무규정은 우리의 법적인 의무사항을 규정한다.

우리 미국의 지지와 원조는 조약에서 약속된 지역에서 언제든지 가능하다. 우리의 조약사항을 실현하는 데 있어 우리는 한국이 자체방위의 일차적인 책임을, 특히 그 군사인력동원에 책임을 지기를 희망한다. 그리고 우리는 정부전복기도와 외부로부터의 도전에 저항하기 위해서는 국민의 뜻과 사회정의에 따르는 것이 극히 중요하다는 것을 한국 정부에게 계속 상기시킬 것이다. 그러나 한국과 미국과의 동맹은 우리 미국의 안보와 일본의 안보에 영향을 끼치는 외적인 위협에 대응하기 위해 고안되었다는 점을 잊지 않을 것이다. 한국에 여전히 어려운 상황이 계속 되고 있다 하더라도 인도차이나의 경험을 좇아 새로운 정세에 따라 적응해야 되는 중대한 문제에 직면한 나라들은 동남아시아의 우방국가들이다.

한반도에서 역시 우리는 긴장완화를 위해 다대한 노력을 하려고 하고 있다. 최근에 북한과 그 우방국들은 주요한 외교 캠페인을 전개하고 있다—특히 소위 비동맹회의와 UN에서 23년 전에 한국전쟁을 종식시키고 금일에도 평화유지에 기여하고 있는 휴전협정의 기구적 배치를 변경시키려고 하고 있다. 그들은 UN군 사령부의 무조건 해체를 주장하고 있는데 UN군 사령부는 북한, 중국과 함께 휴전협정의 조인 당사자이다. 그들은 더 나아가 UN군 사령부가 해체되면 휴전협정 자체가 소멸될 것이라고 주장한다. 그와 동시에 북한은 주한미군의 일방적인 철수를 요구한다. 그들은 한반도의 평화와 안전문제를 한국 인구의 3분의 2를 점하고 있는 대한민국을 제외한 미국과 북한 간의 쌍무회무회담에서 토의하자고 제안한다.

북한의 제의는 평화를 증진시키기 위해 나온 것이 아니라 우리의 우방을 고립시키고 일방적인 미군 철수를 촉진시키고 현재의 합법적인 협정을 무형의 일방적인 협상으로 분해시키려는 의도로 고안된 것이다.

미국은 그와 같은 제안을 결코 수락하지 않을 것이다. 진정으로 평화를 신봉하는 나라라면 이 제안을 결코 지지하지 않을 것이다. 어느 나라도 진정한 비동맹이 한편으로 치우친 접근방법으로 흘러가는 것을 동조하지 않을 것이다.

한반도에서의 현재 협정이 영구히 변함없이 유지되어야 한다고 말하는 것이 아니다. 오히려 미국은 이 지역에서의 긴장완화와 안전증진을 위한 새로운 협상을 환영한다. 우리는 기존의 휴전협정을 위한 새로운 법적 근거에 대해 논의할 용의가 있다. 또한 우리는 현재의 휴전협정을 더욱 항구적인 협정으로 대체할 용의가 있다. 그러나 한국의 존재 자체에 바로 영향을 주는 모든 문제에 대해 우방 한국 몰래 미국 정부는 협상할 수도 없고 협상하지도 않을 것이다. 또한 미국은 당사국간에 평화를 유지케 하는 현존의 유일한 법적인 조치인 휴전협정을 보전하는 새로운 조치없이, 혹은 새로운 항구적인 법적 근거를 제공하는 새로운 조치없이 UN군 사령부를 폐지하는 일에 동의하지 않을 것이다. 그리고 주한미군을 일방적으로 철수시킴으로써 안정과 협상의 희망을 저해하지 않을 것이다. 한국에 대한 미국의 입장은 명백하다. 즉,

첫째, 북한의 동맹국이 한국과의 개선에 응할 준비가 되어 있다면 그때 가서야 미국도 북한에 대해 상응한 태도를 취할 것이다. 둘째, 우리는 한국의 궁극적인 통일에 대한 선입견 없이 UN이 남북한에게 정회원가입의 문호를 개방한다는 제의를 계속 지지한다. 셋째, 우리는 현재의 휴전협정을 쌍방에게 받아들여질 수 있는 형태의 보다 항구적인 조치로 대체하거나 휴전협정의 새로운 근거에 대해 협상할 용의가 있다.

이러한 정신에서, 우리는 지난 9월 휴전협정의 보전과 한반도 긴장완화의 방법에 대해 논의하기 위해 남북한을 포함하여 미국, 중국의 4

자회담을 제의한 바 있다. 우리는 그와 같은 회담에서 더욱 근본적이고 지속적인 조치에 대해 협의하기 위해 더 큰 규모의 회담을 개최할 가능성을 조사할 준비가 되어 있다는 점을 지적한 바 있다.

오늘 포드 대통령은 그와 같은 회담을 다시 요구하도록 본인에게 요청했다.

특별히 미국 정부는 차기 UN 총회 기간 중에 남북한, 중화인민공화국을 만날 용의가 있다. 회담장소로서 뉴욕을 제안한다. 그러나 상호간에 동의하는 다른 장소를 고려할 수도 있다. 그 장소와 절차 문제에 대해 즉시 논의할 수 있다. 그러한 회담은 당국들이 동의한다면 휴전협정에 대신할 새로운 법적 구조를 제공할 수 있을 것이다. 그것은 더욱 항구적인 조치로 대체시킬 수 있고 아시아 전체의 긴장을 완화시킬 수 있을 것이다.

지난 35년 동안 세 번에 걸쳐서 수만 명의 미국인들이 아시아대륙의 전쟁에서 희생되었다. 우리에게 있어 제2차세계대전은 아시아에서 시작되었고 아시아에서 끝났다. 한국을 정복하려는 뻔뻔스러운 공산주의자들의 공격을 거기에서 패퇴시켰다. 5만 명의 전사자와 그것이 여기 미본토에 초래한 비통함과 함께 월남의 비극도 거기 아시아에서 벌어졌다.

그러한 사태는 다시는 일어나서는 안된다. 침략을 기도하기에는 너무 비싼 대가를 치르게 하고 평화를 도저히 거부할 수 없게 하면서 과거의 교훈을 통해 미래를 책임지고 있는 미국의 정책에 이러한 일이 다시는 일어나지 않을 것이다……

## 한미연합군 사령부 설치에 관한 교환각서

(1978년 10월 17일)

## 한국측 제안각서

각하:

본인은 1978년 7월 26일 및 27일에 캘리포니아 샌디에이고에서 개최된 제11차 한미연례안보협의회에서 대한민국 국방부장관과 미합중국 국방장관 간에 합의된 '군사위원회 및 한미연합군 사령부에 관한 권한위임사항'에 언급하는 영광을 가지는 바입니다.

본인은 대한민국 정부가 상기 권한위임사항이 1953년에 서명된 '대한민국과 미합중국 간의 상호방위조약' 및 1954년에 서명되고 1955년과 1962년에 각각 개정된 바 있는 '대한민국 정부와 미합중국 정부 간의 군사 및 경제원조에 관한 합의 의사록' 중 한국측 정책사항 제2항의 규정의 범위 내에서 정당하게 이루어진 약정이며 또한 동 약정은 UN군 사령관 및 주한미군 사령관을 겸임하는 한미연합군 사령관이 미군 4성장군인 한 효력을 갖는 것으로 이해함을 통보하는 영광을 또한 가지는 바입니다.

본인은 각하가 귀 정부를 대표하여 미합중국 정부도 상기와 같이 이해함을 확인하여 주시면 감사하겠습니다.

각하에게 거듭 본인의 최고의 경의를 표하는 바입니다.

대한민국 외무부장관

## 미국측 회답각서

각하:

본인은 다음과 같은 1978년 10월 17일자 각하의 각서를 접수하였음을 확인하는 영광을 가지는 바입니다.

(한국측 제안각서 내용 생략)

본인은 또한 양국 정부를 대표하여 미합중국 정부도 상기와 같이 이해함을 확인하는 영광을 가지는 바입니다.

각하에게 거듭 본인의 최고의 경의를 표하는 바입니다.

미합중국 대사

# 남북사이의 화해와 불가침 및 교류·협력에 관한 합의서

(1991년 12월 13일)

남과 북은 분단된 조국의 평화적 통일을 염원하는 온 겨레의 뜻에 따라 7·4 남북공동성명에서 천명된 조국통일 3대 원칙을 재확인하고 정치군사적 대결 상태를 해소하여 민족적 화해를 이룩하고 무력에 의한 침략과 충돌을 막고 긴장완화와 평화를 보장하며 다각적인 교류·협력을 실현하여 민족공동의 이익과 번영을 도모하며 쌍방사이의 관계가 나라와 나라 사이의 관계가 아닌 통일을 지향하는 과정에서 잠정적으로 형성되는 특수관계라는 것을 인정하고 평화통일을 성취하기 위한 공동의 노력을 경주할 것을 다짐하면서 다음과 같이 합의하였다.

## 제1장 남북화해

제1조  남과 북은 서로 상대방의 체제를 인정하고 존중한다.

제2조  남과 북은 상대방의 내부 문제에 간섭하지 아니한다.

제3조  남과 북은 상대방에 대한 비방·중상을 하지 아니한다.

제4조  남과 북은 상대방을 파괴·전복하려는 일체 행위를 하지 아니한다.

제5조  남과 북은 현 정전상태를 남북 사이의 공고한 평화상태로 전환시키기 위하여 공동으로 노력하며 이러한 평화상태가 이룩될 때까지 현 군사정전협정을 준수한다.

제6조  남과 북은 국제 무대에서 대결과 경쟁을 중지하고 서로 협력하며 민족의 존엄과 이익을 위하여 공동으로 노력한다.

제7조 남과 북은 서로의 긴밀한 연락과 협의를 위하여 이 합의서 발효 후 3개월 안에 판문점에 남북연락사무소를 설치·운영한다.

제8조 남과 북은 이 합의서 발효 후 1개월 안에 본회담 테두리 안에서 남북정치분과위원회를 구성하여 남북화해에 관한 합의의 이행과 준수를 위한 구체적 대책을 협의한다.


## 제2장 남북불가침

제9조 남과 북은 상대방에 대하여 무력을 사용하지 않으며 상대방을 무력으로 침략하지 아니한다.

제10조 남과 북은 의견대립과 분쟁 문제들을 대화와 협상을 통하여 평화적으로 해결한다.

제11조 남과 북의 경계선과 구역은 1953년 7월 27일자 군사정전에 관한 협정에 규정된 군사분계선과 지금까지 쌍방이 관할하여 온 구역으로 한다.

제12조 남과 북은 불가침의 이행과 보장을 위하여 이 합의서 발효 후 3개월 안에 남북군사공동위원회를 구성·운영한다. 남북군사공동위원회에서는 대규모 부대이동과 군사연습의 통보 및 통제 문제, 비무장지대의 평화적 이용 문제, 군 인사 교류 및 정보교환 문제, 대량파괴무기와 공격능력의 제거를 비롯한 단계적 군축실현 문제, 검증 문제 등 군사적 신뢰 조성과 군축을 실현하기 위한 문제를 협의·추진한다.

제13조 남과 북은 우발적인 무력충돌과 그 확대를 방지하기 위하여 쌍방 군사 당국자 사이에 직통전화를 설치·운영한다.

제14조 남과 북은 이 합의서 발효 후 1개월 안에 본 회담 테두리 안에서 남북군사분과위원회를 구성하며 불가침에 관한 합의의 이행과 준수 및 군사적 대결상태를 해소하기 위한 구체적 대책을 협의한다.

## 제3장 남북교류협력

제15조   남과 북은 민족경제의 통일적이며 균형적인 발전과 민족 전체의 복리 향상을 도모하기 위하여 자원의 공동개발, 민족내부교류로서의 물자교류, 합작투자 등 경제 교류와 협력을 실시한다.

제16조   남과 북은 과학·기술, 교육, 문화·예술, 보건, 체육, 환경과 신문, 라디오, 텔레비전 및 출판물을 비롯한 출판·보도 등 여러 분야에서 교류와 협력을 실시한다.

제17조   남과 북은 민족구성원들의 자유로운 왕래와 접촉을 실현한다.

제18조   남과 북은 흩어진 가족·친척들의 자유로운 서신거래와 왕래와 상봉 및 방문을 실시하고 자유의사에 의한 재결합을 실현하며, 기타 인도적으로 해결할 문제에 대한 대책을 강구한다.

제19조   남과 북은 끊어진 철도와 도로를 연결하고 해로, 항로를 개설한다.

제20조   남과 북은 우편과 전기통신교류에 필요한 시설을 설치·연결하며, 우편·전기통신, 교류의 비밀을 보장한다.

제21조   남과 북은 국제무대에서 경제와 문화 등 여러 분야에서 서로 협력하며 대외에 공동으로 진출한다.

제22조   남과 북은 경제와 문화 등 각 분야의 교류와 협력을 실현하기 위한 합의의 이행을 위하여 이 합의서 발효 후 3개월 안에 남북경제교류협력공동위원회를 비롯한 부문별 공동위원회를 구성·운영한다.

제23조   남과 북은 이 합의서 1개월 안에 본 회담 테두리 안에서 남북교류협력분과위원회를 구성하여 남북교류협력에 관한 협의의 이행과 준수를 위한 구체적 대책을 협의한다.

## 제4장 수정 및 발효

제24조  이 합의서는 쌍방의 합의에 의하여 수정 보충할 수 있다.
제25조  이 합의서는 남과 북이 각기 발효에 필요한 절차를 거쳐 그
  문본을 서로 교환한 날부터 효력을 발생한다.


1991년 12월 13일

|  |  |
|:---:|:---:|
| 남북고위급회담 | 북남고위급회담 |
| 남측대표단수석대표 | 북측대표단단장 |
| 대한민국 | 조선민주주의인민공화국 |
| 국무총리 정원식 | 정무원 총리 연형묵 |

## '남북사이의 화해와 불가침 및 교류·협력에 관한 합의서'의 '제1장 남북 화해'의 이행과 준수를 위한 부속합의서

(1992년 9월 17일)

남과 북은 '남북 사이의 화해와 불가침 및 교류·협력에 관한 합의서'의 '제1장 남북화해'의 이행과 준수를 위한 구체적 대책을 협의한데 따라 다음과 같이 합의하였다.


## 제1장 체제(제도) 인정 존중

제1조   남과 북은 상대방의 정치, 경제, 사회, 문화 체제(제도)를 인정하고 존중한다.

제2조   남과 북은 상대방의 정치, 경제, 사회, 문화 체제(제도)를 소개하는 자유를 보장한다.

제3조   남과 북은 상대방 당국의 권한과 권능을 인정·존중한다.

제4조   남과 북은 '남북 사이의 화해와 불가침 및 교류·협력에 관한 합의서'에 저촉되는 법률적, 제도적 장치의 개정 또는 폐기 문제를 법률실무협의회에서 협의·해결한다.


## 제2장 내부 문제 불간섭

제5조   남과 북은 상대방의 법질서와 당국의 시책에 대하여 간섭하지 아니한다.

제6조 남과 북은 상대방의 대외관계에 대해 간섭하는 행위를 하지
아니한다.

제7조 남과 북은 '남북 사이의 화해와 불가침 및 교류·협력에 관한
합의서'에 저촉되는 문제에 대하여서는 상대방에 그 시정을 요구
할 수 있다.

## 제3장 비방중상 중지

제8조 남과 북은 언론·삐라 및 그 밖의 다른 수단·방법을 통하여 상
대방을 비방·중상하지 아니한다.

제9조 남과 북은 상대방의 특정인에 대한 지명 공격을 하지 아니한다.

제10조 남과 북은 상대방 당국을 비방·중상하지 아니한다.

제11조 남과 북은 상대방에 대한 사실을 왜곡하지 않으며 허위사실
을 조작·유포하지 아니한다.

제12조 남과 북은 사실에 대한 객관적 보도를 비방·중상의 대상으로
하지 아니한다.

제13조 남과 북은 군사분계선지역에서 방송과 시각매개물(게시물)을
비롯한 그 밖의 모든 수단을 통하여 비방·중상하지 아니한다.

제14조 남과 북은 군중집회와 군중행사에서 상대방을 비방·중상하지
아니한다.

## 제4장 파괴전복행위 금지

제15조 남과 북은 상대방에 대한 테러, 포섭, 납치, 살상을 비롯한 직
접 또는 간접, 폭력 또는 비폭력 수단에 의한 모든 형태의 파괴·전
복 행위를 하지 아니한다.

제16조   남과 북은 상대방에 대한 파괴·전복을 목적으로 하는 선전선동 행위를 하지 아니한다.

제17조   남과 북은 자기측 지역과 상대측 지역 및 해외에서 상대방의 체제와 법질서에 대한 파괴·전복을 목적으로 하는 테러 단체나 조직을 결성 또는 지원·비호하지 아니한다.


## 제5장 정전상태의 평화상태에로의 전환

제18조   남과 북은 정전상태를 남북 사이의 공고한 평화상태로 전환시키기 위하여 '남북 사이의 화해와 불가침 및 교류·협력에 관한 합의서'와 '한반도의 비핵화에 관한 공동선언'을 성실히 이행·준수한다.

제19조   남과 북은 현 정전상태를 남북사이의 공고한 평화상태로 전환시키기 위하여 적절한 대책을 강구한다.

제20조   남과 북은 남북사이의 공고한 평화상태에 이룩될 때까지 현 군사정전협정을 성실히 준수한다.


## 제6장 국제무대에서의 협력

제21조   남과 북은 국제기구나 국제회의 등 국제무대에서 상호 비방·중상을 하지 않으며 민족의 존엄을 지키기 위하여 긴밀하게 협조한다.

제22조   남과 북은 국제무대에서 상대방의 이익을 존중하며 민족의 이익과 관련되는 문제들에 대하여 긴밀히 협의하고 필요한 협조조치를 강구한다.

제23조   남과 북은 민족공동의 이익을 도모하기 위하여 재외 공관(대

표부)이 함께 있는 지역에서 쌍방 공간(대표부) 사이의 필요한 협의를 진행한다.

제24조　남과 북은 해외동포들의 민족적 권리와 이익을 옹호하고 보호하며 그들 사이의 화해와 단합이 이룩되도록 노력한다.

## 제7장 이행기구

제25조　남과 북은 '남북 사이의 화해와 불가침 및 교류·협력에 관한 합의서'의 '제1장 남북화해'에 관한 합의사항의 이행을 위하여 '남북화해공동위원회'를 구성·운영한다. '남북화해공동위원회' 구성·운영에 관한 합의서는 따로 작성한다.

제26조　'남북화해공동위원회' 안에 법률실무협의회와 비방·중상 중지 실무협의회를 두며 그밖에 쌍방이 합의하는 필요한 수의 실무협의회를 둔다. 실무협의회 구성·운영에 관한 합의서는 '남북화해공동위원회'에서 별도로 작성한다.

## 제8장 수정 및 발효

제27조　이 부속합의서는 쌍방의 합의에 따라 수정·보충할 수 있다.

제28조　이 부속합의서는 쌍방이 서명하여 교환한 날부터 효력을 발생한다.

부기: 북측이 제기한 "남과 북은 국제기구들에 하나의 명칭, 하나의 의석으로 가입하기 위하여 노력한다," "남과 북은 국제회의를 비롯한 정치행사들에 전 민족을 대표하여 유일 대표단으로 참가하기 위하여 노력한다," "남과 북은 다른 나라들과 맺은 조약과 협정들 가운데서 민족의 단합과 이익에 배치되는 것을 개정 또는 폐기하

는 문제를 법률실무협의회에서 협의 해결한다"는 조항들은 합의에 이르지 못했으므로 앞으로 계속 토의한다.


1992년 9월 17일

## '남북사이의 화해와 불가침 및 교류·협력에 관한 합의서'의 '제2장 남북불가침'의 이행과 준수를 위한 부속합의서

(1992년 9월 17일)

남과 북은 '남북 사이의 화해와 불가침 및 교류·협력에 관한 합의서'의 '제2장 남북불가침'의 이행과 준수 및 군사적 대결상태를 해소하기 위한 구체적 대책을 협의한 데 따라 다음과 같이 합의하였다.


## 제1장 무력 불사용

제1조  남과 북은 군사분계선 일대를 포함하여 자기측 관할구역 밖에 있는 상대방의 인원과 물자, 차량, 선박, 함정, 비행기 등에 대하여 총격, 포격, 폭격, 습격, 파괴를 비롯한 모든 형태의 무력사용 행위를 금지하며 상대방에 대하여 피해를 주는 일체 무력도발행위를 하지 않는다.

제2조  남과 북은 무력으로 상대방의 관할구역을 침입 또는 공격하거나 그의 일부, 또는 전부를 일시라도 점령하는 행위를 하지 않는다. 남과 북은 어떠한 수단과 방법으로도 상대방 관할구역에 정규무력이나 비정규무력을 침입시키지 않는다.

제3조  남과 북은 쌍방의 협의에 따라 남북사이에 오가는 상대방의 인원과 물자, 수송수단을 공격, 모의공격하거나 그 진로를 방해하는 일체 적대행위를 하지 않는다. 이밖에 남과 북은 북측이 제기한 군사분계선 일대에 무력을 증강하지 않는 문제, 상대방에 대한 정찰활동을 하지 않는 문제, 상대방의 영해·영공을 봉쇄하지 않는

문제와 남측이 제기한 서울지역과 평양지역의 안전보장문제를 남
북군사공동위원회에서 계속 협의한다.


## 제2장 분쟁의 평화적 해결 및 우발적 무력충돌 방지

제4조   남과 북은 상대방의 계획적이라고 인정되는 무력침공 징후를
발견하였을 경우 즉시 상대측에 경고하고 해명을 요구할 수 있으
며 그것이 무력충돌로 확대되지 않도록 필요한 사전대책을 세운다.
남과 북은 쌍방의 오해나 오인, 실수 또는 불가피한 사고로 인하
여 우발적 무력침범 가능성을 발견하였을 경우 쌍방이 합의한 신
호규정에 따라 상대측에 즉시 통보하며 이를 방지하기 위한 사전
대책을 세운다.

제5조   남과 북은 어느 일방의 무력집단이나 개별적인 인원과 차량,
선박, 함정, 비행기 등이 자연재해나 항로미실과 같은 불가피한 사
정으로 상대측 관할구역을 침범하였을 경우 침범측은 상대측에 그
사유와 적대의사가 없음을 즉시 알리고 상대측의 지시에 따라야 하
며 상대측은 그를 긴급 확인한 후 그의 대피를 보장하고 빠른 시
일 안에 돌려보내기 위한 조치를 취한다. 돌려보내는 기간은 1개월
이내로 하며 그 이상 걸릴 수도 있다.

제6조   남과 북 사이에 우발적인 침범이나 우발적인 무력충돌과 같은
분쟁 문제가 발생하였을 경우 쌍방의 군사당국자는 즉각 자기측
무장집단의 적대행위를 중지시키고 군사직통전화를 비롯한 빠른
수단과 방법으로 상대측 군사당국자에게 즉시 통보한다.

제7조   남과 북은 군사분야 모든 의견대립과 분쟁 문제들을 쌍방 군
사당국자가 합의하는 기구를 통하여 협의 해결한다.

제8조   남과 북은 어느 일방이 불가침의 이행과 준수를 위한 이 합의
서를 위반하는 경우 공동조사를 하여야 하며 위반사건에 대한 책
임을 규명하고 재발 방지대책을 강구한다.

## 제3장 불가침 경계선 및 구역

제9조  남과 북의 지상불가침 경계선과 구역은 군사정전에 관한 협정
      에 규정한 군사분계선과 지금까지 쌍방이 관할하여 온 구역으로
      한다.
제10조  남과 북의 해상불가침 경계선은 앞으로 계속 협의한다. 해상
      불가침 구역은 해상불가침 경계선이 확정될 때까지 쌍방이 지금까
      지 관할하여 온 구역으로 한다.
제11조  남과 북의 공중불가침 경계선과 구역은 지상 및 해상불가침
      경계선과 관할 구역의 상공으로 한다.

## 제4장 군사직통전화의 설치운영

제12조  남과 북은 우발적 무력충돌과 확대를 방지하기 위하여 남측
      국방부장관과 북측 인민무력부장 사이에 군사직통전화를 설치·운
      영한다.
제13조  군사직통전화의 운영은 쌍방이 합의하는 통신수단으로 문서
      통신을 하는 방법 또는 전화문을 교환하는 방법으로 하며 필요한
      경우 쌍방 군사당국자들이 직접 통화할 수 있다.
제14조  군사직통전화의 설치·운영과 관련하여 제기되는 기술 실무적
      문제들은 이 합의서가 발효된 후 빠른 시일 안에 남북 각기 5명으
      로 구성되는 통신실무자 접촉에서 협의 해결한다.
제15조  남과 북은 이 합의서 발효 후 50일 이내에 군사직통전화를
      개통한다.

## 제5장 협의이행기구

제16조  남북군사공동위원회는 '남북합의서' 제12조와 '남북군사공동
위원회 구성·운영에 관한 합의서' 제2조에 따르는 임무와 기능을
수행한다.
제17조  남북군사분과위원회는 불가침의 이행과 준수 및 군사적 대결
상태를 해소하기 위하여 더 필요하다고 서로 합의하는 문제들에
대하여 협의하고 구체적인 대책을 세운다.


## 제6장 수정 및 발효

제18조  이 합의서는 쌍방의 합의에 따라 수정·보충할 수 있다.
제19조  이 합의서는 쌍방이 서명하여 교환한 날부터 효력을 발생한다.


1992년 9월 17일

# '남북사이의 화해와 불가침 및 교류·협력에 관한 합의서'의 '제3장 남북 교류·협력'의 이행과 준수를 위한 부속합의서

(1992년 9월 17일)

남과 북은 '남북 사이의 화해와 불가침 및 교류·협력에 관한 합의서'의 '제3장 남북 교류·협력'의 이행과 준수를 위한 구체적 대책을 협의한 데 따라 다음과 같이 합의하였다.

## 제1장 경제교류협력

제1조  남과 북은 민족경제의 통일적이며 균형적인 발전과 민족 전체의 복리향상을 도모하기 위하여 자원의 공동개발, 민족 내부교류로서의 물자교류, 합작투자 등 경제교류와 협력을 실현한다.

① 남과 북은 물자교류와 석탄, 수산자원 등 자원의 공동개발과 공업, 농업, 건설, 금융, 관광 등 각 분야에서의 경제협력사업을 실시한다.

② 남과 북은 자원의 공동개발, 합영·합작 투자 등 경제협력사업의 대상과 형식, 물자교류의 품목과 규모를 경제교류협력공동위원회에서 협의하여 정한다.

③ 남과 북은 자원의 공동개발, 합영·합작 투자 등 경제협력사업의 규모, 물자교류의 품목별 수량과 거래조건을 비롯한 기타 실무적 문제들을 쌍방 교류·협력 당사자들 사이에 토의하여 정한다.

④ 남과 북 사이의 경제협력과 물자교류의 당사자는 법인으로 등록된 상사, 회사, 기업체 및 경제기관이 되며 경우에 따라 개인도 될 수 있다.

⑤ 남과 북은 교류·협력 당사자간에 직접 계약을 체결하고 필요한 선자

를 거쳐 경제협력사업과 물자교류를 실시하도록 한다.

⑥ 교류물자의 가격은 국제시장가격을 고려하여 물자교류 당사자간에 협의하여 정한다.

⑦ 남과 북 사이의 물자교류는 상호성과 유무상통의 원칙에서 실현한다.

⑧ 남과 북 사이의 물자교류에 대한 대금결제는 청산결제방식을 원칙으로 하며, 필요한 경우 쌍방의 합의에 따라 다른 결제방식으로 할 수 있다.

⑨ 남과 북은 청산결제은행 지정, 결제통화 선정 등 대금결제와 자본의 이동과 관련하여 필요한 사항은 쌍방이 합의하여 정한다.

⑩ 남과 북은 물자교류에 대하여 관세를 부과하지 않으며, 남북사이의 경제관계를 민족 내부관계로 발전시키기 위한 조치를 협의 추진한다.

⑪ 남과 북은 경제교류와 협력을 원활히 추진하기 위하여 공업규격을 비롯한 각종 자료를 서로 교환하며 협력 당사자가 준수하여야 할 자기측의 해당 법규를 상대측에 통보한다.

⑫ 남과 북은 경제교류와 협력을 원활히 추진하기 위하여 필요한 투자보장, 이중과세방지, 분쟁조정절차 등에 대해서는 쌍방이 합의하여 정한다.

⑬ 남과 북은 자기측 지역에서 경제교류와 협력에 참가하는 상대측 인원들의 자유로운 경제활동과 편의를 보장한다.

제2조　남과 북은 과학기술, 환경분야에서 교류와 협력을 실현한다.

① 남과 북은 과학기술, 환경분야에서 정보자료의 교환, 해당 기관과 단체, 인원들 사이의 공동연구 및 조사, 산업부문의 기술협력과 기술자, 전문가들의 교류를 실현하며 환경보호대책을 공동으로 세운다.

② 남과 북은 쌍방이 합의하여 정한 데 따라 특허권, 상표권 등 상대측 과학기술상의 권리를 보호하기 위한 조치를 취한다.

제3조　남과 북은 끊어진 철도와 도로를 연결하고 해로, 항로를 개설한다.

① 남과 북은 우선 인천항, 부산항, 포항항과 남포항, 원산항, 청진항 사이의 해로를 개설한다.

② 남과 북은 남북사이의 교류·협력 규모가 커지고 군사적 대결상태가 해소되는 데 따라 해로를 추가로 개설하고, 경의선 철도와 문산-개성 사이의 도로를 비롯한 육로를 연결하며 김포공항과 순안비행장 사이의 항로를 개설한다.

③ 남과 북은 교통로가 개설되기 이전에 진행되는 인원왕래가 물자교류를 위하여 필요한 경우 쌍방이 합의하여 임시교통로를 개설할 수 있다.

④ 남과 북은 육로, 해로, 항로의 개설과 운영의 원활한 보장을 위하여 필요한 정보교환 및 기술협력을 실시한다.

⑤ 남북사이의 교류물자는 쌍방이 협의하여 개설한 육로, 해로, 항로를 통하여 직접 수송하도록 한다.

⑥ 남과 북은 자기측 지역에 들어온 상대측 교통수단에 불의의 사고가 발생할 경우 긴급구제조치를 취한다.

⑦ 남과 북은 교통로 개설 및 운영과 관련한 해당 국제협약들을 존중한다.

⑧ 남과 북은 남북사이에 운행되는 교통수단과 승무원들의 출입절차, 교통수단운행방법, 통과지점선정 등 교통로 개설과 운영에서 제기되는 기타 실무적 문제들을 경제교류협력공동위원회에서 토의하여 정한다.


제4조  남과 북은 우편과 전기통신교류에 필요한 시설을 설치, 연결하며, 우편과 전기통신교류의 비밀을 보장한다.

① 남과 북은 빠른 시일 안에 판문점을 통하여 우편과 전기통신을 교환, 연결하도록 하며 우편과 전기통신교류에 필요한 정보교환 및 기술협력을 실시한다.

② 남과 북은 우편과 전기통신교류에서 공적 사업과 인도적 사업을 우선 보장하며, 점차 그 이용 범위를 확대하여 운영하도록 한다.

③ 남과 북은 우편과 전기통신교류의 비밀을 보장하여 어떠한 경우에도 이를 정치·군사적 목적에 이용하지 않는다.

④ 남과 북은 우편 및 전기통신교류와 관련한 해당 국제협약들을 존중한다.

⑤ 남과 북 시이에 교류되는 우편 및 전기통신의 종류와 요금, 우편물

의 수집, 전달방법 등 기타 실무적 문제들은 경제교류협력공동위원회에서 협의하여 정한다.

제5조   남과 북은 국제경제의 여러 분야에서 서로 협력하며 대외에 공동으로 진출한다.
① 남과 북은 경제분야의 여러 국제행사와 국제기구들에서 서로 협력한다.
② 남과 북은 경제분야에서 대외에 공동으로 진출하기 위한 대책을 협의 추진한다.

제6조   남과 북은 경제분야의 교류와 협력을 지원 보장한다.

제7조   남과 북은 경제분야의 교류와 협력을 실현하는 데 필요한 기구설치 문제와 기타 실무적 문제들을 경제교류협력공동위원회에서 협의하여 정한다.

제8조   이 합의서 '제1장 경제교류협력' 부문의 이행 및 이와 관련한 세부사항의 협의 실천은 남북경제교류협력공동위원회에서 한다.


## 제2장 사회문화교류협력

제9조   남과 북은 교육, 문학·예술, 보건, 체육과 신문, 라디오, 텔레비전 및 출판물을 비롯한 출판·보도 등 여러 분야에서 교류와 협력을 실시한다.
① 남과 북은 교육, 문학·예술, 보건, 체육, 출판·보도 등 여러 분야에서 이룩한 성과와 경험 및 연구 출판·보도 자료와 목록 등 정보자료를 상호 교환한다.
② 남과 북은 교육, 문화·예술, 보건, 체육, 출판·보도 등 여러 분야에서 기술 협력을 비롯한 다각적인 협력을 실시한다.

③ 남과 북은 교육, 문학·예술, 보건, 체육, 출판·보도 등 여러 분야에서 국토 종단행진, 대표단 파견, 초청참관 등 기관과 단체, 인원들 사이에 접촉과 교류를 실시한다.

④ 남과 북은 교육, 문학·예술, 보건, 체육, 출판·보도 등 여러 분야에서 연구, 조사, 편찬사업, 행사를 공동으로 실시하며 예술작품, 문화유물, 도서출판물의 교환전시회를 진행한다.

⑤ 남과 북은 쌍방이 합의하여 정한 데 따라 상대측의 각종 저작물에 대한 권리를 보호하기 위한 조치를 취한다.

제10조  남과 북은 민족구성원들의 자유로운 왕래와 접촉을 실현한다.

① 남과 북은 모든 민족구성원들이 자기 의사에 따라 자유롭게 상대측 지역을 왕래하도록 하기 위한 조치를 공동으로 취한다.

② 민족구성원들의 왕래는 남북사이에 개설된 육로, 해로, 항로를 편리한대로 이용하도록 하며, 경우에 따라 국제항로도 이용할 수 있다.

③ 남과 북은 민족구성원들이 상대측의 법과 질서를 위반함이 없이 왕래하고 접촉하도록 하기 위한 조치를 취한다.

④ 남과 북을 왕래하는 인원들은 필요한 증명서를 소지하여야 하며, 쌍방이 합의한 범위 내에서 물품을 휴대할 수 있다.

⑤ 남과 북은 자기측 지역에 들어온 상대측 인원에 대하여 왕래와 방문 목적 수행에 필요한 편의를 제공한다.

⑥ 남과 북은 민족구성원들의 왕래와 접촉을 실현하는 데 필요한 절차와 실무적 문제들을 사회문화교류협력공동위원회에서 협의하여 정한다.

제11조  남과 북은 사회문화분야의 여러 국제행사와 서로 협력하며 대외에 공동으로 진출한다.

① 남과 북은 사회문화분야의 여러 국제행사와 국제기구들에서 서로 협력한다.

② 남과 북은 사회문화분야에서 대외에 공동으로 진출하기 위한 대책을 협의 추진한다.

제12조  남과 북은 사회문화분야의 교류와 협력을 지원·보장한다.

제13조  남과 북은 사회문화분야의 교류와 협력을 실현하는 데 필요한 기구설치 문제와 기타 실무적 문제들을 사회문화교류협력공동위원회에서 협의하여 정한다.

제14조  이 합의서 '제2장 사회문화교류협력' 부문의 이행 및 이와 관련한 세부사항의 협의 실천은 남북사회문화교류협력공동위원회에서 한다.


## 제3장 인도적 문제의 해결

제15조  남과 북은 흩어진 가족·친척들의 자유로운 서신거래와 왕래와 상봉 및 방문을 실시하고 자유의사에 의한 재결합을 실현하며, 기타 인도적으로 해결할 문제에 대한 대책을 강구한다.
① 흩어진 가족·친척들의 범위는 쌍방 적십자 단체들 사이에 토의하여 정하도록 한다.
② 남과 북은 흩어진 가족·친척들의 자유왕래와 방문을 쌍방이 합의하여 정한 왕래절차에 따라 실현한다.
③ 남과 북은 흩어진 가족·친척들의 상봉 면회소 설치문제를 쌍방 적십자 단체들이 협의 해결하도록 한다.
④ 남과 북은 흩어진 가족·친척들이 자유의사에 의한 재결합을 실현하기 위한 대책을 협의 추진한다.
⑤ 남과 북은 인도주의 정신과 동포애에 입각하여 상대측 지역에 자연재해 등 재난이 발생할 경우 서로 도우며, 흩어진 가족·친척들 가운데 사망자의 유품처리, 유골이전 등을 위한 편의를 제공한다.

제16조  남과 북은 이미 진행하여 오던 쌍방 적십자 단체들의 회담을 빠른 시일 안에 다시 열도록 적극 협력한다.

제17조  남과 북은 흩어진 가족·친척들의 불행과 고통을 덜어주기 위

한 적십자 단체들의 합의를 존중하며 그것이 순조롭게 실현되도록 지원 보장한다.

제18조   이 합의서 '제3장 인도적 문제의 해결' 부문의 이행 및 이와 관련한 세부사항의 협의 실천은 쌍방 적십자 단체들이 한다.


## 제4장 수정 및 발효

제19조   이 합의서는 쌍방의 합의에 의하여 수정·보충할 수 있다.
제20조   이 합의서는 쌍방이 서명하고 교환한 날부터 효력을 발생한다.

부기: 쌍방은 민족구성원들의 자유왕래에 저촉되는 법적, 제도적 장치 철폐 문제를 남북화해공동위원회 법률실무협의회에서 토의 해결하기로 하였다.


1992년 9월 17일

## 한반도의 비핵화에 관한 공동선언

(1992년 9월 17일)

남과 북은 한반도를 비핵화함으로써 핵전쟁위험을 제거하고 우리나라의 평화와 평화통일에 유리한 조건과 환경을 조정하며 아시아와 세계의 평화와 안전에 이바지하기 위하여 다음과 같이 선언한다.

1. 남과 북은 핵무기의 시험, 제조, 생산, 접수, 보유, 저장, 배분, 사용을 하지 아니한다.
2. 남과 북은 핵에너지를 오직 평화적 목적에만 이용한다.
3. 남과 북은 핵 재처리시설과 우라늄 농축시설을 보유하지 아니한다.
4. 남과 북은 한반도의 비핵화를 검증하기 위하여 상대측이 선정하고 쌍방이 합의하는 대상들에 대하여 남북핵통제공동위원회가 규정하는 절차와 방법으로 사찰을 실시한다.
5. 남과 북은 공동선언의 이행을 위하여 공동선언이 발효된 후 1개월 안에 남북핵통제공동위원회를 구성·운영한다.
6. 이 공동선언은 남과 북이 각기 발효에 필요한 절차를 거쳐 그 문본을 교환한 날부터 효력을 발생한다.

1992년 9월 17일

## 미합중국과 조선민주주의인민공화국 간 기본합의문

(1994년 10월 21일)

미합중국(이하 미국으로 호칭)대표단과 조선민주주의인민공화국(이하 북한으로 호칭)대표단은 1994년 9월 23일부터 10월 17일까지 제네바에서 한반도 핵 문제의 전반적 해결을 위한 협상을 가졌다.

양측은 비핵화된 한반도의 평화와 안전을 확보하기 위해서는 1994년 8월 12일 미국과 북한 간의 합의발표문에 포함된 목표의 달성과 1993년 6월 11일 미국과 북한 간 공동발표문상의 원칙의 준수가 중요함을 재확인한다. 양측은 핵 문제 해결을 위해 다음과 같은 조치들을 취하기로 결정한다.

1. 양측은 북한의 흑연감속원자로 및 관련시설을 경수로 원자로 발전소로 대체하기 위해 협력한다.

1) 미국대통령의 1994년 10월 21일자 보장서한에 의거하여 미국은 2003년을 목표시한으로 총발전용량 약 2천 메가와트의 경수로를 북한에 제공하기 위한 조치를 주선할 책임을 진다.

① 미국은 북한에 제공할 경수로의 재정 조달 및 공급을 담당할 국제컨소시엄을 미국의 주도하에 구성한다. 미국은 동 국제컨소시엄을 대표하여 북한과의 주 접촉선 역할을 수행한다.

② 미국은 국제컨소시엄을 대표하여 본 합의문 서명 후 6개월 내에 북한과 경수로 제공을 위한 공급계약을 체결할 수 있도록 최선의 노력을 경주한다. 계약 관련 협의는 본 합의문 서명 후 가능한 조속한 시일 내 개시한다.

③ 필요한 경우 미국과 북한은 핵에너지의 평화적 이용분야에 있어서 협력을 위한 양자협정을 체결한다.

2) 1994년 1월 21일자 대체에너지 제공 관련 미국의 보장서한에 의거, 미국은 국제컨소시엄을 대표하여 북한의 흑연감속원자로 동결에 따라 상실될 에너지를 첫번째 경수로 완공시까지 보전하기 위한 조치를 주선한다.

① 대체에너지는 난방과 전력생산을 위해 중유로 공급된다.

② 중유의 공급은 본 합의문 서명 후 3개월 내 개시되고 양측간 합의된 공급일정에 따라 연간 50만 톤 규모까지 공급된다.

3) 경수로 및 대체에너지 제공에 대한 보장서한 접수 즉시 북한은 흑연감속로원자로 및 관련시설을 동결하고 궁극적으로 이를 해체한다.

① 북한의 흑연감속원자로 및 관련시설의 동결은 본 합의문 서명 후 1개월 내 완전 이행된다. 동 1개월 동안 및 전체 동결기간중 IAEA가 이러한 동결상태를 감시하는 것이 허용되며 이를 위해 북한은 IAEA에 대해 전적인 협력을 제공한다.

② 북한의 흑연감속원자로 및 관련시설의 해체는 경수로사업이 완료될 때 완료된다.

③ 미국과 북한은 5메가와트 실험용 원자로에서 추출되는 사용후 연료봉을 경수로 건설기간 동안 안전하게 보관하고 북한 내에서 재처리하지 않는 안전한 방법으로 동 연료가 처리될 수 있는 방안을 강구하기 위해 상호 협력한다.

4) 본 합의 후 가능한 조속한 시일 내에 미국과 북한의 전문가들은 두 종류의 전문가협의를 가진다.

① 한쪽의 협의에서 전문가들은 대체에너지와 흑연감속원자로의 경수로로의 대체와 관련된 문제를 협의한다.

② 다른 한쪽의 협의에서 전문가들은 사용후 연료보관 및 궁극적 처리를 위한 구체적 조치를 협의한다.

2. 양측은 정치적·경제적 관계의 완전 정상화를 추구한다.

1) 합의 후 3개월 내 양측은 통신 및 금융거래에 대한 제한을 포함한

무역 및 투자제한을 완화시켜 나간다.
2) 양측은 전문가급 협의를 통해 영사 및 여타 기술적 문제가 해결된 후에 쌍방의 수도에 연락사무소를 개설한다.
3) 미국과 북한은 상호관심사항에 대한 진전이 이루어지는 데 맞추어 양국관계를 대사급으로까지 격상시켜 나간다.

3. 양측은 핵이 없는 한반도의 평화와 안전을 위해 함께 노력한다.
1) 미국은 북한에 대한 핵무기 불위협 또는 불사용에 관한 공식보장을 제공한다.
2) 북한은 한반도 비핵화 공동선언을 이행하기 위한 조치를 일관성 있게 취한다.
3) 본 합의문이 대화를 촉진하는 분위기를 조성해 나가는 데 도움을 줄 것이기 때문에 북한은 남북대화에 착수한다.

4. 양측은 국제적 핵비확산체제 강화를 위해 함께 노력한다.
1) 북한은 NPT 당사국으로 잔류하며 동 조약상의 안전조치협정 이행을 허용한다.
2) 경수로 제공을 위한 공급계약 체결 즉시, 동결대상이 아닌 시설에 대해 북한과 IAEA 간 안전조치협정에 따라 임시 및 일반사찰이 재개된다. 경수로 공급계약 체결 시까지 안전조치의 연속성을 위해 IAEA가 요청하는 사찰은 동결대상이 아닌 시설에서 계속된다.
3) 경수로사업의 상당 부분이 완료될 때, 그러나 주요 핵심부품의 인도 이전에, 북한은 북한 내 모든 핵물질에 관한 최초 보고서의 정확성과 안전성을 검증하는 것과 관련해 IAEA와의 협의를 거쳐 IAEA가 필요하다고 판단하는 모든 조치를 취하는 것을 포함하여 IAEA 안전조치협정(INFCIRC/403)을 완전히 이행한다.

# 6·15 남북공동선언

조국의 평화적 통일을 염원하는 온 겨레의 숭고한 뜻에 따라 대한
민국 김대중 대통령과 조선민주주의인민공화국 김정일 국방위원장은
2000년 6월 13일부터 6월 15일까지 평양에서 역사적인 상봉을 하였
으며 정상회담을 가졌다.

남북정상들은 분단 역사상 처음으로 열린 이번 상봉과 회담이 서로
이해를 증진시키고 남북관계를 발전시키며 평화통일을 실현하는 데
중대한 의의를 가진다고 평가하고 다음과 같이 선언한다.

1. 남과 북은 나라의 통일 문제를 그 주인인 우리 민족끼리 서로 힘
을 합쳐 자주적으로 해결해 나가기로 하였다.

2. 남과 북은 나라의 통일을 위한 남측의 연합제 안과 북측의 낮은
단계의 연방제 안이 서로 공통성이 있다고 인정하고 앞으로 이 방향
에서 통일을 지향시켜 나가기로 하였다.

3. 남과 북은 올해 8.15에 즈음하여 흩어진 가족, 친척 방문단을 교
환하며, 비전향 장기수 문제를 해결하는 등 인도적 문제를 조속히 풀
어 나가기로 하였다.

4. 남과 북은 경제협력을 통하여 민족경제를 균형적으로 발전시키고, 사회, 문화, 체육, 보건, 환경 등 제반분야의 협력과 교류를 활성화하여 서로의 신뢰를 다져나가기로 하였다.

5. 남과 북은 이상과 같은 합의사항을 조속히 실천에 옮기기 위하여 빠른 시일 안에 당국사이의 대화를 개최하기로 하였다.

김대중 대통령은 김정일 국방위원장이 서울을 방문하도록 정중히 초청하였으며, 김정일 국방위원장은 앞으로 적절한 시기에 서울을 방문하기로 하였다.

2000년 6월 15일

대    한    민    국        조선민주주의인민공화국
대        통        령        국  방  위  원  장
김        대        중        김        정        일

# 조선민주주의인민공화국과 미합중국 사이의 공동코뮤니케

조선민주주의인민공화국 국방위원회 김정일 위원장의 특사인 국방위원회 제1부위원장 조명록 차수가 2000년 10월 9일부터 12일까지 미합중국을 방문하였다.

방문기간 국방위원회 김정일 위원장께서 보내시는 친서와 조미관계에 대한 그이의 의사를 조명록 특사가 미합중국 윌리암 클린톤 대통령에게 직접 전달하였다. 조명록 특사와 일행은 매덜레인 알브라이트 국무장관과 윌리암 코헨 국방장관을 비롯한 미행정부의 고위관리들을 만나 공동의 관심사로 되는 문제들에 대하여 폭 넓은 의견교환을 진행하였다. 쌍방은 조선민주주의인민공화국과 미합중국 사이의 관계를 전면적으로 개선시킬 수 있는 새로운 기회들이 조성된 데 대하여 심도 있게 검토하였다. 회담들은 진지하고 건설적이며 실무적인 분위기 속에서 진행되었으며 이 과정을 통하여 서로의 관심사들에 대하여 더 잘 리해할 수 있게 되었다.

조선민주주의인민공화국과 미합중국은 력사적인 북남최고위급 상봉에 의하여 조선반도의 환경이 변화되었다는 것을 인정하면서 아시아태평양지역의 평화와 안전을 강화하는 데 리롭게 두 나라사이의 쌍무관계를 근본적으로 개선하는 조치들을 취하기로 결정하였다. 이와 관련하여 쌍방은 조선반도에서 긴장상태를 완화하고 1953년의 정전협정을 공고한 평화보장체계로 바꾸어 조선전쟁을 공식 종식시키는 데서 4자회담 등 여러 가지 방도들이 있다는 데 대하여 견해를 같이

하였다.

조선민주주의인민공화국측과 미합중국측은 관계를 개선하는 것이 국가사이의 관계에서 자연스러운 목표로 되며 관계 개선이 21세기에 두 나라 인민들에게 다같이 리익으로 되는 동시에 조선반도와 아시아 태평양지역의 평화와 안전도 보장하게 될 것이라고 인정하면서 쌍무관계에서 새로운 방향을 취할 용의가 있다고 선언하였다. 첫 중대조치로서 쌍방은 그 어느 정부도 타방에 대하여 적대적 의사를 가지지 않을 것이라고 선언하고 앞으로 과거의 적대감에서 벗어난 새로운 관계를 수립하기 위하여 모든 노력을 다할 것이라는 공약을 확언하였다.

쌍방은 1993년 6월 11일부 조미공동성명에 지적되고 1994년 10월 21일부 기본합의문에서 재확인된 원칙들에 기초하여 불신을 해소하고 호상 신뢰를 이룩하며 주요관심사들을 건설적으로 다루어 나갈 수 있는 분위기를 유지하기 위하여 노력하기로 합의하였다.

이와 관련하여 쌍방은 두 나라사이의 관계가 자주권에 대한 호상 존중과 내정불간섭의 원칙에 기초하여야 한다는 것을 재확언하면서 쌍무적 및 다무적 공간을 통한 외교적 접촉을 정상적으로 유지하는 것이 유익하다는 데 대하여 류의하였다.

쌍방은 호혜적인 경제협조와 교류를 발전시키기 위하여 협력하기로 합의하였다. 쌍방은 두 나라 인민들에게 유익하고 동북아시아 전반에서의 경제적 협조를 확대하는 데 유리한 환경을 마련하는 데 기여하게 될 무역 및 상업가능성들을 탐구하기 위하여 가까운 시일 안에 경제무역전문가들의 호상 방문을 실현하는 문제를 토의하였다.

쌍방은 미싸일 문제의 해결이 조미관계의 근본적인 개선과 아시아 태평양지역에서의 평화와 안전에 중요한 기여를 할 것이라는 데 대하여 견해를 같이하였다. 조선민주주의인민공화국측은 새로운 관계구축을 위한 또 하나의 노력으로 미싸일 문제와 관련한 회담이 계속되는 동안에는 모든 장거리미싸일을 발사하지 않을 것이라는 데 대하여 미국측에 통보하였다.

조선민주주의인민공화국과 미합중국은 기본합의문에 따르는 자기들의 의무를 완전히 리행하기 위한 공약과 노력을 배가할 것을 확약하면서 이렇게 하는 것이 조선반도의 비핵평화와 안전을 이룩하는 데 중요하다는 것을 굳게 확언하였다. 이를 위하여 쌍방은 기본합의문에 따르는 의무리행을 보다 명백히 할 데 대하여 견해를 같이하였다. 이와 관련하여 쌍방은 금창리지하시설에 대한 접근이 미국의 우려를 해소하는 데 유익하였다는 데 대하여 류의하였다.

쌍방은 최근년간 공동의 관심사로 되는 인도주의분야에서 협조사업이 시작되었다는 데 대하여 류의하였다. 조선민주주의인민공화국측은 미합중국이 식량 및 의약품지원분야에서 조선민주주의인민공화국의 인도주의적 수요를 충족시키는 데 의의 있는 기여를 한 데 대하여 사의를 표하였다. 미합중국측은 조선민주주의인민공화국이 조선전쟁시기 실종된 미군병사들의 유골을 발굴하는 데 협조하여 준 데 대하여 사의를 표하였으며 쌍방은 실종자들의 행처를 가능한 최대로 조사확인하는 사업을 신속히 전진시키기 위하여 노력하기로 합의하였다. 쌍방은 이상의 문제들과 기타 인도주의문제들을 토의하기 위한 접촉을 계속하기로 합의하였다.

쌍방은 2000년 10월 6일 공동성명에 지적된바와 같이 테러를 반대하는 국제적 노력을 지지고무하기로 합의하였다.

조명록 특사는 력사적인 북남최고위급상봉 결과를 비롯하여 최근 몇 개월사이의 북남대화 상황에 대하여 미국측에 통보하였다. 미합중국측은 현행 북남대화의 계속적인 전진과 성과 그리고 안보대화의 강화를 포함한 북남사이의 화해와 협조를 강화하기 위한 발기들의 실현을 위하여 모든 적절한 방법으로 협조할 자기의 확고한 공약을 표명하였다.

조명록 특사는 클린톤 대통령과 미국인민이 방문기간 따뜻한 환대를 베풀어 준 데 대하여 사의를 표하였다.

조선민주주의인민공화국 국방위원회 김정일 위원장께 윌리암 클린톤 대통령의 의사를 직접 전달하며 미합중국대통령의 방문을 준비하기 위하여 매덜레인 알브라이트 국무장관이 가까운 시일에 조선민주주의인민공화국을 방문하기로 합의하였다.

2000년 10월 12일
워싱톤

# 조일평양선언

(2002년 9월 17일)

조선민주주의인민공화국 김정일 국방위원장과 일본국 고이즈미 준 이찌로 총리대신은 2002년 9월 17일 평양에서 상봉하고 회담을 진행하였다.

두 수뇌들은 조일사이의 불미스러운 과거를 청산하고 현안사항을 해결하며 결실 있는 정치, 경제, 문화적 관계를 수립하는 것이 쌍방의 기본 리익에 부합되며 지역의 평화와 안정에 큰 기여로 된다는 공통된 인식을 확인하였다.

1. 쌍방은 이 선언에서 제시된 정신과 기본원칙에 따라 국교정상화를 빠른 시일 안에 실현시키기 위하여 모든 노력을 기울이기로 하였으며 이를 위하여 2002년 10월 중에 조일국교정상화회담을 재개하기로 하였다.

쌍방은 호상 신뢰관계에 기초하여 국교정상화를 실현하는 과정에도 조일사이에 존재하는 제반 문제들에 성의 있게 림하려는 강한 결의를 표명하였다.

2. 일본측은 과거 식민지 지배로 인하여 조선인민에게 다대한 손해와 고통을 준 력사적 사실을 겸허하게 받아들이며 통절한 반성과 마

음속으로부터의 사죄의 뜻을 표명하였다.

쌍방은 일본측이 조선민주주의인민공화국측에 대하여 국교정상화 후 쌍방이 적절하다고 간주하는 기간에 걸쳐 무상자금협력, 저리자장 기차관 제공 및 국제기구를 통한 인도주의적 지원 등의 경제협력을 실시하며 또한 민간경제활동을 지원하는 견지에서 일본국제협력은행 등에 의한 융자, 신용대부 등이 실시되는 것이 이 선언의 정신에 부합 된다는 기본 인식 밑에 국교정상화회담에서 경제협력의 구체적인 규 모와 내용을 성실히 협의하기로 하였다.

쌍방은 국교정상화를 실현하는 데 있어서 1945년 8월 15일 이전에 발생한 리유에 기초한 두 나라 및 두 나라 인민의 모든 재산 및 청구 권을 호상 포기하는 기본원칙에 따라 국교정상화회담에서 이에 대하 여 구체적으로 협의하기로 하였다.

쌍방은 재일조선인들의 지위 문제와 문화재 문제에 대하여 국교정 상화회담에서 성실히 협의하기로 하였다.

3. 쌍방은 국제법을 준수하며 서로의 안전을 위협하는 행동을 하지 않는다는 것을 확인하였다. 또한 일본국민의 생명 및 안전과 관련된 현안 문제에 대하여 조선민주주의인민공화국측은 조일 두 나라의 비 정상적인 관계 속에서 발생한 이러한 유감스러운 문제가 앞으로 다시 발생하지 않도록 적절한 조치를 취할 것을 확인하였다.

4. 쌍방은 동북아시아지역의 평화와 안정을 유지강화하기 위하여 호상 협력해 나갈 것을 확인하였다.

쌍방은 이 지역의 유관국들사이에 호상 신뢰에 기초하는 협력관계 구축의 중요성을 확인하며 이 지역의 유관국들사이의 관계가 정상화 되는 데 따라 지역의 신뢰조성을 도모하기 위한 틀거리를 정비해 나 가는 것이 중요하다는 데 대하여 인식을 같이 하였다.

쌍방은 조선반도 핵 문제의 포괄적인 해결을 위하여 해당한 모든 국제적 합의들을 준수할 것을 확인하였다. 또한 쌍방은 핵 및 미싸일 문제를 포함한 안전보장상의 제반 문제와 관련하여 유관국들사이의 대화를 촉진하여 문제해결을 도모해야 할 필요성을 확인하였다.

조선민주주의인민공화국측은 이 선언의 정신에 따라 미싸일 발사의 보류를 2003년 이후 더 연장할 의향을 표명하였다.

쌍방은 안전보장과 관련한 문제에 대하여 협의해 나가기로 하였다.


조선민주주의인민공화국  　　일　　　본　　　국
국 방 위 원 회 위 원 장  　　총　리　대　신
김　　　정　　　일  　　고 이 즈 미 쥬 이 찌 로

2002년 9월 17일
평양

# 한반도 관련 주요 합의문 및 제안에 관한 일람표

| 일자 | 합의문 명칭 |
|---|---|
| 1953.07.27 | UN군 총사령관을 일방으로 하고 조선인민군 최고사령관 및 중국인 민지원군사령관을 다른 일방으로 하는 한국 군사정전에 관한 협정 (발췌본) |
| 1953.10.1 | 대한민국과 미합중국 간의 상호방위조약 |
| 1954.11.17 | 한국에 대한 군사 및 경제원조에 관한 대한민국과 미합중국 간의 합의 의사록(부록 생략) |
| 1961.07.11 | 조선민주주의인민공화국과 중화인민공화국 간의 우호 협조 및 호상 원조에 관한 조약 |
| 1972.07.04 | 7·4 남북공동성명 |
| 1976.07.22 | 헨리 A. 키신저 미 국무장관의 4자회담 제의(발췌본) |
| 1978.10.17 | 한미연합군 사령부 설치에 관한 교환각서 |
| 1991.12.13 | 남북사이의 화해와 불가침 및 교류·협력에 관한 합의서 |
| 1992.09.17 | '남북사이의 화해와 불가침 및 교류·협력에 관한 합의서'의 '제1장 남북 화해'의 이행과 준수를 위한 부속합의서 |
| 1992.09.17 | '남북사이의 화해와 불가침 및 교류·협력에 관한 합의서'의 '제2장 남북불가침'의 이행과 준수를 위한 부속합의서 |
| 1992.09.17 | '남북사이의 화해와 불가침 및 교류·협력에 관한 합의서'의 '제3장 남북 교류·협력'의 이행과 준수를 위한 부속합의서 |
| 1992.09.17 | 한반도의 비핵화에 관한 공동선언 |
| 1994.10.21 | 미합중국과 조선민주주의인민공화국 간 기본합의문 |
| 2000.06.15 | 6·15 남북공동선언 |
| 2000.10.12 | 조선민주주의인민공화국과 미합중국 사이의 공동코뮈니케 |
| 2002.09.17 | 조일평양선언 |

· 지은이 소개

**박건영**
서강대학교 영문학과 졸업
미국 콜로라도 대학교 정치학 박사
현 가톨릭대학교 국제학부 국제관계학과 교수
　한국국제정치학회 국제정치이론분과위 위원장
주요 저서:『한반도의 국제정치』외 다수

**박선원**
연세대학교 경영학과 졸업
영국 워릭 대학교 국제정치학 박사
현 연세대학교 통일연구원 전문연구원
주요 논문:「냉전기 한미일관계에 대한 체계이론적 분석」,
　　　　　「햇볕정책과 여론: 지속성과 변용의 관점에 본 실증분석」외 다수

**박순성**
서울대학교 경제학과 졸업
프랑스 파리10대학 경제학 박사
현 동국대 북한학과 교수
주요 논문:「정치적 자유주의와 사회정의-롤즈와 근대시민사회」,
　　　　　「분단체제의 미래와 동북아질서」
주요 저서:『북한경제개혁연구』외 다수

**서동만**
서울대학교 정치학과 졸업
일본 도쿄 대학교 정치학 박사
현 외교안보연구원 교수
　상지대 교수
주요 논문:「북한 농업집단화 연구」,「북한 당·군 관계연구」외 다수

**이종석**
성균관대학교 행정학과 졸업
성균관대학교 정치학 박사
현 세종연구소 수석연구위원
주요 저서:『북한-중국 관계 1945-2000』,『새로 쓴 현대북한의 이해』외 다수

한반도 평화보고서

ⓒ 박건영 외, 2002

지은이 | 박건영·박선원·박순성·서동만·이종석
펴낸이 | 김종수
펴낸곳 | 도서출판 한울

초판 1쇄 발행 | 2002년 10월 31일
초판 4쇄 발행 | 2010년 3월 30일

주소 | 413-832 파주시 교하읍 문발리 507-2(본사)
       121-801 서울시 마포구 공덕1동 105-90 서울빌딩 3층
전화 | 영업 326-0095, 편집 336-6183
팩스 | 333-7543
홈페이지 | www.hanulbooks.co.kr
등록 | 1980년 3월 13일, 제406-2003-051호

Printed in Korea.
ISBN 978-89-460-4264-3 03340

* 가격은 겉표지에 표시되어 있습니다.